JLPT 일본어능력시험

적중

모의고사

5회분

저자 JLPT 연구모임

N3

시사일본어사

머리말

　일본어능력시험은 일상적인 장면에서 사용되는 일본어의 이해도를 측정하며, 레벨 인정의 목표는 '읽기', '듣기'와 같은 언어 행동의 표현입니다. 언어 행동을 표현하기 위해서는 문자ㆍ어휘ㆍ문법 등의 언어 지식도 필요합니다. 이에 따른 시험의 인정 기준이 공개되어 있지만 매년 시험이 거듭될수록 새로운 어휘나 소재를 다루고 있는 문제가 출제되고 있어, 그에 맞는 새로운 훈련이 필요합니다.

　본 교재는 일본어능력시험이 개정된 2010년부터 최근까지 출제된 기출 문제를 철저히 분석하고 문제 유형과 난이도를 연구하여 실제 시험에 대비할 수 있는 문제를 수록하고 있습니다. 또한, 각 회차를 거듭할수록 난이도가 조금씩 올라가도록 구성되어 있어 단순 합격만이 아닌 고득점 취득을 위한 학습도 가능합니다.

　본 교재를 통해 다량의 문제를 학습하다 보면, 어렵게만 느껴졌던 일본어능력시험에 자신감이 생겨나고, 그 자신감은 합격으로 이어지리라 생각합니다.

　일본어능력시험을 준비하는 모든 분들이 합격하시기를 진심으로 기원합니다.

JLPT 연구모임

목차

이 책의 구성

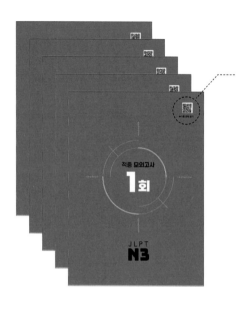

• 청해 영역 음성은
QR 코드로 간편하게 확인!

총 5회 실전 모의고사

총 5회분의 실전 모의고사를 통해 실전 훈련을
합니다. 회차를 거듭할수록 높은 난이도의 문제
를 수록하고 있어 실력 향상에 도움이 됩니다.

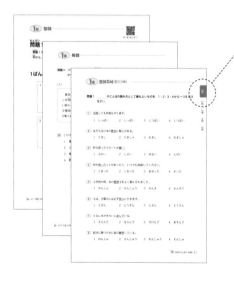

• 인덱스로 간단하게 회차를
확인할 수 있어요!

실전과 동일 형식의 시험 문제

- 실제 시험과 동일한 형식의 문제로 철저히 실
전에 대비합니다.

- 청해 파트 음원은 QR코드 스캔
을 이용하거나 시사일본어사
홈페이지에서 다운로드하실 수
있습니다.
www.sisabooks.com/jpn

청해 음성 듣기

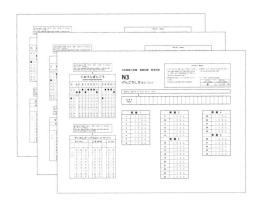

시간 배분 연습을 위한 OMR 카드

시험에서는 문제 풀이뿐만 아니라 답안지 마킹을
위한 시간 배분도 중요합니다. 실제 시험과 유사
한 답안지로 시험 시간 관리 연습까지 한번에!

부록

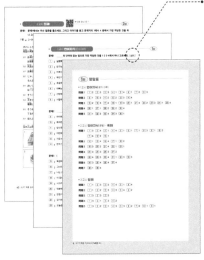

해당 문제의 페이지가 있어
문제와 함께 확인 가능해요!

본문 해석을 보며 집중 학습

- 정답과 문제 해석 확인을 통해 부족한 부분을
  집중 학습합니다.
- 청해 파트는 음원을 들으며 스크립트를 확인할
  수 있어 내용 이해도를 높여 줍니다.

기출 어휘 PDF

- 2010년부터 최근까지의 기출 어휘 리스트
  로 필수 단어를 한번에 체크할 수 있습니다.
  PDF 파일은 QR코드 스캔을 이용하거나
  시사일본어사 홈페이지에서 다운로드하실
  수 있습니다.

기출 어휘 보기

일본어능력시험 개요

1 시험 과목 및 시험 시간

레벨	시험 과목(시험 시간)		청해 [60 분]
N1	언어지식(문자 어휘·문법) · 독해 [110 분]		청해 [60 분]
N2	언어지식(문자 어휘·문법) · 독해 [105 분]		청해 [55 분]
N3	언어지식(문자 어휘) [30 분]	언어지식(문법) · 독해 [70 분]	청해 [45 분]
N4	언어지식(문자 어휘) [25 분]	언어지식(문법) · 독해 [55 분]	청해 [40 분]
N5	언어지식(문자 어휘) [20 분]	언어지식(문법) · 독해 [40 분]	청해 [35 분]

2 시험 점수

레벨	시험 과목	득점 범위
N1	언어지식(문자 어휘 · 문법)	0~60
	독해	0~60
	청해	0~60
	종합 배점	**0~180**
N2	언어지식(문자 어휘 · 문법)	0~60
	독해	0~60
	청해	0~60
	종합 배점	**0~180**
N3	언어지식(문자 어휘 · 문법)	0~60
	독해	0~60
	청해	0~60
	종합 배점	**0~180**
N4	언어지식(문자 어휘·문법) · 독해	0~120
	청해	0~60
	종합 배점	**0~180**
N5	언어지식(문자 어휘·문법) · 독해	0~120
	청해	0~60
	종합 배점	**0~180**

3 합격점과 합격 기준점

레벨별 합격점은 N1 100점, N2 90점, N3 95점, N4 90점, N5 80점이며, 과목별 합격 기준점은 각 19점(N4, N5는 언어지식·독해 합해서 38점, 청해 19점)입니다.

4 N3 문제 유형

시험과목		문제 구분	예상 문항 수	문제 내용	적정 예상 풀이 시간	파트별 소요 예상 시간	대책
언어 지식 [30분]	문자 어휘	문제 1	8	한자 읽기 문제	3분	문자·어휘 20분	문자·어휘 파트의 시험 시간은 30분으로 문제 푸는 시간을 20분 정도로 생각하면 시간은 충분하다. 나머지 10분 동안 마킹과 점검을 하면 된다.
		문제 2	6	한자 표기 문제	3분		
		문제 3	11	문맥에 맞는 적절한 어휘를 고르는 문제	6분		
		문제 4	5	주어진 어휘와 비슷한 의미의 어휘를 찾는 문제	3분		
		문제 5	5	제시된 어휘의 의미가 올바르게 쓰였는지를 묻는 문제	5분		
언어 지식 (문법) · 독해 [70분]	문법	문제 1	13	문장의 내용에 맞는 문형 표현, 즉 기능어를 찾아서 넣는 문제	6분	문법 18분	총 70분 중에서 문제 푸는 시간 56분, 나머지 14분 동안 마킹과 마지막 점검을 하면 된다. 문법 파트에서 너무 많은 시간을 할당하여 시간에 쫓기지 않도록 주의하자. 독해는 지문에 답이 있으니 여유를 가지고 침착하게 내용을 읽어 문맥을 파악하는 것이 중요하다.
		문제 2	5	나열된 단어를 문맥에 맞게 나열하는 문제	5분		
		문제 3	5	글의 흐름에 맞는 문법을 찾는 문제	7분		
	독해	문제 4	4	단문(150~200자 정도) 이해	10분	독해 38분	
		문제 5	6	중문(300자 정도) 이해	10분		
		문제 6	4	장문(550자 정도) 이해	10분		
		문제 7	2	600자 정도의 글을 읽고 필요한 정보 찾기	8분		
청해 [45분]		문제 1	6	과제 해결에 필요한 정보를 듣고 나서 무엇을 해야 하는지 찾아내기	약 9분 (한 문항당 약 1분 30초)		총 45분 중에서 문제 푸는 시간은 대략 32~33분 정도가 될 것으로 예상한다. 나머지 시간은 질문을 읽는 시간과 문제 설명이 될 것으로 예상한다. 음성이 끝난 후 마킹 시간이 따로 주어지지 않으므로 문제가 끝날 때마다 정확하게 마킹해야 한다. 특히 문제 4, 5는 문제 풀이 시간이 길지 않으므로 망설임 없이 마킹하고 넘어가는 것이 중요하다.
		문제 2	6	대화나 혼자 말하는 내용을 듣고 포인트 파악하기	약 11분 30초 (한 문항당 약 1분 55초)		
		문제 3	3	내용 전체를 듣고 화자의 의도나 주장 이해하기	약 4분 30초 (한 문항당 약 1분 30초)		
		문제 4	4	그림을 보면서 상황 설명을 듣고 화살표가 가리키는 인물의 대답 찾기	약 2분 40초 (한 문항당 약 40초)		
		문제 5	9	짧은 문장을 듣고 그에 맞는 적절한 응답 찾기	약 4분 30초 (한 문항당 약 30초)		

· 문항 수는 매회 시험에서 출제되는 대략적인 기준으로 실제 문항 수와는 차이가 있을 수 있습니다.

적중 **모의고사**

1회

JLPT
N3

問題1 _____ のことばの読み方として最もよいものを、1・2・3・4から一つえらびなさい。

1 失敗しても何度もやり直す。

　　1 しっばい　　　　2 しっぱい　　　　3 しつばい　　　　4 しつぱい

2 友だちは日本の歴史に関心がある。

　　1 りきし　　　　　2 りきしゃ　　　　3 れきし　　　　　4 れきしゃ

3 昨日買ったスカートが緩い。

　　1 ふかい　　　　　2 しぶい　　　　　3 ゆるい　　　　　4 にがい

4 何か困ったことがあったら、いつでも相談してください。

　　1 こまった　　　　2 くるった　　　　3 あせった　　　　4 かった

5 小学校の時、本の感想文をよく書かされました。

　　1 かんしょ　　　　2 かんしょう　　　3 かんそ　　　　　4 かんそう

6 父は、日曜日には必ず登山に行きます。

　　1 とざん　　　　　2 とうざん　　　　3 とさん　　　　　4 とうさん

7 たなに本がきれいに並んでいる。

　　1 えらんで　　　　2 ならんで　　　　3 さけんで　　　　4 あそんで

8 試合に勝つために毎日練習している。

　　1 れんしゅ　　　　2 えんしゅう　　　3 れんしゅう　　　4 えんしゅ

問題2 _____のことばを漢字で書くとき、最もよいものを、1・2・3・4から一つ
えらびなさい。

9 子供にあまい親が増えてきた。

1 甘い　　　　　2 辛い　　　　　3 遅い　　　　　4 苦い

10 めずらしいいしを集めるのが私のしゅみです。

1 岩　　　　　　2 炭　　　　　　3 石　　　　　　4 砂

11 あなたはしょうらい何になりたいと思っていますか。

1 招来　　　　　2 将来　　　　　3 召来　　　　　4 奨来

12 今回はだんたい旅行でアメリカへ行くつもりです。

1 団対　　　　　2 団体　　　　　3 図対　　　　　4 図体

13 今すぐきめられることではない。

1 利められる　　2 着められる　　3 決められる　　4 気められる

14 先にやくそくを破ったのは彼です。

1 結束　　　　　2 役束　　　　　3 薬束　　　　　4 約束

問題 3 （　　　　）に入れるのに最もよいものを、1・2・3・4から一つえらびなさい。

15 宝くじに（　　　　）方法がありますか。

    1　かかる　　　　　2　あたる　　　　　3　うける　　　　　4　おりる

16 彼女の言葉使いは丁寧で（　　　　）だ。

    1　派手　　　　　　2　面倒　　　　　　3　上品　　　　　　4　適当

17 私は心理学に興味を（　　　　）いる。

    1　あわせて　　　　2　もって　　　　　3　いだいて　　　　4　かついで

18 このおもちゃは国の安全（　　　　）に合格したものだ。

    1　基準　　　　　　2　基本　　　　　　3　規則　　　　　　4　規制

19 事故だと聞いて心配したが、大きな事故ではなくて（　　　　）した。

    1　さっと　　　　　2　じっと　　　　　3　ほっと　　　　　4　あっさり

20 おかげで（　　　　）がわいてきました。

    1　勇気　　　　　　2　感激　　　　　　3　意識　　　　　　4　安定

21 めがねの代わりに（　　　　）をすることにした。

    1　コンクール　　　2　コンセント　　　3　コンビニ　　　　4　コンタクト

22 風邪を引いた。せきは（　　　　）けど、熱はある。

    1　出さない　　　　2　出ない　　　　　3　つけない　　　　4　つかない

23 今日は寒かったので（　　　　）をかぶって出かけました。

    1　晴れ着　　　　　2　くつした　　　　3　ぼうし　　　　　4　コート

24 疲れているせいか、今日はいつもより酒に（　　　　）しまった。

    1　酔って　　　　　　2　眠って　　　　　3　倒れて　　　　　4　飲んで

25 授業中、（　　　　）と外を見ていたら、先生に怒られました。

    1　ぐっすり　　　　　2　すっきり　　　　3　こんがり　　　　4　ぼんやり

問題4 ＿＿＿＿に意味が最も近いものを、１・２・３・４から一つえらびなさい。

26 友だちに<u>節約</u>方法を教えてもらった。

1 お金をあまり使わない　　　　　2 お金をためる

3 楽しい生活をする　　　　　　　4 収入を多くする

27 木村さんは女の人に<u>もてる</u>タイプです。

1 人気がある　　　2 人気がない　　　3 きらわれる　　　4 いやがる

28 彼はそのメモを<u>こっそり</u>カバンにしまった。

1 なくさないように　　　　　　　2 見られないように

3 忘れないように　　　　　　　　4 取られないように

29 今日は<u>くだらない</u>話ばかり聞かされた。

1 あたらしい　　　2 つまらない　　　3 おもしろい　　　4 むずかしい

30 それはよく<u>耳にする</u>話ですね。

1 めずらしい　　　2 おもしろい　　　3 わかる　　　　4 聞く

問題5 つぎのことばの使い方として最もよいものを、1・2・3・4から一つえらびなさい。

31 得意(とくい)

1 私は数学が得意(とくい)だ。

2 どうするのが得意(とくい)なのか調べている。

3 一気に払うのが得意(とくい)です。

4 彼が得意(とくい)な立場にいる。

32 割れる

1 くつしたが割れて穴があいた。

2 コップが割れて買いに行った。

3 指が割れて血が出てきた。

4 予定(よてい)が割れて週末は家で休んだ。

33 気になる

1 そんなことまで気になることないでしょう。

2 風邪を引かないように気になっています。

3 彼は私といつも気になる。

4 クラスに気になる子がいます。

34 空く(す)

1 席が空(す)いていたので母を座らせた。

2 窓が空(す)いている。

3 昼間(ひるま)は電車が空(す)いているのでいい。

4 ズボンに穴が空(す)いている。

35 たとえ

1 <u>たとえ</u>どんなに辛くても、最後まで頑張るつもりだ。

2 <u>たとえ</u>こんなに寒いのに、娘はいつ帰ってくるだろう。

3 <u>たとえ</u>彼が来るなら、私はその飲み会には行かないつもりだ。

4 <u>たとえ</u>もっと頑張れば、必ず成功するはずだ。

問題1 つぎの文の（　　　　　）に入れるのに最もよいものを、１・２・３・４から一つ
えらびなさい。

1 A「先生、レポートのこと（　　　　　）質問があるんですが。」
B「ええ、何でしょう。」

1　に　　　　　　　2　を　　　　　　　3　で　　　　　　　4　の

2 今度の試合は、選手たち（　　　　）何より大事な試合である。

1　として　　　　　2　とあって　　　　3　とともに　　　　4　にとって

3 風邪の（　　　　）勉強しても頭に入らない。

1　せいで　　　　　2　おかげで　　　　3　ばかりで　　　　4　ことで

4 最近忙しくて、映画（　　　　）食事をする時間もない。

1　ばかりか　　　　2　ところで　　　　3　なんか　　　　　4　どころか

5 どんなに忙しくても、一週間に一冊は必ず本を（　　　　）ようにしている。

1　読む　　　　　　2　読んだ　　　　　3　読んで　　　　　4　読もう

6 大学受験で困っていた時、先輩に助けて（　　　　）感謝している。

1　もらって　　　　　　　　　　　　　2　あげて

3　くれて　　　　　　　　　　　　　　4　くださいまして

7 料理をしている（　　　　）電話がかかってきた。

1　間に　　　　　　2　間　　　　　　　3　までに　　　　　4　まで

8 目上の人（　　　　　）そんなひどいことをするなんて、信じられない。

　1　によって　　　　　2　について　　　　3　に対して　　　　4　に関して

9 朝から何も食べていないので、お腹がすいて（　　　　　）。

　1　しようがない　　　　　　　　　　2　なにもない

　3　ほかない　　　　　　　　　　　　4　しかない

10 A「入社試験に受かるコツを（　　　　　）ありがたいのですが。」
　B「そうですね……。」

　1　聞いていただけたら　　　　　　　2　聞かせていただけたら

　3　聞くことが　　　　　　　　　　　4　聞されることは

11 20歳になって（　　　　　）、お酒を飲んではいけない。

　1　からでは　　　　　　　　　　　　2　しまわないと

　3　からだと　　　　　　　　　　　　4　からでないと

12 A「難しくて僕には（　　　　　）。」
　B「そう言わずに、まずはやってみてください。」

　1　できそうよ　　　　　　　　　　　2　できそうもないよ

　3　できようなのよ　　　　　　　　　4　できるみたいよ

13 A「昨日送ったファックス（　　　　　）。」
　B「はい、拝見いたしました。」

　1　ご覧になりましたか　　　　　　　2　拝見しましたか

　3　見てくれませんか　　　　　　　　4　ご覧くださいませんか

問題2　つぎの文の＿＿＿★＿＿＿に入る最もよいものを、1・2・3・4から一つえらびなさい。

（問題例）　テーブルの ＿＿＿＿ ＿＿＿＿ ＿★＿ ＿＿＿＿ あります。

　　　　　1　が　　　　　2　に　　　　　3　上　　　　　4　花

（解答のしかた）

1.　正しい答えはこうなります。

テーブルの ＿＿＿＿ ＿＿＿＿ ＿★＿ ＿＿＿＿ あります。
　　　　　3　上　　2　に　　4　花　　1　が

2.　＿＿★＿＿に入る番号を解答用紙にマークします。

（解答用紙）　（例）　①　②　③　●

14　友だちのために ＿＿＿＿ ＿＿＿＿ ＿★＿ ＿＿＿＿ 料理を作りました。

　　1　こめて　　　　2　心　　　　　3　この　　　　　4　を

15　この問題は ＿＿＿＿ ＿★＿ ＿＿＿＿ ＿＿＿＿ から子どもにできるわけがない。

　　1　むずかしい　　2　も　　　　　3　あまり　　　　4　に

16　昨日の会議では ＿＿＿＿ ＿＿＿＿ ＿★＿ ＿＿＿＿ そうだ。

　　1　最近の　　　　2　交通問題　　　3　話し合った　　4　について

17 コンピューターの普及 ＿＿＿＿ ＿★＿ ＿＿＿＿ ＿＿＿＿ やすくなった。

　　1　いろんな　　　　2　手に入れ　　　3　によって　　　4　情報を

18 今度の旅行は、＿＿＿＿ ＿★＿ ＿＿＿＿ ＿＿＿＿ 立てたいと思います。

　　1　みんなが　　　　2　参加できる　　3　計画を　　　　4　ように

問題3 つぎの文章を読んで、文章全体の内容を考えて、[19]から[23]の中に入る最もよいものを、1・2・3・4から一つえらびなさい。

日本の食べ物

キム・ハナ

日本人の友だちと一緒に、大阪に旅行に行きました。日本に行くのは初めてでした。短い旅行でしたが、今回の旅行を通して、日本と韓国の食べ物の違いは[19]大きくないことが分かりました。

大阪名物のお好み焼きとたこ焼きは本当においしかったです。そして、私たちの[20]ホテルの朝食は、和食でした。日本の朝食が[21]気になっていたのですが、ごはんと味噌汁におかずを食べるのが韓国と同じだったので驚きました。それと、まわりの人が紙コップのようなものを持って何かをおいしそうに食べていましたので、気になって見ていたら、日本人の友だちがそれは納豆だと教えてくれました。しかし、それにはあまり興味が持てませんでした。においもするし、食べたいとは[22]。

[23]ごはんと味噌汁がおいしかったおかげで食べ物には困ることなく、最後まで楽しく旅行ができました。

19
1 こんなに　　　　　　　　　2 これで

3 そんなに　　　　　　　　　4 それで

20
1 泊まる　　　　　　　　　　2 泊まっていた

3 泊まられている　　　　　　4 泊まられた

21
1 このようなものなのか　　　2 そのようなものなのか

3 あのようなものなのか　　　4 どのようなものなのか

22
1 思えませんでした　　　　　2 思うようになりました

3 思ったからです　　　　　　4 思うことはありませんでした

23
1 でも　　　　　　　　　　　2 それで

3 それが　　　　　　　　　　4 そんなに

問題4 つぎの（1）から（4）の文章を読んで、質問に答えなさい。答えは、1・2・3・4から最もよいものを一つえらびなさい。

（1）

> 　風見市は、家庭での電気を節約して、無駄遣いをしないようにするガイドラインを発行した。それでは、次の三つのことを呼びかけている。①電気製品は、使い終わったらコンセントを抜くこと、②エアコンの温度を26度以下にしないこと、③電球の数を減らすこと、である。電気代を節約した家庭には、来月から商品券が配られるそうだ。

24　このガイドラインについて、正しいものはどれか。

1　電気製品は使わないでコンセントを抜く。

2　エアコンはいつも26度にする。

3　電球を多く使いすぎない。

4　節約した家庭には商品券が配られた。

(2)

> 頭が良いとはどういうことをいうのでしょうか。知識がたくさんある、短時間ですぐに暗記ができるなどの意見がまず出てくると思います。でも、それらは必ずしも頭が良いとはいえません。なぜなら、頭の中にあるものと反対の事が起きたときには、対応できなくなる場合があるからです。ですから、どのような状況にあっても、自分の知識をもとに考え行動できる力のほうが優れているといえます。ただし、そのためにはやはり基礎的な勉強は必要です。

25　この文章では、頭が良いとはどういうことだと言っているか。

　　1　たくさんの知識があること

　　2　短時間ですぐに暗記できること

　　3　状況にあわせて判断できること

　　4　基礎的な勉強がきちんとできること

（3）下のメールは、浅田さんが高橋さんに送ったものである。

あて先　：　takahashi@nihon_boueki.co.jp
件　名　：　「出張の日程」について

日本貿易社

営業部　高橋　様

いつもお世話になっております。

先日は急に約束をキャンセルしてしまい大変に申し訳ございませんでした。

改めて、おうかがいする日程を決めたいのですが、4月21日はいかがでしょうか。

それ以降ですと連休になりますので、飛行機もホテルも予約できないかもしれません。

お返事をお待ちしております。よろしくお願いいたします。

韓国貿易

営業部　浅田

26　浅田さんが高橋さんにこのメールを送った目的は何か。

　　1　約束を変更してもらうように頼むこと

　　2　4月21日に来てもらうように頼むこと

　　3　いつ訪問すればいいか予定を聞くこと

　　4　飛行機とホテルを予約できるか聞くこと

(4)

コンサートの入場券をプレゼントします！

白木オーケストラ結成10年の記念コンサートの開催にあわせまして、コンサートの入場券を100名の方にプレゼントいたします。

今回、新しく発売されたＣＤアルバムに応募ハガキが入っています。その応募ハガキに必要事項を書いて送ってください。

一人で何回でも応募できますが、応募ハガキにはシリアル番号がついているため、ハガキをコピーして応募することはできません。

ご質問のある方は、白木オーケストラのホームページから、電子メールを送ってください。

白木オーケストラ

27 応募する人は、どうしなければならないか。

1 普通のハガキを買って必要事項を書いて送る。

2 アルバムを買って中に入っている応募ハガキを送る。

3 アルバムの中にある応募ハガキをコピーして送る。

4 電子メールで応募に必要なものを送る。

問題5 つぎの（1）と（2）の文章^{ぶんしょう}を読んで、質問に答えなさい。答えは、1・2・3・4から最もよいものを一つえらびなさい。

（1）

　　私の兄が結婚をした。これまで野球しか頭になかった兄が、ついに結婚をしたのだ。私は本当に①嬉しかった。結婚したこともそうだが、結婚相手が何と野球チームのマネージャーだったのだ。私たちは家族でいつも野球の応援に行っていて、家族みんなが彼女を大好きである。

　　ある試合で、兄が怪我^{けが}をしたことがあった。走りこむ兄と、それを防ごうとするキャッチャーがぶつかった。倒れた兄は起き上がることができなかった。その時、誰よりも早く兄のところへ走ったのがマネージャーの彼女だった。「救急車を呼びましょう」と言っている横で、兄は「これくらい大丈夫」と言いながら立ち上がろうとした。すると、彼女は②大きな声を出して怒ったのだ。その姿に私はとても驚いた。結局、兄は救急車で病院に行ったが、大^{たい}した怪我^{けが}ではなくてホッとした。でも、無理をしていればひどくなっていたかもしれないということだった。

　　きっと兄は、自分を心配してくれる彼女を見て感動したのだと思う。まさか結婚までするとは思わなかったが、2人の幸せそうな姿を見ていると私まで幸せになる。

28　①嬉しかったとあるが、何が一番嬉しかったと言っているか。

　　1　野球ばかりしていた兄が、ついに結婚したこと

　　2　結婚をしても家族で野球の応援に行けること

　　3　兄が野球をやめて大好きな人と結婚したこと

　　4　家族が気に入っている相手と、兄が結婚したこと

29　②大きな声を出して怒ったとあるが、どうして怒ったのか。

　　1　キャッチャーを見ないで走りこんだから

　　2　起き上がれないほどの怪我をしたから

　　3　無理をすると怪我が悪化すると思ったから

　　4　自分の言っていることを無視されたから

30　この文章を書いた人が一番言いたいことは何か。

　　1　結婚できなくて悩んでいた兄がやっと結婚できたので幸せだ。

　　2　兄を心配してくれる彼女の姿に感動し、とても感謝している。

　　3　2人に結婚までしてほしくなかったが、2人が幸せなら満足だ。

　　4　兄が結婚して幸せそうなので、私も幸せな気分だ。

（2）

　　ごみを捨てる時は、分別（ぶんべつ）して捨てなければならない。分別（ぶんべつ）とは、燃えるものと燃えないものに分けたり、ペットボトルなど再利用できるものを分けたりすることである。再利用できるごみは集められて、工場に運ばれてから別の物に生まれ変わる。そうすれば埋め立てられるごみの量は減るし、資源の節約（せつやく）にもなる。

　　しかし分別（ぶんべつ）をしない人も多い。捨てる時に分けるのが面倒だということもあるし、どれが燃えないもので、どれが再利用できるものなのか分からないということもある。だからごみを集めた後、ごみの分別（ぶんべつ）作業をする人が必要になる。捨てる人が面倒だからと分別しないために、全く関係ない誰かが、汚いごみの中から再利用できるものを探しているのだ。ごみの中で細菌（さいきん）が増えている可能性も高く、働く人たちが病気になってしまうこともよくあるという。

　　ごみを分別（ぶんべつ）する時には、資源の節約（せつやく）を考えることも大事だが、ごみ処理のために働いている人たちのことも考える必要がある。

31 この文章では、ごみを分別することをどのようなことだと言っているか。

1 ごみや、再利用できるものを分けること

2 ごみを集めた後に、もう一度分けること

3 ごみを工場に運んで、埋め立てること

4 ごみの種類を減らして資源を節約すること

32 この文章では、ごみの分別作業をする人はどんな人だと言っているか。

1 ごみを集める前に分別作業をする人

2 捨ててあるごみを集め、分別する人

3 分別できていないごみを処理する人

4 全く関係ないのにごみを集めてくれる人

33 この文章を書いた人は、私たちが気をつけることは何だと言っているか。

1 働く人が病気になりそうなごみは捨ててはいけない。

2 資源の節約のためにごみの分別を強化するべきだ。

3 ごみの分別に関わる人のことを考えなければならない。

4 捨てるごみを減らすために努力するべきだ。

問題6 つぎの文章を読んで、質問に答えなさい。答えは、１・２・３・４から最もよいものを一つえらびなさい。

　田中さんは自分の夢をかなえるため、コンビニでバイトをしながら音楽の勉強を続けている。友だちはみんな就職をして安定した生活を始めているなか、１人で夢を追うのは大変だ。不安になって①落ち込んでしまうこともあるが、自分の好きなことだから頑張れると田中さんは言う。コンビニでのバイトが、音楽の勉強に影響を受ける部分もあるそうだ。それはどういうことなのか聞いてみた。

　「コンビニでいろいろなお客さんを見ながら、この人たちはどんな生活をしているのか、どういう気持ちでいるのか、そういうことを考えるようになりました。そして、この人たちのために素敵な音楽を作りたいと思うようになったんです。例えば、１人で寂しそうに買い物に来る小学生とか、疲れた顔をしたサラリーマンとか、その姿を見ていると悲しくなってきて、元気を出させてあげるような音楽を作りたいって思うし、逆に、お客さんとの会話で嬉しいことがあると、感謝の気持ちを音楽であらわしたくなるんです。１人で勉強だけしていたときは、②こんな気持ちになったことはありませんでした。」夢を追い続ける人が少ない今、それでも挑戦をするというのは③すごいことだ。苦しい気持ちに負けて、安定を選んでしまうことがほとんどであろう。

　人の役に立つ音楽を作りたい。その心を忘れずに今日も田中さんはバイトに勉強に、必死で取り組んでいる。

34 ①落ち込んでしまうこともあるとあるが、それはどうしてか。

　1　コンビニでのバイトが勉強に影響を受けてしまうから

　2　バイトしながら1人で生活を続けるのが大変だから

　3　仕事をして安定している人を見ると不安になるから

　4　一緒に夢を追っていた友だちが就職してしまったから

35 ②こんな気持ちとあるが、どんな気持ちなのか。

　1　悲しいときには音楽を聞いて元気を出したい。

　2　不安定な生活が苦しいので、安定を選びたくなる。

　3　バイトしていると悲しくなるが、それでも夢をかなえたい。

　4　出会った人に対する気持ちを音楽で表現したい。

36 ③すごいこととあるが、何がすごいのか。

　1　人の役に立つ音楽を作り続けること

　2　他人の行動よりも自分の夢を信じること

　3　バイトしても安定した生活をあきらめないこと

　4　苦しい気持ちにならないで夢を追い続けること

37 この文章のテーマとして適当なものはどれか。

　1　現代のコンビニ事情

　2　安定を目指す若者たち

　3　寂しい人間関係と音楽の役割

　4　目標への挑戦

問題7　右のページは、「韓国語教室」の案内である。これを読んで、下の質問に答えなさ
　　　　い。答えは、1・2・3・4から最もよいものを一つえらびなさい。

38　この案内によると、授業はいつ行われているか。

　　1　毎週水曜日と金曜日

　　2　毎週水曜日と金曜日と祝日

　　3　毎週水曜日と金曜日と第4土曜日

　　4　毎週水曜日と金曜日のうち祝日を除いた日

39　授業に参加するためには、どうすればよいか。

　　1　電話で問い合わせをする。

　　2　毎月1日に公民館に行って申し込む。

　　3　第4土曜日に材料費の1,000円を持って公民館に行く。

　　4　免許証と1,000円を持ってその月の最初の授業日に行く。

◇◇　韓国語教室のご案内　◇◇

韓国ドラマが好きな方、K-POPが好きな方、ぜひ韓国語を勉強して、そのまま聞き取れるようになりましょう。

公民館では、韓国人留学生のキムさんを先生にお呼びして、やさしい韓国語から、韓国の最新情報まで、様々なテーマで授業をしています。

挨拶や会話文を覚えれば、韓国旅行をする時にも、きっと役に立つでしょう。

● 内容　　　　韓国人のキム先生が、韓国語をやさしくお教えします。

　　　　　　　韓国ドラマや歌から、すぐ使える会話文を学び、聞き取りの練習をします。

　　　　　　　月に一回（第4土曜日）、韓国の家庭料理を一緒に作ります。

　　　　　　　＊今月はチャプチェです。辛い料理ではありません。

　　　　　　　　授業とは別のため、材料費のみ、当日集めます（1,000円）。

　　　　　　　　参加は強制ではありません。

● 授業日　　　毎週水、金曜日（祝日の場合でも授業を行います）

● 授業時間　　午後2時〜午後3時

● 場所　　　　公民館1階　第4会議室

● テキスト代　1,000円

● 参加資格　　韓国語初心者〜初級者（レベルテストはありません）

　　　　　　　会話の練習をしますので、積極的に発言できる人

● 申し込み方法　毎月最初の授業日に、直接公民館で申し込んで下さい。

　　　　　　　身分を証明できるもの（免許証、保険証など）と、テキスト代をお持ち下さい。

　　　　　　　先着順で、定員になり次第締め切ります。

● 定員　　　　15名

● その他　　　公民館の駐車場は広くありませんので、できるだけ公共交通機関をご利用下さい。

　　　　　　　バス停「公民館前」で降りて、すぐ目の前の建物が公民館です。

問題1

問題1では、まず質問を聞いてください。それから話を聞いて、問題用紙の1から4の中から、最もよいものを一つえらんでください。

1ばん

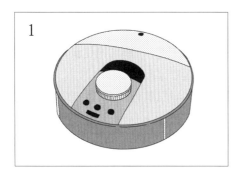

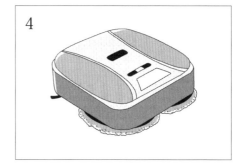

2회 | 3회 | 4회 | 5회

2ばん

1 ケーキを買_かう

2 歌_{うた}を歌_{うた}う

3 ピアノをひく

4 メッセージカードを用意_{ようい}する

3ばん

1 700円_{えん}

2 1,500円_{えん}

3 1,700円_{えん}

4 2,100円_{えん}

4ばん

1 旅行（りょこう）に行（い）く

2 スーツケースを借（か）りに行（い）く

3 宅急便（たっきゅうびん）を送（おく）る

4 メールで住所（じゅうしょ）を送（おく）る

5ばん

1 ピンクのドレス

2 青（あお）のドレス

3 むらさきのドレス

4 きいろのドレス

6ばん

1 自分(じぶん)のパスポート

2 自分(じぶん)のパスポートのコピー

3 友(とも)だちのパスポート

4 友(とも)だちのパスポートのコピー

問題2

問題2では、まず質問を聞いてください。そのあと、問題用紙を見てください。読む時間があります。それから話を聞いて、問題用紙の1から4の中から、最もよいものを一つえらんでください。

1ばん

1　むすめが家で待っているから

2　むすめのたんじょうびだから

3　つまが早く帰ってくるから

4　食事を作らなければならないから

2ばん

1　電車が止まって、先生が来られないから

2　電車が止まって、来られない学生がいるから

3　台風で、これから天気が悪くなるから

4　台風で、はしがこわれてしまったから

3ばん

1　小さくてかるいから

2　めずらしい色だから

3　安かったから

4　インターネットが速いから

4ばん

1　ジャケット

2　パソコン

3　ふうとう

4　さいふ

5ばん

1　きゅうりょうが安かったから

2　ストレスがあったから

3　仕事が楽しくなかったから

4　やりたい仕事を見つけたから

6ばん

1 ダイエットをしたいから

2 リズム感^{かん}をみにつけたいから

3 こくさいこうりゅうをしたいから

4 体^{からだ}を動^{うご}かしたいから

問題3

問題3では、問題用紙に何もいんさつされていません。この問題は、ぜんたいとしてどんなないようかを聞く問題です。話の前に質問はありません。まず話を聞いてください。それから、質問とせんたくしを聞いて、1から4の中から、最もよいものを一つえらんでください。

― メ モ ―

問題4

問題4では、えを見ながら質問を聞いてください。やじるし(➡)の人は何と言いますか。1から3の中から、最もよいものを一つえらんでください。

1ばん

2ばん

3ばん

4ばん

問題5

問題5では、問題用紙に何もいんさつされていません。まず文を聞いてください。それから、そのへんじを聞いて、1から3の中から、最もよいものを一つえらんでください。

― メ モ ―

◀) **2회** 청해 듣기

적중 **모의고사**

2회

JLPT
N3

2회 언어지식(문자 어휘)

問題1 ＿＿＿＿のことばの読み方として最もよいものを、1・2・3・4から一つえらびなさい。

1 面接を受けるのに、その格好はよくないと思う。

　　1　かくこう　　　　2　がくこう　　　3　かっこう　　　4　がっこう

2 彼の家は教科書も買えないほど貧しい。

　　1　はげしい　　　　2　くるしい　　　3　まぶしい　　　4　まずしい

3 半年過ぎて、やっとこの仕事に慣れてきました。

　　1　はれて　　　　　2　なれて　　　　3　おれて　　　　4　つれて

4 子どもはコンサート会場には入場できません。

　　1　にゅうじょう　　2　にゅうじょ　　3　にゅじょう　　4　にゅじょ

5 このスポーツセンターでは自由に運動ができて便利だ。

　　1　じゆ　　　　　　2　じゆう　　　　3　じよう　　　　4　じゅう

6 桜の花が咲くのはまだ先のようだ。

　　1　さく　　　　　　2　あく　　　　　3　ふく　　　　　4　ひらく

7 車の運転免許を取るために自動車学校に通っている。

　　1　めんきょう　　　2　めんきょ　　　3　めんぎょう　　4　めんぎょ

8 彼女は優秀な成績で大学を卒業しました。

　　1　ゆうしょう　　　2　ゆうしゅう　　3　ゆうじょう　　4　ゆうじゅう

問題2 _____のことばを漢字で書くとき、最もよいものを、1・2・3・4から一つ
えらびなさい。

9 あの人は大会で1位、2位を<u>あらそう</u>マラソン選手だ。

    1　奪う　　　　　　2　戦う　　　　　　3　争う　　　　　　4　競う

10 子どもの頃、あの公園によく<u>えんそく</u>に行った。

    1　遠足　　　　　　2遠泳　　　　　　3　演劇　　　　　　4　演奏

11 誰かにカードを<u>ふせい</u>に使われて困っています。

    1　不幸　　　　　　2　不安　　　　　　3　不定　　　　　　4　不正

12 彼女とは<u>きょうつう</u>点が多いので、話が合います。

    1　共通　　　　　　2　共同　　　　　　3　共感　　　　　　4　共産

13 急な<u>さか</u>を自転車で下りるのは危ない。

    1　山　　　　　　　2　坂　　　　　　　3　逆　　　　　　　4　道

14 父はこの町の<u>やくしょ</u>で働いています。

    1　役目　　　　　　2　役割　　　　　　3　役者　　　　　　4　役所

問題3 （　　　　）に入れるのに最もよいものを、1・2・3・4から一つえらびなさい。

15 このゼリーは（　　　　）してから食べるとおいしい。

1 冷凍　　　　　2 冷房　　　　　3 冷静　　　　　4 寒冷

16 お客さんが来ない日はすることがなくて、とても（　　　　）だ。

1 異常　　　　　2 退屈　　　　　3 大変　　　　　4 不便

17 ここは（　　　　）をぬったばかりなので、触らないでください。

1 ポスター　　　2 カバー　　　　3 ペンキ　　　　4 ベンチ

18 昨日は疲れて（　　　　）眠った。

1 しっかり　　　2 ぐっすり　　　3 がっちり　　　4 ぴったり

19 赤ちゃんが起きないように（　　　　）ドアを閉めた。

1 ずっと　　　　2 そっと　　　　3 じっと　　　　4 ぐっと

20 会場へ行く途中、道に（　　　　）遅刻してしまった。

1 迷って　　　　2 間違えて　　　3 追って　　　　4 向かって

21 9月まで（　　　　）をしているので、教室を使うことができません。

1 改正　　　　　2 独立　　　　　3 工事　　　　　4 手間

22 雨の日は（　　　　）で洗濯物がかわかない。

1 台風　　　　　2 不足　　　　　3 気体　　　　　4 湿気

23 目を（　　　　）ために、冷たい水で顔を洗います。

1 とめる　　　　2 さます　　　　3 けす　　　　　4 ひかる

24 シャツを（　　　　　）、たんすの中にしまっておいた。

1　きって　　　　　2　おって　　　　　3　たたんで　　　　4　つないで

25 医者の（　　　　　）から言うと、タバコは体によくない。

1　地点　　　　　　2　立場　　　　　　3　位置　　　　　　4　場所

問題4 ＿＿＿＿に意味が最も近いものを、1・2・3・4から一つえらびなさい。

26　彼は仕事をするのが<u>のろい</u>。

　　1　楽しい　　　　2　苦しい　　　　3　早い　　　　4　遅い

27　この公式を<u>用いて</u>問題を解きなさい。

　　1　考えて　　　　2　使って　　　　3　用心して　　　4　取って

28　トイレに入った後、手を洗うのは<u>エチケット</u>だ。

　　1　礼儀　　　　　2　当然　　　　　3　優秀　　　　　4　利口

29　会社が<u>移転</u>することになった。

　　1　変わる　　　　2　つぶれる　　　3　転がる　　　　4　引っ越す

30　暖かくなると、いろいろな生き物が<u>現れる</u>。

　　1　出てくる　　　2　いなくなる　　3　倒れる　　　　4　見せる

問題 5 つぎのことばの使い方として最もよいものを、1・2・3・4から一つえらびなさい。

[31] 引き受ける

1 大雨が降ってきたので、家に引き受けた。

2 来月から新しい仕事を引き受けることにした。

3 帰ろうとしていた学生を引き受けた。

4 彼女が持っている能力を引き受けるつもりだ。

[32] まぜる

1 寝ている赤ちゃんにふとんをまぜておいてください。

2 みんなで力をまぜてこの仕事を終えることができた。

3 目の中にゴミがまぜて目を開けることができない。

4 まだ日本語が上手じゃないアンさんは英語をまぜて話す。

[33] 素直

1 彼女はいつも何も話さず、素直で困る。

2 うちの娘は素直でやさしい。

3 解決するか心配だったが、素直に解決した。

4 気になることがあって、今日は心が素直でない。

[34] 将来

1 田中さんの将来の夢について質問した。

2 間違えないように将来気をつけます。

3 明日から頑張りますので、将来よろしくお願いします。

4 スケジュールを調整するので、将来の予定を教えてもらえますか。

[35] 思わず

1 思わず車が出てきて、危ないところだった。

2 思わず宿題を忘れて、先生に怒られた。

3 彼が変な顔をするので、思わず笑ってしまった。

4 そこにいた学生が思わずいなくなっていた。

問題1 つぎの文の（　　　　　）に入れるのに最もよいものを、１・２・３・４から一つえらびなさい。

1　このパソコン教室は年齢（ねんれい）（　　　　　）誰でも参加できます。

　　１　にとって　　　　２　につき　　　　３　を中心に　　　　４　を問わず

2　A「国際商事（こくさい）の鈴木ですが、田中部長いらっしゃいますか。」
　　B「はい、少々（　　　　　）ください。」

　　１　待たれて　　　　２　お待ち　　　　３　お待ちして　　　　４　お待たせ

3　彼はよく（　　　　　）くせに、知っているかのように話す。

　　１　知る　　　　２　知らない　　　　３　知った　　　　４　知っていた

4　いつも一緒にいる（　　　　　）二人は付き合っているようだ。

　　１　ことから　　　　２　ことか　　　　３　ところか　　　　４　ところで

5　兄は家族の反対（　　　　　）かまわず、雪山（ゆきやま）へ行ってしまった。

　　１　を　　　　２　で　　　　３　も　　　　４　は

6　この街（まち）をきれいにするために、みんなで掃除（そうじ）を（　　　　　）じゃありませんか。

　　１　する　　　　２　しない　　　　３　した　　　　４　しよう

7　私が旅行に行く（　　　　　）雨が降る。

　　１　たびに　　　　２　ために　　　　３　とおりに　　　　４　だけに

8 みんなが（　　　　　）、大きい声で話してください。

  1　聞くそうに　　　　　　　　　2　聞いたそうに

  3　聞いたように　　　　　　　　4　聞こえるように

9 社長「明日の予定は？」
　　田中「午前10時から会議に出席（　　　　　）。」

  1　することはありません　　　　2　することになっています

  3　することです　　　　　　　　4　することができます

10 彼は田舎に帰った（　　　　　）、戻ってこない。

　　1　だけ　　　　　2　のみ　　　　3　きり　　　　　4　まで

11 もともと細いのだから、ダイエットなんか（　　　　　）に決まっている。

  1　しないほうがいい　　　　　　2　したほうがいい

  3　しなければいけない　　　　　4　してはいけない

12 最近の子どもは自分さえ（　　　　　）と思っている。

  1　いいのがいい　　　　　　　　2　いるのがいい

  3　よせばいい　　　　　　　　　4　よければいい

13 A「今日は用事があるので、（　　　　　）もらえませんか。」
　　B「わかりました。明日は必ず来てくださいね。」

　　1　休んで　　　　2　休まないで　　　3　休ませて　　　　4　休まれて

問題2　つぎの文の＿＿★＿＿に入る最もよいものを、1・2・3・4から一つえらびなさい。

14　A「まだお姉ちゃん、帰ってこないの？」

　　B「もう ＿＿＿＿ ＿＿＿＿ ＿★＿ ＿＿＿＿ だと思うけど。」

　　1　帰って　　　　　2　ころ　　　　　3　来る　　　　　4　そろそろ

15　田中さんが ＿＿＿＿ ＿＿＿＿ ＿★＿ ＿＿＿＿ 聞いてみるつもりだ。

　　1　行く　　　　　　2　旅行　　　　　3　に　　　　　　4　かどうか

16　父に ＿＿＿＿ ＿＿＿＿ ＿★＿ ＿＿＿＿ 、父から電話が来た。

　　1　ときに　　　　　2　した　　　　　3　かけようと　　　4　電話を

17 A「まだ資料が届いていないんですが。いつ届きますか。」

B「昨日速達で ＿＿＿＿ ＿＿＿＿ ＿★＿ ＿＿＿＿ です。」

1 ので　　　　2 送った　　　3 はず　　　　4 今日着く

18 あとで ＿＿＿＿ ＿★＿ ＿＿＿＿ ＿＿＿＿ 食べられてしまった。

1 のに　　　　2 誰かに　　　3 つもりだった　4 食べる

問題3　つぎの文章を読んで、文章全体の内容を考えて、 19 から 23 の中に入る
最もよいものを、1・2・3・4から一つえらびなさい。

下の文章は留学生のワンさんが書いた作文です。

日本のお弁当

　この前、ホームステイ先の家族と一緒にお花見に行きました。お昼ごはんは
ホームステイ先のお母さんがお弁当を用意してくれました。私はおにぎりだけだ
と思っていたのですが、アニメのキャラクターのごはんに、いろいろな形をした
野菜、かわいい顔をしたソーセージなど、食べるのがとても 19 。

　どうせ食べてしまうのに、どうしてきれいなお弁当を作るのか聞いてみました。
お母さんの答えは、 20 人に喜んでほしいからだそうです。 21 ご飯を食べな
い子どものために作っていたそうですが、だんだんお母さんのほうが作るのが楽
しくなったということです。

　日本人はかわいいものが好きだとは思っていましたが、お弁当までかわいいも
のを作るとは知りませんでした。作るお母さんも楽しんで、食べる子どももそれ
を見て幸せを感じる。とても素敵なことだと思いました。 22 、このように親と
子どもの関係をよくしているお弁当はすごい力を持っていると思います。私もい
つか誰かのために心を込めたかわいいお弁当を 23 。

19

  1 不思議でした   2 もったいなかったです

  3 怖かったです   4 嫌でした

20

  1 食べられる   2 食べさせられる

  3 食べさせる   4 食べる

21

  1 これからは   2 はじめは

  3 結局は   4 最後は

22

  1 そして   2 そこで

  3 それで   4 そのために

23

  1 作れるかどうかわかりません   2 作れるでしょうか

  3 作ってみたいです   4 作るべきだと思います

問題4 つぎの（1）から（4）の文章を読んで、質問に答えなさい。答えは、1・2・3・4 から最もよいものを一つえらびなさい。

（1）鈴木さんの机の上に下のメモがおいてある。

鈴木さん

大木商事の田中様からお電話がありました。

来週火曜日の会議の時間を変更してほしいとのことです。戻り次第、田中様に連絡していただけますか。

それと、1階の受付に会議で配るパンフレットが届いていますので、今日中に取りに行ってください。

明日時間があるときに、そのパンフレットの部数の確認をしていただけるとありがたいです。

私は明日から出張に行きますので、何かありましたら、携帯に連絡ください。

高山

24 このメモを読んだ人は、まず何をしなければならないか。

1 会議の時間を変更する。

2 田中さんに連絡する。

3 パンフレットを取りに行く。

4 高山さんに連絡する。

(2)

今は家にいながらインターネットで買い物ができる便利な時代だ。ただ、人の顔が見えないのが不安で、インターネットショッピングをしない人もいると思う。しかし、この前こんなことがあった。インターネットでバッグを注文し、届いた商品を開けてみたら、お店の人の顔写真が入っていた。さらに、「私たちの商品をご購入くださりありがとうございます。今後もご愛用ください。」と手書きで丁寧な手紙つきだった。顔が見えないからこその工夫なのだろう。心が温まる買い物になった。

25 こんなこととは何か。

1 初めてインターネットで買い物ができたこと

2 人の顔が見えないので不安になったこと

3 気に入ったバッグが届かなかったこと

4 顔写真と手紙つきの商品が届いたこと

(3)

　お金を貯めるにはどうしたらいいのだろう。毎月少しずつ貯金をする、無駄遣いをなくすなど、いろいろな方法がある。自分に合った方法がいいと思うが、私がお勧めしたいのは、1か月の生活費をまとめて銀行から引き出して現金で持っておき、カードを使わないことだ。現金だと目に見えるため、調節しながらお金を使うことができる。そして、それ以外のお金は使わないから貯金が増えていくのだ。お金の使い方を気にしながら、上手にお金と付き合うことが重要だ。

26 この文章では、貯金をするために大切なのはどんなことだと言っているか。

1　毎月少しずつ貯金をすること

2　無駄遣いをなくすこと

3　1か月の生活費を少なくすること

4　お金の使い方を自分で調節すること

(4) サークルのメンバーに届いたメールである。

あて先　：　tennis@circle.com
件　名　：　歓迎会のお知らせ

6月に新しいメンバーが3人、入りました。
3人のために歓迎会を行いたいと思いますので、ぜひご参加ください。

日　時　：　6月30日(土)　午後6時〜8時
場　所　：　レストラン「道」(大田駅北口から徒歩3分)
集　合　：　午後5時50分に大田駅北口の時計台の下
会　費　：　5,000円

歓迎会に参加できる方は、6月15日(金)までに返信してください。
当日、少しでも遅れる方は、直接レストランに来てください。
(地図はこのメールの添付ファイルを確認してください)
2次会からの参加も可能ですので、2次会から参加される方は当日私にご連絡
ください。2次会の場所を携帯に送ります。

山下(080-1234-5600)

27　歓迎会に遅れる人は、何をしなければならないか。

　　1　6月15日までに返信をして、大田駅へ行く。

　　2　6月15日までに返信をして、直接レストランへ行く。

　　3　6月30日までに返信をして、2次会に参加する。

　　4　6月30日までに返信をして、山下さんに電話する。

問題 5　つぎの（1）と（2）の文章を読んで、質問に答えなさい。答えは、1・2・3・4 から最もよいものを一つえらびなさい。

（1）

　　子どものころ、近所にある大きな①公園でよく遊んでいた。学校が終わるといつも、友だちとそこに集まっていた。 夜、花火をして近所の人に怒られたこともあったが、たくさんの思い出が詰まっている場所だ。

　　大人になってからは忙しくて公園に行くことが減ってしまい、ときどき犬と散歩や運動をする程度になってしまったが、春は花見、夏は水遊びと、季節ごとの楽しさがあって、子どもだけでなく、大人たちにも人気のある公園だ。

　　そんな近所の公園が工事をすることになったという。今のままでも多くの人が集まり、十分楽しめる場所なのに、どうしてなんだろうと公園の職員に聞いてみた。②工事の理由は、公園のトイレや遊び道具などを乱暴に使う人がいて壊れているところがあるからだそうだ。また、昔に比べてごみをあちこちに捨てる人が増えてしまい木や花が枯れてしまったそうだ。そのために整備が必要だということだった。

　　確かに昔に比べてきれいではなくなったと思っていたが、そういったマナーの悪い人が増えてしまったからだと思うととても残念だ。無事に工事が終わって、多くの人に愛されるもとの公園に戻ってほしいと思う。

28 この文章を書いた人は、①公園についてどんな思い出を持っているか。

1　友だちといろいろなことをして遊んだが、花火は怒られた。

2　毎日のように犬と散歩をしたり、運動をしたりした。

3　1年中たくさんの花が咲いていて、花見をする人が多かった。

4　寒い季節には遊べることがなかったが、夏は水遊びが楽しかった。

29 ②工事の理由は何か。

1　公園のトイレや遊び道具などが古くなってしまったから

2　ごみがあちこちに捨てられているから

3　ごみを捨てる人が増えて、木や花が枯れてしまったから

4　マナーの悪い人が増えて、公園に人がいなくなってしまったから

30 この文章を書いた人は、工事についてどう思っているか。

1　工事をすると聞いて驚いたが、マナーをよくするためにはしかたがない。

2　木や花が枯れて悲しいが、無事に工事が終わってほしい。

3　マナーが悪い人がいて残念だが、ごみをなくすための工事ならしかたがない。

4　工事の理由を聞いて悲しくなったが、無事に工事が終わってほしい。

(2)

　　日本人の朝食がご飯とみそ汁というのは昔の話なのだろうか。あるアンケート
①調査によると、朝食にパンを食べる人が半数を超え、ご飯を食べる人より多か
った。朝にパンを食べる主な理由は、手軽に早く食べられるからだそうだ。

　　意外だったのは、50代・60代でも半数以上が朝にパンを食べていると答えてい
たことだ。年を取ると健康に気をつけて日本食を食べるようになるものだと思っ
ていたが、②そうではないようだ。子どもたちが独立した後は、手間がかかる白
いご飯とおかずを作らなくなるそうだ。そのためか、家族と一緒に暮らす10代・
20代はご飯を食べる人がパンを食べる人より多い。

　　また、家族と一緒に住んでいても、朝食を一人で食べるという人が53%もいた。
一人で食べるのはさびしいが、朝は一日で最も忙しい時間であり、一人でパンを
食べるほうが時間を節約できるということだ。しかし、家族全員が一緒に過ごす
時間というのは短いのだから、時には家族でゆっくり朝食を味わうことも必要で
はないだろうか。

31 この文章によると、①調査からわかることはどれか。

1 日本人の朝食はご飯とみそ汁というのは今も変わらない。

2 年を取ると、朝食にパンを食べる割合が増える。

3 年を取ると、健康に気をつけてご飯を食べるようになる。

4 50代、60代はご飯を作るのに手間がかかるので、ご飯は食べない。

32 ②そうではないとあるが、「そう」とはどのようなことか。

1 若い人はパンが好きだ。

2 50代・60代はパンが好きではない。

3 年を取るにつれて、日本食を食べるようになる。

4 日本人は日本食を好んで食べる。

33 この文章で、筆者が最も言いたいことは何か。

1 ご飯を作るのは手間がかかるので、簡単にパンを食べたほうがいい。

2 朝は忙しいので、パンを食べて時間を節約したほうがいい。

3 朝食を一人で食べるのはさびしいので、家族みんなで一緒に食べたほうがいい。

4 家族が一緒に過ごす時間は短いから、たまには時間を取って朝食をとったほうがいい。

問題6 つぎの文章を読んで、質問に答えなさい。答えは、１・２・３・４から最もよいものを一つえらびなさい。

　　空飛ぶ電車と呼ばれている乗り物があるという。本当に空を飛ぶ電車があるのだろうか。それが現実なら夢のようだが、実は、安い航空会社の飛行機のことだそうだ。①その理由は電車を利用するような感覚で気軽に飛行機を利用してもらいたいという気持ちからで、ある航空会社の社長が名付けた。

　　では、②普通の航空会社と安い航空会社は何が違うのか。まず、普通の航空会社の航空料金には食事や飲み物、荷物の預かり料金が含まれているが、安い航空会社は③それらを有料にしている。費用を抑えるのは客に対してだけでなく、働く人にも抑えられていて、訓練や制服は有料である。

　　費用を減らしているだけではなく、他にも違いがある。安い航空会社は飛行機に乗っている間、飲食のサービスをしない代わりに、いろいろなサービスを行っているのだ。例えば、飛行機の中で乗務員と一緒に体操をしたり、ゲームをしたりするというようなことだ。そして、乗務員の制服はポロシャツにジーンズといったカジュアルな制服が多い。そういった点で、普通の航空会社に比べて、親近感が得られるのが安い航空会社の特長であろう。

　　実際、安い航空会社の飛行機に乗った人に感想を聞いてみた。「普通の飛行機より席が少し狭く感じましたが、荷物が少なくて安く移動できるなら、特に問題ないと思いました。航空会社によって機内のサービスが違うので、他の安い航空会社にも乗ってみたいですね。」とのこと。電車を利用するように、短い距離で移動だけが目的なら、利用してもいいかもしれない。

34 ①その理由とあるが、どんなことか。

1　空を飛ぶような電車になってほしいから

2　空を飛べるように電車が軽くなったから

3　電車に乗るよりも安い料金で乗ってほしいから

4　電車に乗るように気楽に乗ってほしいから

35 ②普通の航空会社と安い航空会社の違いは何か。

1　安い航空会社は飲食のサービスがない代わりに乗客が楽しめるサービスを行っている。

2　安い航空会社はカジュアルな制服でないので、親近感が感じられる。

3　普通の航空会社は荷物の預かり料金が含まれているが、飲食料は有料である。

4　普通の航空会社は飲食のサービスはあるが、席が狭く感じる。

36 ③それらとあるが、何か。

1　飲食物と預ける荷物の料金

2　航空料金と食事の料金

3　航空料金と預ける荷物の料金

4　訓練と制服の料金

37 安い航空会社について筆者の考えはどれか。

1　航空会社によってサービスが違うので、楽しめると思う。

2　荷物が少なくて安く移動できるなら、問題ないと思う。

3　短い距離で移動するためだけなら、利用してもいいと思う。

4　安い料金なら、電車を利用するように利用してもいいと思う。

問題7　右のページは、「出張向けビジネスホテル」の案内である。これを読んで、下の質問に答えなさい。答えは、１・２・３・４から最もよいものを一つえらびなさい。

38 川田さんは、東京へ出張することになった。駅から近くて、インターネットが無料で使える部屋を予約したい。川田さんはたばこは吸わない。この条件に合うホテルはどれか。

　　1　ニューホテル

　　2　グリーンホテル

　　3　川口ホテル

　　4　山中ホテル

39 川田さんはクレジットカードを持っていない。ホテルの部屋代はどの方法で払わなければならないか。

　　1　インターネットバンキングで払う。

　　2　銀行へ行って払う。

　　3　コンビニへ行って払う。

　　4　旅行会社へ行って払う。

出張向け　ビジネスホテル

ホテル名	部屋	アクセス	料金(税込み)
ニューホテル	・シングル　喫煙 ・Wi-Fi無料 （フロントでID、パスワードを お知らせします）	駅から 徒歩5分	7,400円
グリーンホテル	・シングル　禁煙 ・Wi-Fi無料 （共有Wi-Fiを自由に使えます）	ホテルは 駅とつながっています。	7,800円
川口ホテル	・シングル　禁煙 ・Wi-Fi有料 ・ロビーにあるパソコンは自由に 使えます (午前9時から午後8時まで)	駅から 徒歩10分	8,400円
山中ホテル	・和室　禁煙　朝食つき ・Wi-Fi無料 （フロントでID、パスワードを お知らせします）	駅から シャトルバス運行 (20分ごと)	9,400円

【お支払方法】
・クレジットカード、銀行振り込みでのお支払いが可能です。
・銀行振り込みの場合、窓口と ATM機でのお支払いになります。
・インターネットバンキングでのお振り込みはできません。
・なお、コンビニ、旅行会社へのお支払いは取り扱っておりません。

もんだい
問題1

問題1では、まず質問を聞いてください。それから話を聞いて、問題用紙の1から4の中から、最もよいものを一つえらんでください。

1ばん

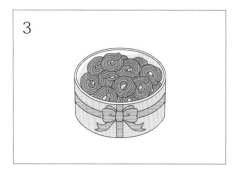

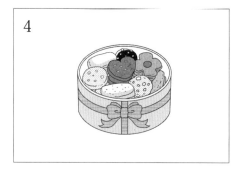

2ばん

1 今の本のりゅうこうを調べる

2 アンケートをとる

3 むかしの本のしりょうをさがす

4 ランキングを作る

3ばん

1 3がい

2 4かい

3 1かい

4 地下1かい

4ばん

1　飲み物
2　サンドイッチ
3　紙のさら
4　割りばし

5ばん

1　新入生せつめいかいに出る
2　大学の中をあんないしてもらう
3　ていきけんのしょるいをうけとる
4　がくせいしょうのしょるいを出す

6ばん

1　ア

2　イ

3　イ　ウ

4　ア　エ

問題2

問題2では、まず質問を聞いてください。そのあと、問題用紙を見てください。読む時間があります。それから話を聞いて、問題用紙の1から4の中から、最もよいものを一つえらんでください。

1ばん

1 うでの日やけ

2 かおの日やけ

3 くびの日やけ

4 目の日やけ

2ばん

1　北海道ツアー

2　大阪ツアー

3　名古屋ツアー

4　福岡ツアー

3ばん

1　本が見つからなかったから

2　ほかの学生が借りていたから

3　貸し出しできない本だったから

4　研究室においてある本だったから

4ばん

1 けんこうのために運動したいから

2 電車代を使いたくないから

3 けしきを見るのがすきだから

4 まんいん電車にのりたくないから

5ばん

1 漢字の読み方がたくさんあること

2 発音がうまくできないこと

3 ぶんぽうが英語とちがうこと

4 ことばをおぼえなければならないこと

6ばん

1　外（そと）で休（やす）むため

2　けんこうのため

3　写真（しゃしん）をとるため

4　きれいな空気（くうき）をすうため

問題3

問題3では、問題用紙に何もいんさつされていません。この問題は、ぜんたいとしてどんなないようかを聞く問題です。話の前に質問はありません。まず話を聞いてください。それから、質問とせんたくしを聞いて、1から4の中から、最もよいものを一つえらんでください。

— メ モ —

問題4

問題4では、えを見ながら質問を聞いてください。やじるし (➡) の人は何と言いますか。1から3の中から、最もよいものを一つえらんでください。

1ばん

2ばん

3ばん

4ばん

<ruby>問題<rt>もんだい</rt></ruby> 5

<ruby>問題<rt>もんだい</rt></ruby> 5 では、<ruby>問題用紙<rt>もんだいようし</rt></ruby>に<ruby>何<rt>なに</rt></ruby>もいんさつされていません。まず<ruby>文<rt>ぶん</rt></ruby>を<ruby>聞<rt>き</rt></ruby>いてください。それから、そのへんじを<ruby>聞<rt>き</rt></ruby>いて、1 から 3 の<ruby>中<rt>なか</rt></ruby>から、<ruby>最<rt>もっと</rt></ruby>もよいものを<ruby>一<rt>ひと</rt></ruby>つえらんでください。

― メ モ ―

🔊 3회 청해 듣기

적중 **모의고사**

3회

JLPT
N3

3회 **언어지식**(문자 어휘)

問題1 _____ のことばの読み方として最もよいものを、1・2・3・4から一つえらびなさい。

1 山の上から見下ろすと、私の家の屋根が見えた。

　　1　おね　　　　　　2　やね　　　　　　3　はね　　　　　　4　たね

2 入院が長引いていた母だが、今日やっと退院できた。

　　1　たいん　　　　　2　たんいん　　　　3　たいいん　　　　4　だんいん

3 会社によって、社員に対する規則が異なる。

　　1　きっそく　　　　2　きそっく　　　　3　きいそく　　　　4　きそく

4 彼は幼いころから絵が上手なことで有名だった。

　　1　おさない　　　　2　かわいい　　　　3　やさしい　　　　4　わかい

5 台風の予報が出ているから、今日は早く帰りましょう。

　　1　だいふう　　　　2　だいふ　　　　　3　たいふう　　　　4　たいふ

6 行方がわからなかった知人から昨日やっと連絡が来た。

　　1　いきさき　　　　2　ゆくえ　　　　　3　いきかた　　　　4　かなた

7 夕日に照らされた彼女は一段と美しかった。

　　1　はしらされた　　2　おくらされた　　3　てらされた　　　4　きらされた

8 この辞典は日本語で手紙を書くときに役立つ。

　　1　やくだつ　　　　2　やぐたつ　　　　3　やくたつ　　　　4　やぐだつ

問題2 _____のことばを漢字で書くとき、最もよいものを、1・2・3・4から一つ
えらびなさい。

9 <u>しっぱい</u>は成功のもとだ。

　　1　失配　　　　　2　失敗　　　　　3　矢配　　　　　4　矢敗

10 窓から見える<u>けしき</u>がすてきだ。

　　1　景式　　　　　2　景色　　　　　3　影色　　　　　4　影式

11 会議に必要な<u>しりょう</u>をコピーしておく。

　　1　資用　　　　　2　費料　　　　　3　資料　　　　　4　費用

12 その授業は面白くて誰も<u>いねむり</u>しなかった。

　　1　居眠り　　　　2　昼寝り　　　　3　居寝り　　　　4　昼眠り

13 お弁当は<u>あたためて</u>食べたほうがおいしいです。

　　1　暖めて　　　　2　温めて　　　　3　熱めて　　　　4　暑めて

14 この学校はクラブ活動が<u>さかんな</u>ことで有名だ。

　　1　活んな　　　　2　強んな　　　　3　勢んな　　　　4　盛んな

問題 3 （　　　　）に入れるのに最もよいものを、1・2・3・4から一つえらびなさい。

15　その仕事は僕に（　　　　）ください。

1　頼って　　　　　2　預けて　　　　　3　頼んで　　　　　4　任せて

16　学生の個人情報を守るのが学校の基本的な（　　　　）だ。

1　対象　　　　　　2　方針　　　　　　3　見当　　　　　　4　焦点

17　彼女は毎日食事の（　　　　）を計算している。

1　サービス　　　　2　バランス　　　　3　カロリー　　　　4　メニュー

18　問題点は十分に（　　　　）しています。

1　承知　　　　　　2　反対　　　　　　3　活動　　　　　　4　発表

19　お店では（　　　　）あいさつをするようにしている。

1　しなやかな　　　2　さわやかな　　　3　にぎやかな　　　4　あきらかな

20　結婚式の（　　　　）はホテルの2階です。

1　現場　　　　　　2　立場　　　　　　3　会場　　　　　　4　登場

21　その絵の美しさにすっかり心を（　　　　）しまった。

1　盗まれて　　　　2　取られて　　　　3　無くされて　　　4　奪われて

22　彼は行き（　　　　）も言わずに旅に出た。

1　場　　　　　　　2　先　　　　　　　3　方　　　　　　　4　所

23　（　　　　）準備したので今度の試験は大丈夫だ。

1　はっきり　　　　2　ぎっしり　　　　3　めっきり　　　　4　しっかり

24 今回の行事には、生徒は全員（　　　　　）してください。

  1　参加　　　　　　2　作業　　　　　　3　参考　　　　　4　処理

25 町を（　　　　　　）していたらすっかり日が暮れてしまった。

  1　のろのろ　　　　2　うろうろ　　　　3　まごまご　　　4　そろそろ

問題4 _____に意味が最も近いものを、1・2・3・4から一つえらびなさい。

26 彼は相変わらず工場で働いている。

1 前と同じように
2 一生けんめいに
3 努力をしないで
4 前とはちがって

27 料金の支払いはもう済んだ。

1 無くなった　　　2 始まった　　　3 終わった　　　4 決まった

28 彼の説明を聞いて納得した。

1 つかれた　　　2 腹が立った　　　3 心配した　　　4 よく分かった

29 彼は利口な人です。

1 頭がわるい　　　2 頭がよい　　　3 よく話す　　　4 あまり話さない

30 道にごみを捨ててはいけないのは常識です。

1 いつも考えていること
2 だれも知らないこと
3 だれでも知っていること
4 いつも考えていないこと

問題5　つぎのことばの使い方として最もよいものを、1・2・3・4から一つえらびな
さい。

31　黙る

1　花瓶が割れないように<u>黙って</u>運びました。

2　夏休みは田舎に行って<u>黙って</u>いました。

3　冷蔵庫のドアが自動的に<u>黙りました</u>。

4　不正を見て<u>黙って</u>いてはいけない。

32　受け取る

1　今日は食欲があるので何でも<u>受け取ります</u>。

2　送っていただいた書類を確かに<u>受け取りました</u>。

3　詳しく説明していただいたので、十分に<u>受け取りました</u>。

4　私が<u>受け取った</u>仕事は順調に進んでいます。

33　条件

1　内容を<u>条件</u>に書いてまとめてください。

2　彼と結婚の<u>条件</u>をしたので幸せです。

3　<u>条件</u>のいい仕事を探すことが出来た。

4　時間の<u>条件</u>を受けるので、出版は難しそうです。

34　コンクール

1　努力の結果、音楽の<u>コンクール</u>で賞を取った。

2　皆が自由に歌う姿はまるで<u>コンクール</u>のようだった。

3　<u>コンクール</u>のように硬いもので作ったほうが丈夫です。

4　作品が<u>コンクール</u>に作られるなら、優勝も夢じゃないでしょう。

35 　いらいら

　1　その子供はトイレに行きたくていらいらと動いていた。

　2　風邪を引いてのどがいらいらと痛んだ。

　3　その布は触るといらいらした感じがします。

　4　その日は気分がよかったので、バスが遅れてもいらいらしなかった。

問題1 つぎの文の（　　　）に入れるのに最もよいものを、1・2・3・4から一つえらびなさい。

1　A「明日のパーティ、山田さんは（　　　）っけ？」
　　B「ううん、来るって言ってたよ。アルバイトは休むんだって。」
　　1　来ないんだ　　　2　来るんだ　　　3　来た　　　4　来なかった

2　今回のテストの結果は悪かったけれど、次（　　　）はいい点を取ってみせる。
　　1　のみ　　　2　だけ　　　3　こそ　　　4　より

3　下着は、袋を開けると交換できないので、サイズをきちんと確認した（　　　）買わなくてはならない。
　　1　下で　　　2　上で　　　3　元で　　　4　中で

4　（美術館で）
　　A「子供料金はいくらですか。」
　　B「５００円です。ただし、大人と一緒の場合（　　　）、無料です。」
　　1　にとっては　　　2　によっては　　　3　にしても　　　4　にかぎり

5　私が（　　　）聞いても彼は答えなかった。
　　1　いまさら　　　2　そんなに　　　3　どんなに　　　4　もしも

6　うちの会社は、仕事が忙しくなると、ご飯を食べる時間（　　　）ありません。
　　1　さえ　　　2　から　　　3　まで　　　4　より

7 A「マラソンの試合を見て、どうだった？」
B「優勝した選手ももちろんすごかったけど、けがをした選手が最後まで（　　　　　）ぬいたすがたが一番印象的だったよ。」

1　走る　　　　　　2　走り　　　　　　3　走って　　　　　4　走った

8 学生「先生、自習時間は音楽を（　　　　　）勉強してもいいですか。」
先生「音楽を聞くと勉強に集中できないから、休み時間に聞きなさい。」

1　聞くだけ　　　　2　聞いたきり　　　3　聞きながら　　　4　聞くばかり

9 留学生「日本ではみそしるを飲むときにスプーンを使わないんですか。」
日本人「日本ではみそしるを飲む（　　　　　）もはしを使います。おわんを手で持ち上げて飲むんですよ。」

1　まで　　　　　　2　のに　　　　　　3　ころ　　　　　　4　ほど

10 ぐっすり寝ている（　　　　　）友だちに見られてしまって、はずかしい。

1　ところを　　　　2　ところが　　　　3　ところへ　　　　4　ところか

11 部長「説明は以上だ。何か質問はあるかい？」
課長「いいえ。詳しく（　　　　　）おかげで、よく分かりました。」

1　ご説明させていただいた　　　　　　2　ご説明におなりになった

3　ご説明さしあげた　　　　　　　　　4　ご説明いただいた

12 A「お父さんのお店を手伝っているんですって？大変でしょう。」
B「いいえ。手伝いを（　　　　　）というよりは、私が好きでやっているんです。」

1　させている　　　　　　　　　　　　2　させられている

3　させようとする　　　　　　　　　　4　させられようとする

13 妻「あなた、熱があるわね。今日は会社を休んだら？」

夫「いや、今日は大事な会議があるから、風邪を引いたからといって（　　　　　）よ。」

1 休むということだ

2 休まないわけにはいかない

3 休むわけにはいかない

4 休むことになっている

次のページに問題2が続きます。

問題2 つぎの文の___★___に入る最もよいものを、1・2・3・4から一つえらびなさい。

（問題例） テーブルの _____ _____ ___★___ _____ あります。

　　　　1　が　　　　　　2　に　　　　　　3　上　　　　　　4　花

（解答のしかた）

1.　正しい答えはこうなります。

　　　テーブルの _____ _____ ___★___ _____ あります。
　　　　　　　　3　上　　2　に　　4　花　　1　が

2.　___★___に入る番号を解答用紙にマークします。

（解答用紙）　（例）　① ② ③ ●

14　父は「どんなに _____ _____ ___★___ _____ やりなさい。」と言った。

　1　最後まで　　　　2　頼まれた　　　　3　つらくても　　　4　ことは

15　（そば屋で）
　A「すっかり夏になりましたね。最近売れ行きはどうですか。」
　B「熱いそばは、やはり _____ _____ ___★___ _____ なるけど、最近は
　　冷たいそばがよく売れているから、なかなかいいよ。」

　1　なるほど　　　　2　売れなく　　　　3　なれば　　　　4　暑く

16 （旅館で）

　旅館の人「すみませんが、広いお部屋はどこも一杯で、狭いお部屋しか空いていな
　　　　　　いんです。」

　客　　　「部屋は、＿＿＿＿＿＿　＿＿＿＿＿＿　＿＿★＿＿　＿＿＿＿＿＿　狭いところでもかまい
　　　　　　ませんよ。」

　　1　さえ　　　　　　2　きれいで　　　3　あれば　　　4　明るくて

17　手で書いた手紙は、パソコンを使って　＿＿＿＿＿＿　＿＿＿＿＿＿　＿＿★＿＿　＿＿＿＿＿＿
　時間がかかるかもしれないけれど、より心が伝わるような気がします。

　　1　の　　　　　　　2　比べて　　　3　に　　　　　　4　書く

18　もし来られない　＿＿＿＿＿＿　＿＿★＿＿　＿＿＿＿＿＿　＿＿＿＿＿＿　早く連絡してください。

　　1　できる　　　　2　なら　　　　3　だけ　　　　4　よう

問題3 つぎの文章を読んで、文章全体の内容を考えて、19 から 23 の中に入る最もよいものを、1・2・3・4から一つえらびなさい。

私の大好きな先生

カン・ヘリ

　私の大好きな先生は幼稚園のときの先生です。小学校、中学校、高校と、いい先生にたくさんお会いしましたが、一番心に残っているのはやはり幼稚園のときの先生です。

　その先生は笑顔が素敵な人でした。朝、幼稚園に行くと、いつもにっこり笑って「おはよう」と言って迎えてくれました。 19 、子供たちのことを、いつもほめてくれる先生でした。絵が上手に描けたり、歌を大きな声で歌ったりしたときなどはもちろん、ご飯を全部食べた 20 でも、すごくほめてくれました。私は先生にほめられたくて、何をするときでもとてもがんばりました。 21 にほめてもらうと、一日中とても幸せでした。

　ある日、私は運動場でころんで泣き出してしまいました。教室にいた先生は私の泣いている声を 22 、靴もはかずに走ってきてくれました。それがうれしくて、私はすぐに泣き止んだことを今でも覚えています。

　私は小学校にあがるときに引っ越しをしたので、その先生とは幼稚園を卒業してから一度も会っていません。今もその幼稚園の近くに住んでいらっしゃるでしょうか。今も幼稚園の先生をされているでしょうか。いつか、その先生にぜひ 23 。

19

1	それなのに	2	なぜなら
3	それとも	4	また

20

1	だけ	2	ばかり
3	ほど	4	まま

21

1	そんな先生	2	その先生
3	ある先生	4	あんな先生

22

1	聞くかぎり	2	聞くために
3	聞いたとたん	4	聞くわけがなく

23

1	お会いしそうにないです	2	お会いしたかったです
3	お会いしたいです	4	お会いするはずです

問題4 つぎの（1）から（4）の文章を読んで、質問に答えなさい。答えは、1・2・3・4から最もよいものを一つえらびなさい。

（1）下のメモは、母親が息子に書いたものである。

たかしへ

今日のお昼頃に、宅配が届きます。インターホンが鳴ったら、出て受け取ってください。ハンコは、台所の右側の引き出しにあります。送り主がおばあちゃんの名前になっていることを確認してください。

いつも送ってくれている野菜が入っています。少し重いかもしれないけど頑張れば持てると思います。台所まで気をつけて運んでください。中を開けて確認したら、おばあちゃんにお礼の電話をかけておいてください。

お母さんは、夕方に帰ります。

---

24 宅配が来たら、息子は何をしなければならないか。

1 台所の右側の引き出しにハンコを入れる。

2 おばあちゃんに送る野菜であることを確認する。

3 野菜は重いので宅配の人に台所に運んでもらう。

4 荷物を受け取っておばあちゃんに電話をする。

(2)

私の町で一番人気のある店はカレーライス屋です。その店長が初めてカレーライスを食べたのは小学生のときで、お母さんと一緒に食べたそのときの驚きと感動を、たくさんのお客さんに与えたいのだそうです。お母さんがレストランに連れて行ってくれたこと、特別においしい味、いろいろな意味で感動したそうで、なかでも心に残ったのがお店のサービスだったということです。気分良く食べられるお店というのは、そのときから店長の信念になったようです。

25 カレーライス屋の店長が最も大切にしていることは何か。

1 町で一番人気のお店にすること

2 家族で一緒に来れるお店にすること

3 他のお店にはない特別な味にすること

4 良い雰囲気のなかで食べてもらうこと

(3) 下のメールは、大学の後輩が先輩に送ったものである。

あて先　：　bungeibu-ob@mailing-list.net
件　名　：　学園祭での会食のお知らせ
―――――――――――――――――――――――――――――――――

文芸部の先輩方へ

今年の学園祭で私たち文芸部は、韓国食堂を出します。

そこで、先輩方をお招きして会食をしたいと思っていますので、ぜひ来ていただ

けませんでしょうか。

先輩方の都合のいい日にちを教えてほしいので、返信をお願いします。

どうしても無理な場合は、後輩たちへのメッセージを書いてもらえると、嬉しく

思います。

どうぞよろしくお願いします。

N大学文芸部

海野ひろし

26　後輩がこのメールを送った目的は何か。

　　1　先輩と一緒に会食に行きたいと頼むこと

　　2　先輩を会食に呼びたいので予定を聞くこと

　　3　学園祭に対するメッセージを書いてもらうこと

　　4　学園祭をいつ行えばいいか教えてもらうこと

(4)

　　誰かが何かをしてくれたときには、大きな声で「ありがとう」と言いましょう。それは少し恥ずかしいかもしれません。でも、大きな声で元気よく言えば、相手も自分も気分が良くなる、そんな魔法の言葉なのです。それが素直に言えるのは、心が健康であるということです。他人のすごさが分かるのは、自分が成長しているからです。人の欠点ばかり見えて感謝できないのは、成長が止まっているのです。人に支えられて生きている、その自覚と喜びが幸せを呼びます。

27　この文章では、何が大切だと言っているか。

　　1　大きな声で言うのは恥ずかしいと思うこと

　　2　自分の気分より、相手の気分を考えること

　　3　人の欠点を見ても素直に感謝できること

　　4　人に支えてもらっていることを認識すること

問題5 つぎの（1）と（2）の文章を読んで、質問に答えなさい。答えは、1・2・3・4から最もよいものを一つえらびなさい。

（1）

小学校5年生の時、理科の教科書でメダカの写真を見て、教室でも飼ってみたいと先生にお願いした。全員が観察ノートを書くことを条件にして、先生はメダカを用意してくれた。えさをやったり水を換えたりしながら毎日メダカを見守ることは、①とてもわくわくする体験だった。卵が透明で、卵の中で育っている状況が見えることや、卵から出た後、だんだんとメダカの形になっていくのが不思議だったのだ。

6年生になった時、私はメダカをもらって家に持ち帰った。自分一人で同じことをやってみようと思ったのだ。彼らが私の帰りを待っているようで、学校での授業中も、それが気になって②そわそわした。学校が終わると毎日走って家に帰った。

ある日、メダカが卵を産んでいるのを見つけた。私はすぐに5年生の時の観察ノートを出してきて、注意深く見てみた。卵の形はノートに書いてある通りだ。その後もノートと同じように成長していく。過去に書いたものなのに、未来が書いてある。私はそのとき、勉強する意味というものを感じた。

28 ①<u>とてもわくわくする体験</u>とあるが、何にわくわくしたのか。

1 卵の中でメダカの形になる様子を見守ること

2 先生に観察ノートを書くことをお願いすること

3 メダカが大人の状態になっていく姿を見ること

4 理科の教科書でメダカの成長を勉強すること

29 ②<u>そわそわした</u>とあるが、どうしてそわそわしたのか。

1 自分一人で、授業と同じ勉強ができるか不安だから

2 家に、私が帰ってくるのを待っている人がいるから

3 学校が終わったら走って帰らなければならないから

4 早く家に帰ってメダカがどうしているか見たいから

30 この文章を書いた人が、家でメダカを飼ってみて一番感じたことは何か。

1 学校より、家で一人で勉強するほうが意味がある。

2 勉強は、未来を知るのに役に立つ。

3 過去に書いたものでも少しは役に立つ。

4 メダカの成長を見るのはわくわくする。

（2）

　　毎年4月1日は「エイプリルフール」といって、嘘をついてもいい日とされている。家族や友だち同士で嘘をついて笑いあうこともあれば、会社がインターネットで変な広告を出すこともある。

　　ある学校では毎年、生徒がいろいろないたずらをして先生を驚かせようとするのだそうだ。例えば、制服を逆に着て後ろ向きに座ったり、1年生と3年生が教室を変えたりするようなことである。ただ、先生たちも実はそれを分かっている。生徒が何かをやるだろうと予想しているし、生徒の考えるいたずらは、だいたい同じようなものなので慣れてもいる。純粋な姿がかわいいので、わざと驚いたふりをするのである。

　　人を傷つけるような嘘をついてはいけないが、相手を楽しませるためであれば、ときには必要なようだ。1年に1回でもこういう日があると、ルールばかりで疲れている生徒の心を解放してあげることにもなる。それが、心のバランスをとるためにも役に立つという。それも大切な教育だ。

31 この文章では、エイプリルフールにはどんなことをすると言っているか。

1 先生が生徒を驚かそうとする。

2 家族や友だち同士で話し合う。

3 会社が普通とは違う広告をする。

4 全ての人が嘘をついて楽しむ。

32 <u>わざと驚いたふりをする</u>とあるが、どうして驚いたふりをするのか。

1 いつもと違う制服を着ている生徒の姿がかわいいから

2 驚かそうとしていつも失敗をする生徒の姿がかわいいから

3 教室が変わったのに知らないでいる生徒の姿がかわいいから

4 びっくりさせるために頑張っている生徒の姿がかわいいから

33 この文章を書いた人は、嘘についてどう思っているか。

1 人を楽しませるための嘘を教えることは大切なことだ。

2 心を安定させるためには、嘘を言って笑うことも大事である。

3 自分のために人を傷つけてはいけないことを教えなくてはならない。

4 子どもたちは、ルールばかりで疲れているから嘘をついてしまうのだ。

問題6 つぎの文章を読んで、質問に答えなさい。答えは、1・2・3・4から最もよいものを一つえらびなさい。

　　結婚生活では考え方の違いで喧嘩が起きることがよくある。違っている部分を認めたり、自分の考え方を変えたりしながら、良い家庭を作るために努力していくのが夫婦だ。去年結婚したという大山さんも、最初は①それができなくてずいぶん悩んだそうだ。でも1つ1つ解決しながら、だんだん楽しくなってきたという。

　　そんな大山さんが一番苦労したのはレストランでの食事だった。大山さんの奥さんは2人が必ず違うものを注文したいと言うのだそうだ。大山さんが奥さんと同じものを注文しようとすると②奥さんはとても怒る。しかし大山さんは、人生の楽しみは食べることであると言うほど食事が大好き。食べたいものを食べることが心の健康と長生きのためには絶対に必要だと思っている。「大体のことは妻に合わせるように努力しました」という大山さんなのだが、③これだけはどうしてもゆずれなかった。食べることが生きがいである大山さんにとっては、食べることで文句を言われるのはとても苦しいことなのだ。

　　それをどう解決したかと言えば、外食をあまりしないようにしたのだという。それがストレスになるかと思ったら意外とそうではなかった。「妻が作ってくれる料理の方がおいしいし、節約もできるし、何より同じものを食べても怒らないから」と大山さんは笑った。考え方が違っていても幸せを感じることはできることを知ったのだそうだ。

34 ①それができなくてとあるが、何ができなかったのか。

1 考え方の違いで喧嘩すること

2 違う部分を絶対に認めないこと

3 結婚するために努力すること

4 2人の考え方を合わせること

35 ②奥さんはとても怒るとあるが、それはどうしてか。

1 大山さんが自分と違う料理を注文するから

2 レストランではなく家で食事したいから

3 2人で同じものを頼むことが嫌だから

4 大山さんが良い家庭を作る努力をしないから

36 ③これだけはどうしてもゆずれなかったとあるが、これとは何か。

1 文句を言われるのはとても苦しいこと

2 自分の食べたいものを食べること

3 意見が違う場合は奥さんに合わせること

4 同じものを注文すると奥さんが怒ること

37 大山さんは、今の気持ちをどのように言っているか。

1 同じものを注文しても妻が怒らなくなったので嬉しい。

2 妻の意見に合わせることで幸せになれると知った。

3 外食できないのはストレスだが、節約になっていい。

4 たくさん悩んだが、前よりも幸せを感じている。

問題7 右のページは、ある家電量販店のチラシである。これを読んで、下の質問に答えなさい。答えは、１・２・３・４から最もよいものを一つえらびなさい。

[38] 4月に結婚する山田さんは、新しく家具を揃えたいと思っている。テレビと電子レンジと洗濯機を買いたいが、予算は10万円以内だ。どのように買えばいいか。

1　最新型セットを買う。

2　家事満足セットを買って、20型のテレビを別に買う。

3　一人暮らし応援セットを買って、洗濯機を別に買う。

4　びっくり商品一覧からそれぞれ買う。

[39] 田村さんは、インターネットで注文しようと思っている。店に行くことと、インターネットで買うことの違いは何か。

1　インターネットで注文する方が少し安いので、得である。

2　インターネットで注文すると、売り切れる心配がない。

3　インターネットで注文するときは、銀行で支払わなければならない。

4　インターネットで注文すると送料がかかる。

びっくり電機、春の新生活お買い得フェア
－3月1日から4月1日まで－

▶ びっくり商品一覧

商品名	価格	追加サービス
40型液晶テレビ	75,000円	テレビ配線サービス
20型液晶テレビ	45,000円	テレビ配線サービス
掃除機	30,000円	ミニクリーナーセット
洗濯機	34,000円	液体洗剤　1本
食器洗い機	39,000円	食器用洗剤　2本
電子レンジ	19,000円	耐熱ラップ　2個
3合炊き炊飯器	6,000円	お米　10kg
一人用冷蔵庫	18,000円	ミネラルウォーター　2ℓ

▶ 新生活応援セット

セット内容	セット価格
① リビングルームセット 　20型液晶テレビ・掃除機	60,000円
② 一人暮らし応援セット 　20型液晶テレビ・一人用冷蔵庫・ 　電子レンジ・3合炊き炊飯器	76,000円
③ 家事満足セット 　洗濯機・電子レンジ・食器洗い機	80,000円
④ 最新型セット 　40型液晶テレビ・洗濯機・電子レンジ	110,000円

商品には数に限りがありますので、売り切れることがあります。
周辺道路は大変混雑しますので、公共交通機関をご利用ください。
インターネットでも同じ料金で販売しています。インターネットでご注文の場合は、
銀行振り込み、またはカードでお支払いください。その際、配送費は有料になります
ので、ご注意ください。

もんだい
問題1

問題1では、まず質問を聞いてください。それから話を聞いて、問題用紙の1から4の中から、最もよいものを一つえらんでください。

1ばん

2ばん

1　かいぎしつをよやくする

2　しりょうをもう一人分用意する

3　本社の人にれんらくする

4　お茶のじゅんびをする

3ばん

1　ほうき

2　手ぶくろ

3　ごみぶくろ

4　ぞうきん

4ばん

1 車をちゅうしゃじょうにとめる

2 1かいの受付でもうしこむ

3 カードをボックスにいれる

4 どこがわるいか紙にかく

5ばん

1 ソースをたなにしまう

2 ソースのしゅるいをかくにんする

3 テーブルをかたづける

4 きゃくの注文を聞く

6ばん

1

2

3

4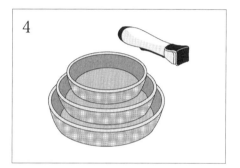

問題2

問題2では、まず質問を聞いてください。そのあと、問題用紙を見てください。読む時間があります。それから話を聞いて、問題用紙の1から4の中から、最もよいものを一つえらんでください。

1ばん

1　映画を見るため

2　買い物をするため

3　食事をするため

4　コンサートを見るため

2ばん

1 古_{ふる}いパソコンだから

2 ほかのサービスとセットだから

3 店_{みせ}がオープン10しゅうねんだから

4 スピーカーがついていないから

3ばん

1 仕事_{しごと}がおそく終_おわるから

2 足_{あし}をけがして病院_{びょういん}に行_いくから

3 友_{とも}だちのおみまいに行_いくから

4 デパートで買_かい物_{もの}するから

4ばん

1 けいたい電話を使うこと

2 おおごえで話すこと

3 タバコをすうこと

4 持ってきたものを食べること

5ばん

1 日本のおどりを見たこと

2 歌手の歌をきいたこと

3 たこやきを作ったこと

4 家でゲームをしたこと

6ばん

1 となりの人がうるさいこと

2 駅からとおいこと

3 へやがさむいこと

4 日あたりが悪いこと

もんだい
問題3

問題3では、問題用紙に何もいんさつされていません。この問題は、ぜんたいとしてどんなないようかを聞く問題です。話の前に質問はありません。まず話を聞いてください。それから、質問とせんたくしを聞いて、1から4の中から、最もよいものを一つえらんでください。

― メ モ ―

<ruby>問題<rt>もんだい</rt></ruby>4

<ruby>問題<rt>もんだい</rt></ruby>4では、えを<ruby>見<rt>み</rt></ruby>ながら<ruby>質問<rt>しつもん</rt></ruby>を<ruby>聞<rt>き</rt></ruby>いてください。やじるし（➡）の<ruby>人<rt>ひと</rt></ruby>は<ruby>何<rt>なん</rt></ruby>と<ruby>言<rt>い</rt></ruby>います か。1から3の<ruby>中<rt>なか</rt></ruby>から、<ruby>最<rt>もっと</rt></ruby>もよいものを<ruby>一<rt>ひと</rt></ruby>つえらんでください。

1ばん

2ばん

3ばん

4ばん

問題5

問題5では、問題用紙に何もいんさつされていません。まず文を聞いてください。それから、そのへんじを聞いて、1から3の中から、最もよいものを一つえらんでください。

― メ モ ―

적중 **모의고사**

4회

JLPT
N3

4회 언어지식(문자 어휘)

問題1 ＿＿＿のことばの読み方として最もよいものを、1・2・3・4から一つえらび
なさい。

1 ずっとあこがれていた有名選手と握手することができた。

　　1　あくしゅ　　　　2　あくしゅう　　　3　あっしゅ　　　　4　あっしゅう

2 今日は元気がないのか鳥の動きが鈍い。

　　1　にくい　　　　　2　にぶい　　　　　3　ぬるい　　　　　4　ゆるい

3 ここにごみを捨てないでください。

　　1　たてないで　　　2　すてないで　　　3　そだてないで　　4　みてないで

4 毎年子どもの数が減ってきている。

　　1　きって　　　　　2　さって　　　　　3　かって　　　　　4　へって

5 体のことを相談するために保健センターへ行った。

　　1　ほうげん　　　　2　ほうけん　　　　3　ほげん　　　　　4　ほけん

6 特急電車が出発するまであと10分ある。

　　1　とくきゅう　　　2　どくきゅう　　　3　とっきゅう　　　4　どっきゅう

7 明日大事な約束があります。

　　1　だいし　　　　　2　たいし　　　　　3　だいじ　　　　　4　たいじ

8 彼は営業の仕事をしている。

　　1　えいぎょう　　　2　えいぎょ　　　　3　えいごう　　　　4　えいご

問題2 ＿＿＿のことばを漢字で書くとき、最もよいものを、1・2・3・4から一つ
えらびなさい。

9 野球の試合に出る弟をおうえんしに行った。

1 応掛 　　　　2 応援 　　　　3 応接 　　　　4 応授

10 今、インターネットの授業をうけています。

1 助けて 　　　2 授けて 　　　3 受けて 　　　4 続けて

11 昨日、風が強かったので木のはがたくさん落ちてしまいました。

1 葉 　　　　　2 歯 　　　　　3 草 　　　　　4 茶

12 彼女はいつもじみな服を着ていて、目立たない。

1 地味 　　　　2 自味 　　　　3 地身 　　　　4 自身

13 母にひどいことを言ってしまったが、今ははんせいしている。

1 反制 　　　　2 反対 　　　　3 反正 　　　　4 反省

14 昨日、先輩（せんぱい）の会社をほうもんしました。

1 方問 　　　　2 方門 　　　　3 訪問 　　　　4 訪門

問題 3 （　　　）に入れるのに最もよいものを、1・2・3・4から一つえらびなさい。

15 ここは新しい経済都市として（　　　）されている。

1　注目　　　　　2　注意　　　　　3　注文　　　　　4　注射

16 環境（かんきょう）のために、使い終わったものを（　　　）しよう。

1　ビニール　　　2　リタイア　　　3　リサイクル　　　4　プラスチック

17 子どものころから、体育が（　　　）で、今もスポーツはあまりしない。

1　苦手　　　　　2　苦労　　　　　3　利口　　　　　4　便利

18 信号（しんごう）がなかなか変わらなくて、バスの運転手が（　　　）している。

1　だらだら　　　2　いらいら　　　3　きらきら　　　4　ふらふら

19 夕食を（　　　）食べたばかりなのに、もうおなかがすいてしまった。

1　ときどき　　　2　さらに　　　　3　いつも　　　　4　さっき

20 彼のテニスの実力はプロ選手と肩（かた）を（　　　）くらいだ。

1　浮かべる　　　2　調べる　　　　3　並べる　　　　4　比べる

21 図書館から、新しい本が入ったという（　　　）が来た。

1　意見　　　　　2　通知　　　　　3　考え　　　　　4　状況

22 耳を（　　　）も工事をしている音が聞こえる。

1　たてて　　　　2　かくして　　　3　しめて　　　　4　ふさいで

23 荷物が重くて困っていたら、店の人が家まで（　　　）してくれた。

1　配達　　　　　2　引（ひ）っ越（こ）し　　　3　計算　　　　　4　運休

24　ただいま、（　　　　　）の者が参りますので、少々お待ちください。

　　1　負担　　　　　　2　担当　　　　　　3　当人　　　　　　4　当然

25　先月からお客さんが少なくなり、ついに店が（　　　　　）しまった。

　　1　はずれて　　　　2　こわれて　　　　3　つぶれて　　　　4　くずれて

問題 4 ＿＿＿＿に意味が最も近いものを、１・２・３・４から一つえらびなさい。

26 彼女の説明はいつも<u>丁寧</u>だ。

1 正しい　　　　2 大変だ　　　　3 難しい　　　　4 親切だ

27 去年より１キロ<u>ふえた</u>。

1 少なくなった　　2 重くなった　　3 軽くなった　　4 強くなった

28 ずっと洗っているのに、なかなか<u>よごれ</u>が落ちない。

1 きたないところ　　　　　　2 高いところ

3 細いところ　　　　　　　　4 太いところ

29 あの人はいつもきれいな<u>指輪</u>をはめている。

1 ボタン　　　　2 パンツ　　　　3 リング　　　　4 イアリング

30 声が聞こえたので、<u>ふりむいたら</u>、誰もいなかった。

1 後ろを見た　　2 前を見た　　3 上を見た　　4 下を見た

問題5　つぎのことばの使い方として最もよいものを、１・２・３・４から一つえらびなさい。

31　売り切れる

1　もう誰も来なかったから、店が売り切れた。

2　明日は売り切れに行くつもりだ。

3　売り切れたと思っていたのに、何も残っていなかった。

4　人気のパンはもう売り切れてしまった。

32　ぬく

1　上着をぬいたら、そこにかけてください。

2　ワインのせんをぬいてください。

3　机をきれいにぬいた。

4　バナナの皮をぬいて食べた。

33　親しい

1　これは高校時代の親しい思い出が詰まっているアルバムだ。

2　この本は親しいから、とても勉強になる。

3　あの二人とは10年も付き合っているので、とても親しい。

4　ずっと連絡を取っていないが、写真を見て親しくなった。

34　合図

1　好きなタレントに合図を書いてもらって、とてもうれしい。

2　彼は先生の合図を見ないで、走り出した。

3　この近くの合図を見ても、ここがどこかわからない。

4　交差点の合図の色が変わってから、左右を確認して前に進んだ。

35 ばったり

　　1　約束していた先生とばったり話した。

　　2　部屋に入ったら、みんなばったりいなくなっていた。

　　3　明日レストランでばったり話をすることにした。

　　4　道で昔の友だちにばったり会った。

問題1 つぎの文の（　　　　　）に入れるのに最もよいものを、1・2・3・4から一つ
えらびなさい。

1 社員（　　　　　）社長もこれについて賛成している。

　1　として　　　　　2　において　　　　3　をもとに　　　　4　はもちろん

2 A「課長、部長からすぐにメールを（　　　　　）ようにとご連絡がありました。」
　B「わかった。ありがとう。」

　1　送れた　　　　　2　送れ　　　　　　3　送った　　　　　4　送る

3 5年ぶりに優勝できて、涙が出る（　　　　　）うれしい。

　1　こそ　　　　　　2　もの　　　　　　3　ほど　　　　　　4　こと

4 客　「すみません。ここにある時計を（　　　　　）もらえませんか。」
　店員「はい。今、ケースからお出しします。」

　1　見せられて　　　2　見られて　　　　3　見て　　　　　　4　見せて

5 A「あの、田中先生はいつ（　　　　　）か。」
　B「5時ごろになると思います。」

　1　いらっしゃいます　　　　　　　　　　2　参ります
　3　伺います　　　　　　　　　　　　　　4　お訪ねします

6 忙しいと、食べる時間も短くなり、栄養も不足し（　　　　　）になる。

　1　かけ　　　　　2　がち　　　　　　3　きり　　　　　　4　ふう

7 いろいろと（　　　　　）あげく、会社を辞めることにした。

　1　考える　　　　2　考えて　　　　　3　考えた　　　　　4　考え

8 あとで食べようと思って、冷蔵庫に入れて（　　　　　）のに、なくなっていた。

1　おる　　　　　　　　　　　　　2　いる

3　おいた　　　　　　　　　　　　4　いられた

9 母「暗くならない（　　　　　　）、早く帰ってきなさい。」
　子「うん、わかった。」

1　うち　　　　　　2　うちに　　　　　3　ため　　　　　4　ために

10 家にいる魚が（　　　　　）、飼えなくなってしまった。

1　大きくなりすぎて　　　　　　　2　大きくしすぎて

3　大きくなりやすくて　　　　　　4　大きくなりやすくなって

11 課長「まだ仕事が（　　　　　）から、お昼ご飯、買ってきて。」
　山田「はい、わかりました。」

1　終わるようになる　　　　　　　2　終わりそうになる

3　終わるようにない　　　　　　　4　終わりそうにない

12 空が曇ってきたので急いで学校に行ったが、やはり学校に（　　　　　）とたんにはげしい雨が降ってきた。

1　着いた　　　　2　着く　　　　　3　着いて　　　　4　着き

13 試験の日が近づく（　　　　　）、不安になってきた。

1　をはじめ　　　2　をとおして　　　3　につれて　　　4　になって

問題2　つぎの文の＿＿★＿＿に入る最もよいものを、1・2・3・4から一つえらびなさい。

（問題例）　テーブルの ＿＿＿＿＿ ＿＿＿＿＿ ＿＿★＿＿ ＿＿＿＿＿ あります。

　　　　　　1　が　　　　　　　2　に　　　　　　3　上　　　　　　4　花

（解答のしかた）

1.　正しい答えはこうなります。

テーブルの ＿＿＿＿＿ ＿＿＿＿＿ ＿＿★＿＿ ＿＿＿＿＿ あります。
　　　　　　3　上　　2　に　　4　花　　1　が

2.　＿＿★＿＿に入る番号を解答用紙にマークします。

（解答用紙）　（例）　① ② ③ ●

14　一度失敗した実験だが、＿＿＿＿＿ ＿＿＿＿＿ ＿＿★＿＿ ＿＿＿＿＿ 今度は成功した。

　　1　ところ　　　　　2　試してみた　　3　明るい　　　　4　場所で

15　1970年に ＿＿＿＿＿ ＿＿＿＿＿ ＿＿★＿＿ ＿＿＿＿＿ 人気がある。

　　1　今でも　　　　　2　映画　　　　　3　だが　　　　　4　上映された

16　来週試験なのに ＿＿＿＿＿ ＿＿＿＿＿ ＿＿★＿＿ ＿＿＿＿＿ 心配だ。

　　1　ばかり　　　　　2　遊んで　　　　3　勉強しないで　　4　いるのが

17 A「日曜日のパーティーに来られますか。」

B「その日は ＿＿＿＿ ＿＿＿＿ ＿★＿ ＿＿＿＿ どうか分かりません。」

1 行けるか 　　　　2 ので 　　　　3 ある 　　　　4 アルバイトが

18 （会社で）

課長「田中君はまだ来ていないのか。遅刻をするとは困ったものだ。」

山田「彼のようなまじめな人が、＿＿＿＿ ＿★＿ ＿＿＿＿ ＿＿＿＿ ありません。心配なので電話してみます。」

1 遅刻をする 　　　　2 なく 　　　　3 わけが 　　　　4 理由も

問題3 つぎの文章を読んで、文章全体の内容を考えて、 19 から 23 の中に入る
最もよいものを、1・2・3・4から一つえらびなさい。

下の文章は留学生のヤンさんが書いた作文です。

一人で外食をすること

　私が日本へ来て、驚いたことは、一人で食事をしたり、コーヒーを飲んだりする人が多いことです。一人暮らしの人が家で一人で食事をするのは 19 が、外で一人で食べるのはさびしくて、とてもかわいそうだと思いました。

　私は外国で生活しているので、 20 、友だちと一緒に食事をするようにしていますが、日本人は平気なのでしょうか。日本人の友だちにどうして一人で外食するのかと聞いたら、相手を気にしないで、楽に食べられるからだと言っていました。

　 21 驚いたことは、日本には一人用の席があるラーメン屋、焼肉屋があることです。私はそのような日本人の食事の仕方に興味を持ち、日本の生活に慣れようと勇気を出して、一人でラーメン屋のカウンターで食事をしました。そしたら、ラーメンの味がよくわかって、いつもよりおいしく感じました。それから、私は一人でお店に入って、ゆっくりコーヒーを飲んだり、食事をしたりと自由に一人の時間を 22 。何でも一度やってみないと、 23 の気持ちはわからないのだと思いました。

19

1　つまらないです　　　　　　　2　仕方がありません

3　困ってしまいます　　　　　　4　おかしいと思います

20

1　さびしい気持ちで　　　　　　2　さびしいのに

3　さびしくならないように　　　4　さびしくなるように

21

1　実は　　　　　　2　それなのに　　　3　ところが　　　　4　さらに

22

1　過ごせるようになりました　　2　過ごせなくなりました

3　過ごせるかもしれません　　　4　過ごせなくなるかもしれません

23

1　その人　　　　　2　普通　　　　3　いつも　　　　4　一方

問題4 つぎの（1）から（4）の文章を読んで、質問に答えなさい。答えは、1・2・3・4
　　　から最もよいものを一つえらびなさい。

（1）

> ^(注)B級グルメという言葉があります。グルメというと、雰囲気のいい店で贅沢
> な食事をするというイメージがあります。でも、安くて庶民的な食べ物もそれに
> 負けないくらい味のいいものはたくさんあります。少しレベルの低さを感じさせ
> る「B級」という言葉にグルメをつけたのは、なんとも素敵な発想です。身近なと
> ころに貴重なものがあることを思い出させてくれます。無理をするのではなく、
> 自分の範囲で楽しんでいこうというのは人間らしい知恵だと思います。
>
> (注) B級グルメ：安くて気軽に食べられる料理。ある地方でしか食べられないメニューもある

24　B級グルメとはどのようなものか。

　　1　雰囲気のいい店で食べる、贅沢な食事

　　2　安くて庶民的だけれど、おいしい食事

　　3　少しレベルは低いけれど、楽しい食事

　　4　身近な材料で作った、無理のない食事

(2)

> 私たちは過去は変えられないと思っていますが、過去は変えられるのです。なぜなら、過去というのは存在しているものではなく、私たちの心の中にあるものだからです。「私はあのとき傷ついた」という心を、「私はあのおかげで幸せになれた」という心に変えてしまえばいいのです。見えない過去にこだわり、見えない未来を心配するよりも、今の心を変えて、未来を変えていくのです。それが今の私たちにできることであり、過去ではなく未来に生きるということです。

25 この文章では、どうすれば過去を変えられると言っているか。

1 過去は存在しないと認めること

2 心の中にあるものを変化させること

3 過去よりも未来を心配すること

4 今の自分にできることを考えること

(3) 佐藤さんの机の上に、高橋さんからのメモが置いてある。

佐藤さん

おはようございます。

私は今日は、家族の結婚式があって会社を休みます。すみませんが、もし誰かから私に電話がきたら、私の携帯電話に電話するように言ってください。それから、ここに置いてある書類を、今日中に営業部に提出しなければならないのですが、提出していただけますか。部長のサインが必要なのですが、部長に会えませんでした。すみませんが、部長にサインをもらってください。書類の内容は部長に伝えてありますので分かっています。

高橋

26 このメモを見たら、佐藤さんは一番最初に何をしなければならないか。

1 高橋さんの携帯電話に電話する。

2 営業部に書類を提出する。

3 部長にサインをもらう。

4 部長に書類の内容を伝える。

(4) 下のメールは、杉村さんが田中さんに送ったものである。

株式会社　タカツ

営業部　田中様

いつも大変お世話になっております。

先日はお忙しいなか、わざわざお越しくださりありがとうございました。

さっそくですが、ご説明いただいた商品に興味がございますので、

100個購入の場合の見積りをお送りいただけますようお願いいたします。

お手数をおかけいたしますが、よろしくお願いいたします。

株式会社　ミヤマエ

杉村

27　杉村さんが田中さんに伝えたいことは何か。

1　商品の説明をしたいので来てほしい。

2　商品に興味があるので説明してほしい。

3　商品を100個買いたいので送ってほしい。

4　商品の購入を考えているので金額を教えてほしい。

問題5 つぎの（1）と（2）の文章を読んで、質問に答えなさい。答えは、1・2・3・4から最もよいものを一つえらびなさい。

（1）

　　　私は、小学生のときの先生が大好きでした。特に①理科の授業での先生の話はとても面白くて、まるで物語を聞いているようでした。教科書に書いていないこともたくさん教えてくれ、私の住んでいる地球にはこんなにも不思議なことが多いのかと驚くことばかりでした。

　　　夏休みには、夜にみんなで集まって、先生と一緒に星を見ました。私は望遠鏡というものをはじめて見ました。遠いところにある星までよく見えるのだと言われて、とてもドキドキしました。私は誰よりも早く見ようと一番にのぞいたのですが、真っ暗で何も見えません。先生は嘘つきじゃないかと思ったのですが、実は、レンズのふたが閉まったままだったのです。そのとき②先生は笑いながら言いました。「人間も同じで、心のふたを開けないと何も見えないんだよ」と。そして、良いレンズをつければもっと遠くまで見える。人間も、良い心でいるとたくさんのことが見えるんだと言われました。

　　　そのときはよく分かりませんでしたが、今は分かります。先生の話を思い出すと、苦しいときでも元気が出て頑張れるのです。

28 この文章を書いた人は、①理科の授業をどう思っていたか。

1 先生が話してくれる物語がとても面白くて大好きだった。

2 教科書に書いてあることを面白く話してくれて分かりやすかった。

3 理科の教科書を見ながら地球には不思議なことが多いことを知った。

4 先生の話を聞いていると、びっくりすることばかりで楽しかった。

29 ②先生は笑いながら言いましたとあるが、先生はどうして笑ったのか。

1 せっかく望遠鏡を用意したのに星が見えなかったから

2 レンズのふたを開けないで星を見ようとしていたから

3 何もしていないのに、先生は嘘つきだと言われたから

4 ふたも閉まったままだし、良いレンズでもなかったから

30 この文章を書いた人が一番言いたいことは何か。

1 先生が言っていた意味はよく分からないけど、今でもよく思い出す。

2 星が見えなくて残念だったけど、忘れられない思い出となっている。

3 先生と話していると、大変なことがあっても頑張る気持ちになれた。

4 先生の話は面白いだけでなく、つらい時に元気が出るような話だった。

（2）

　　若者は都会へ行ってしまい、村にはお年寄りばかり——。田舎では、こうした過疎化（かそか）が止まらない。それは、村で働く人がいないということと同時に様々な問題を起こしている。まず、近くにお店がない。お年寄りは1人で遠くまで移動することが難しいから、食料を買いに行くことは大変である。ボランティアも増えてはいるが十分ではない。

　　そしてもっと深刻なのは、医者がいない村が多いということだ。お年寄りにとって病院は大切だ。いつ何が起きるか分からないのに、近くに病院がないというのは命に関わる。同じ保険料を払っているのだから、病院に行く機会も平等に与えられなければならないはずだ。それは国としての問題でもある。では、制度を変えて、医者をそのような村に送り、そこで働くことを義務にしたらどうだろう。強制的に村へ行かされた医者が、その村の人たちのために働いてくれるだろうか。この問題を解決するためには、人々のためにという心をもった医者が来てくれることが一番であろう。制度を変えるだけでは解決しないことである。

31 この文章では、過疎化（かそか）にはどのような問題があると言っているか。

   1　お年寄りを助けるボランティアがいない。

   2　都会に行きたくても行けないお年寄りが多い。

   3　近くにあるお店には食料が足りない。

   4　医者がいない村ではお年寄りの健康が守れない。

32 この文章によると、国としての問題とは何か。

   1　村に病院を作るべきなのに国が積極的に動かないこと

   2　保険料は平等に払わせるのに、病院の数は平等にしないこと

   3　医者を強制的に村へ行かせようとしていること

   4　村ではいつ何が起きるか分からない状況であること

33 この文章では、どうして問題が解決しないと言っているか。

   1　都会へ行きたがる若者を、田舎で生活させることは無理だから

   2　本当に人のことを考えてくれる良い医者が今はいないから

   3　国が制度を作ると、医者が仕方なく働く場合があるから

   4　保険料の制度を変えることは簡単なことではないから

問題6　つぎの文章を読んで、質問に答えなさい。答えは、1・2・3・4から最もよいも
　　　のを一つえらびなさい。

　　雪がたくさん降る地域では、①雪は生活の害となる。強い風が吹くと、地面の
雪が舞い上がる (注)地吹雪という現象も起き、社会生活を困難にする。前が見えな
いので車の運転が難しいし、太陽の光が入ってこないので1日中暗い日々が続く。
良いことは1つもないのが雪という存在であった。
　　そんな地域で、地吹雪を体験するという驚くような観光ツアーが企画された。
誰もが、この雪が観光になるとは考えもしなかった。そんなことができるわけが
ない、観光客が来るわけがないと、②最初は文句が多かったようだ。確かに真剣
に悩んでいることを商売にしようというのだから、嫌な気分になるのも仕方がな
いかもしれない。ところが、実際にやってみると、これが思ってもみないほどの
③人気ツアーとなったのである。雪があまり降らない地域の人にとっては新鮮で
あり、面白い体験ができるとして大きな観光産業に成長していった。地域を走る
電車には、古くて懐かしいストーブも設置され、これも雪と一緒に人気を得ている。
　　この地域では悩みでしかなかった雪も、見方を変えることで、こんなにも特別
な存在になるのだ。自然環境を変えることはできないし、雪から逃げるわけにも
いかない。どんなことがあってもこの地で生きていく方法を見つけるしかない。
そんなことを感じさせてくれるツアーである。
　　雪が降る季節には何もできないでいた地域に、日本だけでなく海外からも観光
客が来るようになり、とてもにぎわっている。

(注) 地吹雪：地面につもった雪が、風によって吹き上がること

34 ①雪は生活の害となるとあるが、この文章で言っているのはどのようなことか。

1 太陽の光が当たらなくて暗く、交通も不便になること

2 雪のせいで観光客が来ないため、地域が発展しないこと

3 雪と一緒に強風が吹くため、外出ができなくなること

4 地面の雪が舞い上がるので、掃除が大変になること

35 ②最初は文句が多かったとあるが、どのような文句が多かったのか。

1 雪は生活を困難にするだけで、良いことは1つもない。

2 観光産業に成長させようという気持ちと努力が足りない。

3 観光ツアーの企画もしないのに観光客が来るわけがない。

4 苦労を商売にするのは嫌だし、人が集まるはずもない。

36 ③人気ツアーとなったとあるが、それはどうしてか。

1 実際にやってみたらとても面白い体験ができたから

2 見方を変えてみたら生きていく方法が見つかったから

3 他の場所に住んでる人にとっては新しい経験で嬉しいから

4 電車にストーブが設置されたので、暖かくて便利だから

37 この文章を書いた人は、このツアーを通して何を学んだのか。

1 雪は生活のじゃまだと思っていたが、実は新鮮で面白いものだ。

2 面白い企画さえ考えれば、どこでも観光産業を成功させられる。

3 文句を言うのではなく、新しい仕事をする人を応援するべきだ。

4 苦労から逃げなくても、苦労を克服する方法は見つかるものだ。

問題7　右のページは、あるお菓子教室の参加者募集の知らせである。これを読んで、下の質問に答えなさい。答えは、1・2・3・4から最もよいものを一つえらびなさい。

38　藤田さんは、まず3か月間、お菓子作りの基本をしっかりと学ぼうと思っている。持ち物を自分で用意する場合、藤田さんが払う会費は合計いくらか。

1　5,000円

2　6,000円

3　15,000円

4　18,000円

39　この案内によると、参加者が、当日に必ず持って来なければならないものは何か。

1　会費

2　会費・紅茶

3　エプロン・タオル

4　エプロン・タオル・容器

◆お菓子教室　参加者募集のお知らせ◆

本当においしいお菓子を作りたい方
将来、自分でお菓子教室を運営したい方
フランスでお菓子作りを学んできた講師が、本当においしいお菓子の作り方を教えます。

■ 内　容　　　お菓子作りの基本を、丁寧に教えます。
　　　　　　　　作ったお菓子は、おいしい紅茶と一緒に、皆で食べます。
　　　　　　　　（紅茶代は会費に含まれています）

■ 日　時　　　毎週土曜日　午後1時から

■ 場　所　　　ＡＢＣキッチン

■ 持ち物　　　エプロン、タオル、（お菓子を持ち帰りたい場合は）容器

■ 月会費　　　・6,000円（材料費2,000円、講習費4,000円）
　　　　　　　　・エプロン・タオル・容器を持参できない方は追加で1,000円いただ
　　　　　　　　　きます。
　　　　　　　　・1か月以上の長期予約をされる方には、講習費を3,000円に割り
　　　　　　　　　引きいたします。
　　　　　　　　・お菓子教室の運営方法を習いたい方は、追加で2,000円をお支払
　　　　　　　　　いいただき、お菓子作りの終了後に特別講座を開きます。

■ 定　員　　　1回5名まで

■ 申し込み方法　メールで、①住所　②氏名　③電話番号　④参加希望日　⑤参加期
　　　　　　　　間を書いて送ってください。会費は、当日に現金払いとなります。
■ その他　　　当日は、汚れていもいい服装で来てください。

4회 청해

🔊 4회 음성 듣기

もんだい
問題1

問題1では、まず質問を聞いてください。それから話を聞いて、問題用紙の1から4の中から、最もよいものを一つえらんでください。

1ばん

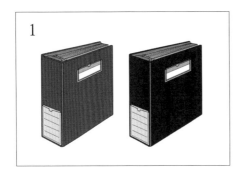

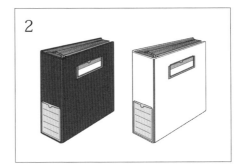

2ばん

1 メールで送_{おく}る

2 郵便_{ゆうびん}できょうむかに送_{おく}る

3 いんさつしてメールボックスに送_{おく}る

4 製本_{せいほん}して授業_{じゅぎょう}の時_{とき}に出_だす

3ばん

1 600円_{えん}

2 700円_{えん}

3 1,200円_{えん}

4 1,300円_{えん}

4ばん

1 花見をするばしょをとる

2 ほかの人にばしょを知らせる

3 飲み物を買いに行く

4 りょうりをうけとりに行く

5ばん

1 キーホルダー

2 ハンカチ

3 チーズケーキ

4 クッキー

6ばん

1 大会_{たいかい}のさんかしゃを集_{あつ}める

2 大会_{たいかい}のせつめいをする

3 大会_{たいかい}のしりょうを読_よむ

4 せつめいのれんしゅうをする

問題2

問題2では、まず質問を聞いてください。そのあと、問題用紙を見てください。読む時間があります。それから話を聞いて、問題用紙の1から4の中から、最もよいものを一つえらんでください。

1ばん

1 体に悪いから

2 ねだんが高いから

3 友人もやめたから

4 つまに止められたから

2ばん

1 あまりねていないから

2 つかれているから

3 かぜぐすりを飲んだから

4 コーヒーを飲んでいないから

3ばん

1 ジョギング

2 すいえい

3 テニス

4 たっきゅう

4ばん

1 よごれていたから

2 われていたから

3 色が気に入らなかったから

4 ちがうサイズのものがいいから

5ばん

1 日本のぶんかを体験できたこと

2 日本語がじょうずになったこと

3 日本人の友だちができたこと

4 日本中を旅行できたこと

6ばん

1 仕事が終わらないから

2 電車がおくれているから

3 一度家に帰るから

4 やくそくをわすれていたから

問題3

問題3では、問題用紙に何もいんさつされていません。この問題は、ぜんたいとしてどんなないようかを聞く問題です。話の前に質問はありません。まず話を聞いてください。それから、質問とせんたくしを聞いて、1から4の中から、最もよいものを一つえらんでください。

― メ　モ ―

問題4

問題4では、えを見ながら質問を聞いてください。やじるし（➡）の人は何と言いますか。1から3の中から、最もよいものを一つえらんでください。

1ばん

2ばん

3ばん

4ばん

問題 5

問題5では、問題用紙に何もいんさつされていません。まず文を聞いてください。それから、そのへんじを聞いて、1から3の中から、最もよいものを一つえらんでください。

― メ モ ―

적중 모의고사

5회

JLPT
N3

5회 언어지식(문자 어휘)

問題1 ＿＿＿＿のことばの読み方として最もよいものを、1・2・3・4から一つえらびなさい。

1 新聞に車の広告が載っていた。

　　1　こうこ　　　　　2　こうごく　　　　3　こうごう　　　　4　こうこく

2 初めて会った人に名刺をもらった。

　　1　なさし　　　　　2　なざし　　　　　3　めいし　　　　　4　めいしい

3 庭に花を植えた。

　　1　うえた　　　　　2　あえた　　　　　3　はえた　　　　　4　あたえた

4 お酒を飲み過ぎたことを反省した。

　　1　はんしょ　　　　2　はんしょう　　　3　はんせい　　　　4　はんぜい

5 林さんは仲間といっしょにお酒を飲むのが好きだ。
　（はやし）

　　1　なかあい　　　　2　なかま　　　　　3　ちゅうけん　　　4　ちゅうげん

6 あと少しで勝てたのに、惜しかったなあ。

　　1　おしかった　　　　　　　　　　　　2　くやしかった

　　3　かなしかった　　　　　　　　　　　4　うらやましかった

7 道を歩いていて、転んでしまった。

　　1　うかんで　　　　2　さけんで　　　　3　なやんで　　　　4　ころんで

8 この郵便局は夜間も受け付けている。

　　1　よるま　　　　　2　よかん　　　　　3　やま　　　　　　4　やかん

問題2 ＿＿＿＿のことばを漢字で書くとき、最もよいものを、1・2・3・4から一つ
えらびなさい。

9 試験のけっかが発表された。

1 結価　　　　　2 決価　　　　　3 結果　　　　　4 決果

10 彼は結婚のことをしんけんに考えた。

1 心見　　　　　2 心剣　　　　　3 真見　　　　　4 真剣

11 日本語を勉強してつうやくになりたい。

1 透役　　　　　2 透訳　　　　　3 通役　　　　　4 通訳

12 病院で血液のけんさをした。

1 検査　　　　　2 検差　　　　　3 険査　　　　　4 険差

13 コップがからになったので、また水を入れた。

1 宙　　　　　　2 空　　　　　　3 無　　　　　　4 乾

14 最近は時間におわれて忙しい。

1 追われて　　　2 過われて　　　3 迷われて　　　4 通われて

問題3 （　　　　）に入れるのに最もよいものを、1・2・3・4から一つえらびなさい。

15 さっき飲んだ薬がだんだん（　　　　）きた。

    1　かかって　　　　2　きいて　　　　3　なおして　　　　4　やって

16 勝つことはできなかったが、チームのみんなは、いい試合ができて（　　　　）だった。

    1　楽しみ　　　　2　喜び　　　　3　自慢　　　　4　満足

17 田中さんは赤いセーターがとてもよく（　　　　）いる。

    1　におって　　　　2　にあって　　　　3　ながめて　　　　4　みとめて

18 雨のため、予定を（　　　　）することになった。

    1　変化　　　　2　変動　　　　3　変更　　　　4　変換

19 リーさんには日本語の先生になるというはっきりした（　　　　）があった。

    1　目標　　　　2　注目　　　　3　標識　　　　4　想像

20 あの二人が（　　　　）結婚するとは、信じられない。

    1　意外に　　　　2　まさか　　　　3　今にも　　　　4　どうか

21 部屋に入る前に（　　　　）してください。

    1　パンチ　　　　2　ノック　　　　3　バック　　　　4　ヒット

22 使わなくなったかばんを（　　　　）にしまった。

    1　屋根　　　　2　裏口　　　　3　天井　　　　4　物置

23 後1時間（　　　　）にバスは目的地に着く予定です。

    1　以内　　　　2　以下　　　　3　以前　　　　4　以来

24 水が冷たくて指の（　　　　）がなくなってしまった。

　　1　自覚　　　　　　2　感覚　　　　　3　感情　　　　　4　確認

25 彼はコーヒーに砂糖を（　　　　）入れて飲む。

　　1　たっぷり　　　　2　ぴったり　　　3　すっきり　　　4　ぎっしり

問題4 ＿＿＿＿に意味が最も近いものを、１・２・３・４から一つえらびなさい。

26 試験に合格したら、旅行に出かけるつもりだ。

1 あたったら　　　2 うかったら　　3 はいったら　　4 まもったら

27 あの人は世界の歴史にくわしい。

1 興味がある　　　　　　　　　2 興味がない

3 あまり知らない　　　　　　　4 よく知っている

28 田中さんは仕事のスピードを上げた。

1 正確さ　　　　　2 速さ　　　　　3 能率　　　　　4 量

29 ジョンさんがおこるのは当然だと思う。

1 よくない　　　　2 めずらしい　　3 かわいそうだ　　4 あたりまえだ

30 彼女はにこにこしていた。

1 かなしそうだった　　　　　　2 うれしそうだった

3 こまっていた　　　　　　　　4 いそいでいた

問題5 つぎのことばの使い方として最もよいものを、1・2・3・4から一つえらびなさい。

31 守る

1 友だちが引っ越しを守ってくれた。

2 傘がなくて困っていたとき、田中(たなか)さんが守ってくれた。

3 どんなに疲れていても勉強を守るようにしている。

4 あの人は必ず約束を守る人です。

32 すてき

1 山田(やまだ)さんはすてきな成績で卒業した。

2 友だちの結婚式はとてもすてきだった。

3 この靴はわたしの足にすてきだった。

4 リーさんの一番すてきな科目は数学だった。

33 自信

1 彼には試合に勝つ自信があった。

2 あの人は自信ばかりするので嫌われている。

3 仕事でミスをして、会社の自信をなくしてしまった。

4 キャプテンはチームのみんなから厚(あつ)い自信を寄(よ)せられていた。

34 気をつける

1 何度も同じ失敗しないように気をつけた。

2 電車の中で宿題(しゅくだい)を家に忘れてきたことに気をつけた。

3 先生は大きな声で「授業中は静かにするように」と気をつけた。

4 彼は新しく買ったぼうしが気をつけていた。

35 今にも

1   あの人は、<u>今にも</u>有名な人物になるだろう。

2   寒くなったと思ったら、<u>今にも</u>雨が雪に変わっていた。

3   <u>今にも</u>来週の日曜、試験の日がやって来る。

4   家の外は暗くて、<u>今にも</u>雨が降りそうだった。

問題1 つぎの文の（　　　　）に入れるのに最もよいものを、1・2・3・4から一つ
えらびなさい。

1　熱が下がる（　　　　　）、彼女の顔が明るくなっていった。

　　1　ときて　　　　　2　にきて　　　　　3　とつれて　　　　4　につれて

2　一番人気のカメラは売り切れだったので、次に人気があるの（　　　　）がまんした。

　　1　も　　　　　　　2　と　　　　　　　3　で　　　　　　　4　を

3　母に洗濯（　　　　）自分でできるようになりなさいと言われた。

　　1　ほど　　　　　　2　ぐらい　　　　　3　より　　　　　　4　まで

4　山川「田中くん、今、東京にいないの？」
　　木村「そうそう。アメリカに出張（　　　　）言ってたよ。」

　　1　みたいに　　　　2　なんか　　　　　3　なんで　　　　　4　だって

5　彼は車の免許を持っている（　　　　　）、まだ実際に運転したことはないそうだ。

　　1　とすれば　　　　2　としても　　　　3　といえば　　　　4　といっても

6　A「どうしたの？ぐあいが悪そうね。」
　　B「さっきイスから（　　　　）とたん、頭がくらくらして倒れそうになったんだ。」

　　1　立ち上がる　　　　　　　　　　2　立ち上がって

　　3　立ち上がった　　　　　　　　　4　立ち上がらない

7　部長「きみ、この荷物を開けて、中身を確認して（　　　　）かな。」
　　社員「はい、了解しました。」

　　1　くれない　　　2　もらわない　　3　いただけない　　4　まいらない

8 学生「先生の奥さまは、どんなお仕事を（　　　　）いるんでしょうか。」
先生「ああ、雑誌の編集ですよ。」

1　いたして　　　　2　なさって　　　　3　させられて　　　4　してさしあげて

9 彼には友だちがいない（　　　　）、いつも一人で昼ご飯を食べている。

1　よって　　　　　2　らしく　　　　　3　ついでに　　　　4　ばかりか

10 山田さんは子どものころはスポーツ選手に（　　　　）と言っていた。

1　なったものだ　　　　　　　　　　2　なるものだった

3　なったつもりだ　　　　　　　　　4　なるつもりだった

11 山川「あれ？木村くん、週末はスキーに行くんじゃなかったっけ。」
木村「それがさあ、スキー（　　　　）んだよ。」

1　しそうもなくなった　　　　　　　2　したがらなくなった

3　どころじゃなくなった　　　　　　4　ばかりじゃなくなった

12 先生「ああ、山口くん。どうかしたの？」
学生「すみません、先生。ちょっと（　　　　）ことがありまして。」
先生「あ、そう。遠慮なくどうぞ。」

1　お聞きねがう　　　　　　　　　　2　お聞きもうす

3　お聞きしたい　　　　　　　　　　4　お聞きにならせたい

13 彼はだれにも話していないと言うけれど、彼以外に私は話していないのだから、
彼がみんなに話した（　　　　）。

1　とは言えないだろう　　　　　　　2　としか思えない

3　と言うほどではない　　　　　　　4　と思いようがない

問題2　つぎの文の＿★＿に入る最もよいものを、1・2・3・4から一つえらびなさい。

（問題例）　テーブルの ＿＿＿＿ ＿＿＿＿ ＿★＿ ＿＿＿＿ あります。

　　　　　　1　が　　　　　　2　に　　　　　3　上　　　　　4　花

（解答のしかた）

1.　正しい答えはこうなります。

テーブルの ＿＿＿＿ ＿＿＿＿ ＿★＿ ＿＿＿＿ あります。
3　上　2　に　4　花　1　が

2.　＿★＿に入る番号を解答用紙にマークします。

（解答用紙）　| （例）　① ② ③ ● |

14　A「あれは、田中くん？風邪を引いて大変だって聞いたけど。」

　　B「風邪を引いている ＿＿＿＿ ＿＿＿＿ ＿★＿ ＿＿＿＿ に見えるね。」

　　1　わり　　　　　　2　元気そう　　　3　には　　　　　4　ずいぶん

15　A「その仕事、今日がしめきりなんだって？だいじょうぶ？」

　　B「こんなにたくさんあるんだよ。ぼく一人で ＿＿＿＿ ＿＿＿＿ ＿★＿

　　　　＿＿＿＿ か。」

　　1　できる　　　　　2　じゃない　　　3　ない　　　　　4　わけが

16　このボランティア活動は、＿＿＿＿ ＿＿＿＿ ＿★＿ ＿＿＿＿ 広く募集をかけ
ています。

　　1　ないか　　　　　2　よらず　　　　3　経験があるか　4　に

17 彼もチームの一員なのだから、この件を彼に ＿＿＿＿ ＿＿＿＿ ★＿＿＿＿ ＿＿＿＿ どうだろうか。

1 でいる　　　　　2 話さない　　　3 のは　　　　4 まま

18 父はよく、困ったとき ＿＿＿＿ ★＿＿＿ ＿＿＿＿ ＿＿＿＿ だと言っていた。

1 人間は　　　　　　　　　　　2 もの

3 本気にならない　　　　　　　4 でなければ

問題3 つぎの文章を読んで、文章全体の内容を考えて、 19 から 23 の中に入る最もよいものを、1・2・3・4から一つえらびなさい。

歳を知りたがる日本人

徐　軍

人に歳を聞くのは失礼なことです。私は、そう日本人の先生から習いました。

それなのに、私は日本へ来てから日本人の友だちが何人もできましたが、みんな私の年齢を知りたがりました。そして、私が「二十歳」と答えると、日本人はたいてい「へえ、若いですね」と言ってくれました。 19 、私が相手の年齢を聞くと、困ったような顔をして、「えーと…」と頭の中で自分の年齢を数えて「二十二」と答えるのでした。

そこで、先生にこのことを聞いてみました。すると先生は「若い人たちがきみにそんなことを聞くのは、きみに 20 ね」と教えてくださいました。

ある日アルバイト先で休憩しているとき、いっしょにアルバイトしている女の子に「今年何歳ですか」と聞くと、彼女は「何歳かなあ」と笑って、結局、答えませんでした。それで、その後、仲のいい友だちと二人きりになると、「彼女のこと、好きなんでしょう。」と聞かれて、びっくりしてしまいました。「 21 ？」と聞くと、「だって、彼女に興味があるんでしょう？」と言われたのでした。

最近は、 22 がありました。五十代の男性と知り合いになったんですが、しばらく中国の話で盛り上がった後で、その人もやっぱり「いま何歳ですか」と聞いてきたのです。私が「二十歳」と答えると、その人は「へえ、私の娘と同じですね」と言いました。それから、ずっと娘さんの話をしていました。私はその人と別れた後で、考えました。きっと彼は、私のことが好きで、娘さんのボーイフレンドに 23 、と。

19

1 だから 2 ぎゃくに

3 ところで 4 たとえば

20

1 興味があるからでしょう 2 興味がないからでしょう

3 興味があるはずでしょう 4 興味がないはずでしょう

21

1 どの人 2 どうやって 3 どれぐらい 4 どうして

22

1 こんなこと 2 そんなこと

3 あんなこと 4 後のこと

23

1 させたいのだろう 2 されたいのだろう

3 なりたいのだろう 4 したいのだろう

問題4 つぎの（1）から（4）の文章を読んで、質問に答えなさい。答えは、1・2・3・4 から最もよいものを一つえらびなさい。

（1）下のメールは、山下さんに届いたものである。

あて先 ： yamashita@kaijobussan.co.jp
件 名 ： 新製品について
日 付 ： 20XX年3月17日10時15分

海上物産　株式会社
販売部　山下様

いつもお世話になっております。
さて、3月10日に注文いたしました新製品がまだ到着しておりません。
3月15日にいただけるとのことでしたが、ご確認いただけますでしょうか。
早急に到着予定日をお知らせくださいますよう、よろしくお願いいたします。

有限会社　東京工業
開発部　高橋よう子

24　このメールを読んだ人は、まず何をしなければならないか。

1　すぐに新製品を注文する。

2　すぐに新製品を送る。

3　新製品が届く日を教える。

4　新製品を注文した日を教える。

(2)

> インターネットを利用するには、いくつかのルールがあるという。例えば、個人を特定して、悪いことは書かない、まわりに迷惑をかけることはしない、他の人の写真やイラストを勝手に使ってはいけない、というようなことである。他の人を困らせてはいけないことはもちろんだが、自分の身も守らなければいけない。自分のＩＤやパスワードはきちんと管理することだ。そういったことを守れれば、普段の生活でもインターネット社会でも安全に暮らすことができるだろう。

25 インターネットを利用するときのルールについて、正しいものはどれか。

1 特定の個人について書いてはいけない。

2 自分の情報は自分で守らなければいけない。

3 他の人が撮った写真は許可を得ても載せてはいけない。

4 他の人が描いた絵を勝手に見てはいけない。

(3)

　　就職活動をしている学生の中に、どんな仕事がしたいのか、どのように生きて いきたいのかという将来のイメージができていない人がいる。相談に乗ると、「私 はどんな仕事をしたらいいでしょうか。」と質問してくる。そのような質問は、ま ず自分自身にしければいけないことだ。先輩に相談に乗ってもらったり、仕事に ついて質問したりする前に、自分に聞いてみる。何がしたいのか、どんなことが 好きなのかなど、自分について研究してから、自分に合った仕事を探すことが一 番である。

26 この文章では、仕事を探すときにまず大切なのはどんなことだと言っているか。

　1　先輩に相談に乗ってもらうこと

　2　いろいろな人に仕事について質問すること

　3　自分は何がしたいのかを考えること

　4　自分に合った仕事について研究すること

(4)

映画招待券を20名様にプレゼント！

いつも映画をご覧になっている皆様の中から抽選で20名様に映画招待券を差し上げます。

ご覧になった映画の感想を書いてご応募ください。

うさぎシネマで上映された映画なら、どの映画でも構いません。

ハガキには、ご連絡先(郵便番号、住所、氏名、電話番号)もお書きください。

当選者には映画招待券を発送いたします。

詳しくは映画館ホームページ(http://usagicinema.co.jp)をご参照ください。

うさぎシネマ

[27] 応募する人は、何をしなければならないか。

1 うさぎシネマで指定された映画を見たあと、ハガキに感想を書いて応募する。

2 うさぎシネマで映画を見たあと、ハガキに感想と連絡先を書いて応募する。

3 ハガキに郵便番号、住所、氏名、メールアドレスを書いて応募する。

4 映画館のホームページから応募する。

問題5 つぎの（1）と（2）の文章を読んで、質問に答えなさい。答えは、1・2・3・4から最もよいものを一つえらびなさい。

（1）

　私が小学生のころ、①本がきらいでした。ひらがなやカタカナがたくさんつまっているページを見ているだけで、眠くなってきました。それよりテレビやスマホで見られるアニメのほうが、ずっと面白くて、楽しかったからです。でもあるときお母さんが「学習まんが」という本を読んでみなさいと、机の上においていきました。

　それは飛行機がどうやって空を飛べるのか、わかりやすく教えてくれる話でした。まだ飛行機にのったことがなかった私は、飛行機にのりたくなりました。そのあと読んだ「犬のジローのだいぼうけん」という本では、1000キロも離れた家に帰るのに、危険なことや、苦しいことをのりこえて、とうとう1年後に帰った犬の話で、犬が人間より勇気があったり、不思議な力を持っていることを初めてしりました。まんがが大好きだった私は、それから歴史や科学をやさしく説明する「学習まんが」を毎日読みました。

　そのうち「犬のジロー」の話の続きがあることがわかりました。でもそれはまんがじゃなくて、図書館にある本でした。ジローのファンになっていた私はその本を借りて、読み始めました。絵はぜんぜんありませんが、頭の中ではいろいろな場面が浮かんできて、アニメを見ているような気分でした。「本はおもしろい」とその時初めて、読書の楽しさがわかりました。私は今、②子どもたちに学習まんがをすすめています。

28 ①本がきらいでしたとあるが、どうして本がきらいだったのか。

1 ひらがなやカタカナが読めなかったから

2 いつも眠くて本を読む時間がなかったから

3 テレビやスマホのアニメのほうがおもしろかったから

4 お母さんが無理に読みなさいと言ったから

29 この人がはじめて読んだ学習まんがはどんな話だったのか。

1 飛行機が空を飛ぶ方法を説明する話

2 犬のジローが苦労して家に帰る話

3 歴史に出てくる有名な人の話

4 科学の知識をやさしく説明する話

30 ②子どもたちに学習まんがをすすめているのはどうしてか。

1 「犬のジロー」のことを知ってもらいたいから

2 まんがをきっかけに本を読むたのしさを知ってもらいたいから

3 本よりまんがの方がおもしろいことを知ってもらいたいから

4 学習まんがの続きは図書館の本にあることを知ってもらいたいから

(2)

　　人はどのように睡眠をとっているのかという調査を、ある会社が15歳～49歳を対象にして行った。その中で、どうやって起きるのかという質問に対しての答えは、「携帯のアラームを使用する」が66.1%、続いて「目覚まし時計を使用する」が38.9％だった。調査対象者には学生など家族と一緒に住んでいる人が多かったため、「家族に起こしてもらう」が1位かと思ったのだが、①そうではないようだ。

　　実際、時計売り場に行くと、②いろいろな目覚まし時計が売られている。音を出しながら部屋の中を動き回るものや、パズルを完成させないとアラームが止まらないものまである。携帯電話のアラームも同様で、有名タレントやアニメのキャラクターが声で起こしてくれたりといろいろある。

　　アラームは進化しているが、やはり一番効果があるのは、家族に起こしてもらう方法ではないだろうか。家族なら起きるまで起こしてくれるので、信頼でき、安心できると思うのだが、今は違うのであろう。

31 ①そうではないとあるが、「そう」とはどのようなことか。

1 携帯のアラームを利用して起きる。

2 目覚まし時計を利用して起きる。

3 同居している家族が起こす。

4 友だちに起こしてもらう。

32 ②いろいろな目覚まし時計とあるが、この文章で言っているのはどんな時計か。

1 音を出しながら、部屋の中を飛ぶ。

2 パズルを完成させると、アラームが止まる。

3 アニメのキャラクターが電話してくれる。

4 有名タレントが歌で起こしてくれる。

33 この文章で、筆者が最も言いたいことは何か。

1 いろいろなアラームの中から、自分に合ったものを選ぶのがいい。

2 最近はアラームが進化しているので、よいアラームを使ったほうがいい。

3 家族を信用していない人が多いので、アラームを使う人が増えた。

4 家族を信じて、起こしてもらったほうが起きやすい。

問題6 つぎの文章を読んで、質問に答えなさい。答えは、1・2・3・4から最もよいものを一つえらびなさい。

　　最近、太陽光発電について考える人が増えている。太陽光発電とは、太陽の光を利用して電気を発生させることである。これなら空気を汚さないし、とても①環境に優しい。また、人間に害がないので、健康を悪くしない。

　　良いことばかりのように思えるが、短所もいろいろある。まず、費用が非常に高いことである。政府が援助をするようになったものの、それでもまだ高いため、一般家庭にはなかなか普及していかない。そして、雲が多い日や雨の日にはあまり発電しない、太陽の光の強さが地域によって違うということも解決できていない。

　　②このような問題点があるが、環境問題に力を入れているドイツでは、太陽を追って家を回転させることで発電させたり、太陽光発電を設置した集合住宅を建設したりするなどの工夫をしているようだ。太陽とともに生活することで、心も体も温かくなりそうである。ドイツだけでなく、中国でも同じようなマンションの建設が進んでいるという。

　　夢のような話に聞こえるが、日本でも③そのような日が来るのは遠くないだろう。他の電力に頼らない自立した家に住むことができるというのも魅力的である。そして自分だけではなく、あまった電気を電力会社に売れば社会のためにもなるし、豊かな生活が送れるのではないだろうか。

34 ①環境に優しいとあるが、その理由は何だと言っているか。

1 空気を汚すものを出さないから

2 空気をきれいにしてくれるから

3 体に悪くないものを使っているから

4 太陽の光が人間の体にいいから

35 ②このような問題点とあるが、それはどのようなことか。

1 太陽光発電は健康を悪くすること

2 政府が援助をするのに時間がかかること

3 天気がよくない日は電気があまり使えないこと

4 太陽の光が強いか強くないかで、費用が変わること

36 ③そのような日とあるが、それはどのような意味か。

1 現在よりも太陽光発電の家がもっと安くなる日

2 家が回ることで、部屋の温度を調節してくれる日

3 太陽光発電付きの家に住める日

4 太陽といつも一緒に生活できる日

37 筆者がこの文章で最も言いたいことは何か。

1 他の電力に頼らず、自分だけの心豊かな生活を送りたい。

2 作った電気を自分だけで使うのではなく、電力を売って社会のために役立ちたい。

3 電気をたくさん作って電力会社に売り、お金をもっと手に入れたい。

4 ドイツや中国のように太陽光発電を使った家で夢のような生活をしたい。

問題7　右のページは、図書館の利用案内である。これを読んで、下の質問に答えなさい。
　　　　答えは、1・2・3・4から最もよいものを一つえらびなさい。

[38]　留学生のキムさんは上水市にある学校に通っている。はじめて借りるときに必要な
　　　ものは何か。

　　　1　利用カード申込書

　　　2　利用カード申込書と健康保険証

　　　3　利用カード申込書と学生証

　　　4　利用カード申込書と運転免許証

[39]　山田さんは2月4日に好きなまんがを5冊借りた。いつまでに本を返せばいいか。

　　　1　2月11日

　　　2　2月12日

　　　3　2月13日

　　　4　2月14日

◇上水市立図書館　利用案内◇

開館時間　　　午前9時30分〜午後5時　（ただし、水・金曜日は午後7時まで）
休館日　　　　月曜日・祝日・年末年始（12月28日〜1月4日）・特別整理期間

【はじめての方へ】

上水市立図書館は、上水市に住んでいる人、上水市にある会社・学校へ通勤・通学している人なら誰でも利用できます。

はじめて借りるときは、利用カード申込書を書いてください。

● 上水市に住んでいる方は、住所の確認できるもの（健康保険証・運転免許証・学生証）を持ってカウンターにお越しください。

● 上水市へ通勤・通学されている方は、社員証か学生証をお持ちください。

【借りるとき】　借りたい本と利用カードをカウンターへお持ちください。

種類	最大貸出数	貸出期間
文学（小説など）	5冊	2週間
雑誌	3冊	1週間
まんが	10冊	

※ 貸出の延長はできません。

※ 返却日が休みの日の場合は、返却日の次の日までにお返しください。

【返すとき】　図書館のカウンターへ直接お返しください。

利用カレンダー

2月						
日	月	火	水	木	金	土
			1	2	3	4
5	6	7	8	9	10	11
12	13	14	15	16	17	18
19	20	21	22	23	24	25
26	27	28				

▨はお休みです。□は特別整理期間のためお休みです。

問題1

問題1では、まず質問を聞いてください。それから話を聞いて、問題用紙の1から4の中から、最もよいものを一つえらんでください。

1ばん

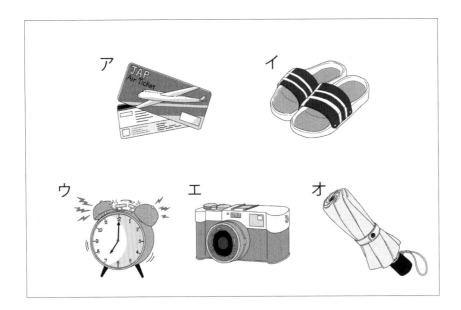

    1 ア イ エ
    2 ア ウ エ
    3 ア ウ オ
    4 ア エ オ

2ばん

1　7時

2　7時10分

3　7時15分

4　7時30分

3ばん

1　きゃくをあんないする

2　おうせつしつできゃくを待つ

3　きゃくにしりょうをわたす

4　しりょうをコピーする

4ばん

    1   ホテルをよやくする

    2   しんかんせんの時間_{じかん}をしらべる

    3   行_いきたいところをさがす

    4   おみやげを買_かう

5ばん

    1   箱_{はこ}

    2   アクセサリー

    3   服_{ふく}

    4   カバン

6ばん

1 カメラを買う

2 かぎをとりに行く

3 しょるいを書く

4 まどぐちへ行く

問題2

問題2では、まず質問を聞いてください。そのあと、問題用紙を見てください。読む時間があります。それから話を聞いて、問題用紙の1から4の中から、最もよいものを一つえらんでください。

1ばん

1　天気が悪いから

2　ふとっているから

3　あついから

4　日にやけるから

202 JLPT 적중 모의고사 5회분 N3

2ばん

1 スノーボード

2 テニス

3 サッカー

4 バスケットボール

3ばん

1 人気をえるため

2 せつやくするため

3 いろいろなえいようをとるため

4 けんこうのため

4ばん

1　お茶のきょうしつ

2　着物のきょうしつ

3　生け花のきょうしつ

4　りょうりのきょうしつ

5ばん

1　プレゼントがほしいから

2　聞きたい歌がながれるから

3　むかしの歌がすきだから

4　友だちがやっているばんぐみだから

6ばん

1 日本中を旅行したいから

2 日本りょうりを学びたいから

3 日本のアニメがすきだから

4 日本でしゅうしょくしたいから

問題3

問題3では、問題用紙に何もいんさつされていません。この問題は、ぜんたいとしてどんなないようかを聞く問題です。話の前に質問はありません。まず話を聞いてください。それから、質問とせんたくしを聞いて、1から4の中から、最もよいものを一つえらんでください。

― メ モ ―

問題4

<ruby>問題<rt>もんだい</rt></ruby>4では、えを<ruby>見<rt>み</rt></ruby>ながら<ruby>質問<rt>しつもん</rt></ruby>を<ruby>聞<rt>き</rt></ruby>いてください。やじるし (➡) の<ruby>人<rt>ひと</rt></ruby>は<ruby>何<rt>なん</rt></ruby>と<ruby>言<rt>い</rt></ruby>いますか。1から3の<ruby>中<rt>なか</rt></ruby>から、<ruby>最<rt>もっと</rt></ruby>もよいものを<ruby>一<rt>ひと</rt></ruby>つえらんでください。

1ばん

2ばん

3ばん

4ばん

問題5

問題5では、問題用紙に何もいんさつされていません。まず文を聞いてください。それから、そのへんじを聞いて、1から3の中から、最もよいものを一つえらんでください。

― メ モ ―

日本語能力試験　模擬試験　解答用紙

N3

げんごちしき(もじ・ごい)

じゅけんばんごうを かいて、その したの マークらんに
マークして ください。
Fill in your examinee registration number in this box, and
then mark the circle for each digit of the number.

じゅけんばんごう
Examinee Registration Number

A 1 0 1 0 0 0 1 - 3 0 0 0 1

あなたの なまえを ローマじで かいて ください。

なまえ
Name

問題 1

1	①	②	③	④
2	①	②	③	④
3	①	②	③	④
4	①	②	③	④
5	①	②	③	④
6	①	②	③	④
7	①	②	③	④
8	①	②	③	④

問題 2

9	①	②	③	④
10	①	②	③	④
11	①	②	③	④
12	①	②	③	④
13	①	②	③	④
14	①	②	③	④

問題 3

15	①	②	③	④
16	①	②	③	④
17	①	②	③	④
18	①	②	③	④
19	①	②	③	④
20	①	②	③	④
21	①	②	③	④
22	①	②	③	④
23	①	②	③	④
24	①	②	③	④
25	①	②	③	④

問題 4

26	①	②	③	④
27	①	②	③	④
28	①	②	③	④
29	①	②	③	④
30	①	②	③	④

問題 5

31	①	②	③	④
32	①	②	③	④
33	①	②	③	④
34	①	②	③	④
35	①	②	③	④

じゅけんばんごうを かいて、その したの マークらんに
マークして ください。
Fill in your examinee registration number in this box, and
then mark the circle for each digit of the number.

せいねんがっぴを かいて、その したの マークらんに
マークして ください。
Fill in your date of birth in this box, and then mark the
circle for each digit of the number.

せいねんがっぴ(Date of Birth)

ねん Year		つき Month		ひ Day

日本語能力試験　模擬試験　解答用紙

N3　げんごちしき(ぶんぽう)・どっかい

<ちゅうい Notes>

1. くろいえんぴつ (HB、No.2) でかいてください。
   Use a black medium soft (HB or No.2) pencil.
   (ペンやボールペンではかかないでください。)
   (Do not use any kind of pen.)
2. かきなおすときは、けしゴムできれいにけして
   ください。
   Erase any unintended marks completely.
3. きたなくしたり、おったりしないでください。
   Do not soil or bend this sheet.
4. マークれい Marking Examples

よいれい Correct Example	わるいれい Incorrect Examples
●	⊗ ○ ◯ ◑ ⊘

じゅけんばんごう
Examinee Registration Number

じゅけんばんごうを かいて、その したの マークらんに
マークして ください。
Fill in your examinee registration number in this box, and
then mark the circle for each digit of the number.

3	A	1	0	1	0	0	0	1	-	3	0	0	0	1

あなたの なまえを ローマじで かいて ください。

なまえ
Name

せいねんがっぴ(Date of Birth)

ねん Year	つき Month	ひ Day

せいねんがっぴを かいて、その したの
マークして ください。
Fill in your date of birth in this box, and then mark the
circle for each digit of the number.

問題 1

1	① ② ③ ④
2	① ② ③ ④
3	① ② ③ ④
4	① ② ③ ④
5	① ② ③ ④
6	① ② ③ ④
7	① ② ③ ④
8	① ② ③ ④
9	① ② ③ ④
10	① ② ③ ④
11	① ② ③ ④
12	① ② ③ ④
13	① ② ③ ④

問題 2

14	① ② ③ ④
15	① ② ③ ④
16	① ② ③ ④
17	① ② ③ ④
18	① ② ③ ④

問題 3

19	① ② ③ ④
20	① ② ③ ④
21	① ② ③ ④
22	① ② ③ ④
23	① ② ③ ④

問題 4

24	① ② ③ ④
25	① ② ③ ④
26	① ② ③ ④
27	① ② ③ ④

問題 5

28	① ② ③ ④
29	① ② ③ ④
30	① ② ③ ④
31	① ② ③ ④
32	① ② ③ ④
33	① ② ③ ④

問題 6

34	① ② ③ ④
35	① ② ③ ④
36	① ② ③ ④
37	① ② ③ ④

問題 7

| 38 | ① ② ③ ④ |
| 39 | ① ② ③ ④ |

日本語能力試験　模擬試験　解答用紙

N3
ちょうかい

あなたの　なまえを　ローマじで　かいて　ください。

なまえ Name	

もんだい 問題 1

1	①	②	③	④
2	①	②	③	④
3	①	②	③	④
4	①	②	③	④
5	①	②	③	④
6	①	②	③	④

もんだい 問題 2

1	①	②	③	④
2	①	②	③	④
3	①	②	③	④
4	①	②	③	④
5	①	②	③	④
6	①	②	③	④

もんだい 問題 3

1	①	②	③	④
2	①	②	③	④
3	①	②	③	④

もんだい 問題 4

1	①	②	③
2	①	②	③
3	①	②	③
4	①	②	③

もんだい 問題 5

1	①	②	③
2	①	②	③
3	①	②	③
4	①	②	③
5	①	②	③
6	①	②	③
7	①	②	③
8	①	②	③
9	①	②	③

じゅけんばんごうを　かいて、その　したの　マークらんに
マークして　ください。
Fill in your examinee registration number in this box, and
then mark the circle for each digit of the number.

じゅけんばんごう
Examinee Registration Number

3	A	1	0	1	0	0	0	1	–	3	0	0	0	1
	Ⓐ	⓪	⓪	⓪	⓪	⓪	●	⓪		⓪	●	●	●	⓪
	Ⓑ	●	①	●	①	①	①	①		①	①	①	①	●
		②	②	②	②	②	②	②		②	②	②	②	②
		③	③	③	③	③	③	③		●	③	③	③	③
		④	④	④	④	④	④	④		④	④	④	④	④
		⑤	⑤	⑤	⑤	⑤	⑤	⑤		⑤	⑤	⑤	⑤	⑤
		⑥	⑥	⑥	⑥	⑥	⑥	⑥		⑥	⑥	⑥	⑥	⑥
		⑦	⑦	⑦	⑦	⑦	⑦	⑦		⑦	⑦	⑦	⑦	⑦
		⑧	⑧	⑧	⑧	⑧	⑧	⑧		⑧	⑧	⑧	⑧	⑧
		⑨	⑨	⑨	⑨	⑨	⑨	⑨		⑨	⑨	⑨	⑨	⑨

せいねんがっぴを　かいて、その　したの　マークらんに
マークして　ください。
Fill in your date of birth in this box, and then mark the
circle for each digit of the number.

せいねんがっぴ(Date of Birth)

ねん Year				つき Month		ひ Day	
				–		–	
		⓪	⓪	⓪	⓪	⓪	⓪
①		①	①	①	①	①	①
②		②	②	②	②	②	②
		③	③	③	③	③	③
		④	④	④	④	④	④
		⑤	⑤		⑤	⑤	⑤
		⑥	⑥		⑥	⑥	⑥
		⑦	⑦		⑦	⑦	⑦
		⑧	⑧		⑧	⑧	⑧
		⑨	⑨		⑨	⑨	⑨

日本語能力試験　模擬試験　解答用紙

N3
げんごちしき(もじ・ごい)

じゅけんばんごう
Examinee Registration Number

あなたの なまえを ローマじで かいて ください。

なまえ
Name

よい れい Correct Example	わるい れい Incorrect Examples
●	⊗ ○ ◎ ◑ ⊘ ①

問題 1

1	①	②	③	④
2	①	②	③	④
3	①	②	③	④
4	①	②	③	④
5	①	②	③	④
6	①	②	③	④
7	①	②	③	④
8	①	②	③	④

問題 2

9	①	②	③	④
10	①	②	③	④
11	①	②	③	④
12	①	②	③	④
13	①	②	③	④
14	①	②	③	④

問題 3

15	①	②	③	④
16	①	②	③	④
17	①	②	③	④
18	①	②	③	④
19	①	②	③	④
20	①	②	③	④
21	①	②	③	④
22	①	②	③	④
23	①	②	③	④
24	①	②	③	④
25	①	②	③	④

問題 4

26	①	②	③	④
27	①	②	③	④
28	①	②	③	④
29	①	②	③	④
30	①	②	③	④

問題 5

31	①	②	③	④
32	①	②	③	④
33	①	②	③	④
34	①	②	③	④
35	①	②	③	④

せいねんがっぴ(Date of Birth)

ねん Year		つき Month		ひ Day

N3

日本語能力試験　模擬試験　解答用紙

げんごちしき(ぶんぽう)・どっかい

〈ちゅうい Notes〉

1. 〈ろいえんぴつ〉(HB、No.2)でかいてください。
   Use a black medium soft (HB or No.2) pencil.
   (ペンやボールペンではかかないでください。)
   (Do not use any kind of pen.)
2. かきなおすときは、けしゴムできれいにけしてください。
   Erase any unintended marks completely.
3. きたなくしたり、おったりしないでください。
   Do not soil or bend this sheet.
4. マークれい Marking Examples

	よいれい Correct Example	わるいれい Incorrect Examples
	●	⊗ ◯ ◎ ◐ ●

じゅけんばんごう
Examinee Registration Number

3 A 1 0 1 0 0 0 1 − 3 0 0 0 1

せいねんがっぴ(Date of Birth)

ねん Year	つき Month	ひ Day
	−	−

あなたの なまえを ローマじで かいて ください。

なまえ
Name

問題 1

1	①	②	③	④
2	①	②	③	④
3	①	②	③	④
4	①	②	③	④
5	①	②	③	④
6	①	②	③	④
7	①	②	③	④
8	①	②	③	④
9	①	②	③	④
10	①	②	③	④
11	①	②	③	④
12	①	②	③	④
13	①	②	③	④

問題 2

14	①	②	③	④
15	①	②	③	④
16	①	②	③	④
17	①	②	③	④
18	①	②	③	④

問題 3

19	①	②	③	④
20	①	②	③	④
21	①	②	③	④
22	①	②	③	④
23	①	②	③	④

問題 4

24	①	②	③	④
25	①	②	③	④
26	①	②	③	④
27	①	②	③	④

問題 5

28	①	②	③	④
29	①	②	③	④
30	①	②	③	④
31	①	②	③	④
32	①	②	③	④
33	①	②	③	④

問題 6

34	①	②	③	④
35	①	②	③	④
36	①	②	③	④
37	①	②	③	④

問題 7

38	①	②	③	④
39	①	②	③	④

日本語能力試験　模擬試験　解答用紙

N3
ちょうかい

あなたの なまえを ローマじで かいて ください。

なまえ
Name

もんだい 問題 1

1	①	②	③	④
2	①	②	③	④
3	①	②	③	④
4	①	②	③	④
5	①	②	③	④
6	①	②	③	④

もんだい 問題 2

1	①	②	③	④
2	①	②	③	④
3	①	②	③	④
4	①	②	③	④
5	①	②	③	④
6	①	②	③	④

もんだい 問題 3

1	①	②	③	④
2	①	②	③	④
3	①	②	③	④

もんだい 問題 4

1	①	②	③
2	①	②	③
3	①	②	③
4	①	②	③

もんだい 問題 5

1	①	②	③
2	①	②	③
3	①	②	③
4	①	②	③
5	①	②	③
6	①	②	③
7	①	②	③
8	①	②	③
9	①	②	③

じゅけんばんごうを かいて、その したの マークらんに
マークして ください。
Fill in your examinee registration number in this box, and
then mark the circle for each digit of the number.

じゅけんばんごう
Examinee Registration Number

3 A 1 0 1 0 0 0 1 - 3 0 0 0 1

せいねんがっぴを かいて、その したの マークらんに
マークして ください。
Fill in your date of birth in this box, and then mark the
circle for each digit of the number.

せいねんがっぴ(Date of Birth)

ねん Year		つき Month		ひ Day	

日本語能力試験　模擬試験　解答用紙

N3

げんごちしき(もじ・ごい)

あなたの なまえを ローマじで かいて ください。

なまえ
Name

問題 1

1	① ② ③ ④
2	① ② ③ ④
3	① ② ③ ④
4	① ② ③ ④
5	① ② ③ ④
6	① ② ③ ④
7	① ② ③ ④
8	① ② ③ ④

問題 2

9	① ② ③ ④
10	① ② ③ ④
11	① ② ③ ④
12	① ② ③ ④
13	① ② ③ ④
14	① ② ③ ④

問題 3

15	① ② ③ ④
16	① ② ③ ④
17	① ② ③ ④
18	① ② ③ ④
19	① ② ③ ④
20	① ② ③ ④
21	① ② ③ ④
22	① ② ③ ④
23	① ② ③ ④
24	① ② ③ ④
25	① ② ③ ④

問題 4

26	① ② ③ ④
27	① ② ③ ④
28	① ② ③ ④
29	① ② ③ ④
30	① ② ③ ④

問題 5

31	① ② ③ ④
32	① ② ③ ④
33	① ② ③ ④
34	① ② ③ ④
35	① ② ③ ④

じゅけんばんごうを かいて、その したの マークらんに
マークして ください。
Fill in your examinee registration number in this box, and
then mark the circle for each digit of the number.

じゅけんばんごう
Examinee Registration Number

3 A 1 0 1 0 0 0 1 - 3 0 0 0 1

せいねんがっぴを かいて、その したの マークらんに
マークして ください。
Fill in your date of birth in this box, and then mark the
circle for each digit of the number.

せいねんがっぴ(Date of Birth)

ねん Year				つき Month		ひ Day	

じゅけんばんごう
Examinee Registration Number

3	A	1	0	1	0	0	0	1	–	3	0	0	1

せいねんがっぴ(Date of Birth)

ねん Year	つき Month	ひ Day
–	–	

N3
げんごちしき(ぶんぽう)・どっかい

日本語能力試験　模擬試験　解答用紙

なまえ
Name

問題1

1	①	②	③	④
2	①	②	③	④
3	①	②	③	④
4	①	②	③	④
5	①	②	③	④
6	①	②	③	④
7	①	②	③	④
8	①	②	③	④
9	①	②	③	④
10	①	②	③	④
11	①	②	③	④
12	①	②	③	④
13	①	②	③	④

問題2

14	①	②	③	④
15	①	②	③	④
16	①	②	③	④
17	①	②	③	④
18	①	②	③	④

問題3

19	①	②	③	④
20	①	②	③	④
21	①	②	③	④
22	①	②	③	④
23	①	②	③	④

問題4

24	①	②	③	④
25	①	②	③	④
26	①	②	③	④
27	①	②	③	④

問題5

28	①	②	③	④
29	①	②	③	④
30	①	②	③	④
31	①	②	③	④
32	①	②	③	④
33	①	②	③	④

問題6

34	①	②	③	④
35	①	②	③	④
36	①	②	③	④
37	①	②	③	④

問題7

38	①	②	③	④
39	①	②	③	④

日本語能力試験　模擬試験　解答用紙

N3
ちょうかい

あなたの　なまえを　ローマじで　かいて　ください。

なまえ
Name

<ちゅうい　Notes>

1. くろいえんぴつ（HB、No.2）でかいて ください。
   Use a black medium soft (HB or No.2) pencil.
   （ペンやボールペンではかかないでください。）
   (Do not use any kind of pen.)
2. かきなおすときは、けしゴムできれいにけして
   ください。
   Erase any unintended marks completely.
3. きたなくしたり、おったりしないでください。
   Do not soil or bend this sheet.
4. マークれい　Marking Examples

よいれい Correct Example	わるいれい Incorrect Examples
●	⊗ ◯ ◖ ◯ ⊙ ◍

じゅけんばんごう
Examinee Registration Number

じゅけんばんごうを　かいて、その　したの　マークらんに
マークして　ください。
Fill in your examinee registration number in this box, and
then mark the circle for each digit of the number.

3	A	1	0	1	0	0	0	1	–	3	0	0	0	1

せいねんがっぴ(Date of Birth)

せいねんがっぴを　かいて、その　したの　マークらんに
マークして ください。
Fill in your date of birth in this box, and then mark the
circle for each digit of the number.

ねん Year		つき Month		ひ Day

もんだい　問題 1

1	① ② ③ ④
2	① ② ③ ④
3	① ② ③ ④
4	① ② ③ ④
5	① ② ③ ④
6	① ② ③ ④

もんだい　問題 2

1	① ② ③ ④
2	① ② ③ ④
3	① ② ③ ④
4	① ② ③ ④
5	① ② ③ ④
6	① ② ③ ④

もんだい　問題 3

1	① ② ③
2	① ② ③
3	① ② ③

もんだい　問題 4

1	① ② ③
2	① ② ③
3	① ② ③
4	① ② ③

もんだい　問題 5

1	① ② ③
2	① ② ③
3	① ② ③
4	① ② ③
5	① ② ③
6	① ② ③
7	① ② ③
8	① ② ③
9	① ② ③

日本語能力試験　模擬試験　解答用紙

N3
げんごちしき(もじ・ごい)

あなたの　なまえを　ローマじで　かいて　ください。

なまえ
Name

問題 1

1	①	②	③	④
2	①	②	③	④
3	①	②	③	④
4	①	②	③	④
5	①	②	③	④
6	①	②	③	④
7	①	②	③	④
8	①	②	③	④

問題 2

9	①	②	③	④
10	①	②	③	④
11	①	②	③	④
12	①	②	③	④
13	①	②	③	④
14	①	②	③	④

問題 3

15	①	②	③	④
16	①	②	③	④
17	①	②	③	④
18	①	②	③	④
19	①	②	③	④
20	①	②	③	④
21	①	②	③	④
22	①	②	③	④
23	①	②	③	④
24	①	②	③	④
25	①	②	③	④

問題 4

26	①	②	③	④
27	①	②	③	④
28	①	②	③	④
29	①	②	③	④
30	①	②	③	④

問題 5

31	①	②	③	④
32	①	②	③	④
33	①	②	③	④
34	①	②	③	④
35	①	②	③	④

じゅけんばんごうを　かいて、その　したの　マークらんに
マークして　ください。
Fill in your examinee registration number in this box, and
then mark the circle for each digit of the number.

じゅけんばんごう
Examinee Registration Number

3 A 1 0 1 0 0 0 1 - 3 0 0 0 1

せいねんがっぴを　かいて、その　したの　マークらんに
マークして　ください。
Fill in your date of birth in this box, and then mark the
circle for each digit of the number.

せいねんがっぴ(Date of Birth)

ねん Year	つき Month	ひ Day

日本語能力試験 模擬試験 解答用紙

N3 げんごちしき(ぶんぽう)・どっかい

じゅけんばんごうを かいて、その したの マークらんに
マークして ください。
Fill in your examinee registration number in this box, and
then mark the circle for each digit of the number.

じゅけんばんごう
Examinee Registration Number

3	A	1	0	1	0	0	0	1	–	3	0	0	0	1

せいねんがっぴを かいて、その したの マークらんに
マークして ください。
Fill in your date of birth in this box, and then mark the
circle for each digit of the number.

せいねんがっぴ(Date of Birth)

ねん Year				-	つき Month		-	ひ Day	

あなたの なまえを ローマじで かいて ください。

なまえ
Name

問題 1

1	① ② ③ ④
2	① ② ③ ④
3	① ② ③ ④
4	① ② ③ ④
5	① ② ③ ④
6	① ② ③ ④
7	① ② ③ ④
8	① ② ③ ④
9	① ② ③ ④
10	① ② ③ ④
11	① ② ③ ④
12	① ② ③ ④
13	① ② ③ ④

問題 2

14	① ② ③ ④
15	① ② ③ ④
16	① ② ③ ④
17	① ② ③ ④

問題 3

18	① ② ③ ④
19	① ② ③ ④

問題 4

20	① ② ③ ④
21	① ② ③ ④
22	① ② ③ ④
23	① ② ③ ④
24	① ② ③ ④
25	① ② ③ ④
26	① ② ③ ④
27	① ② ③ ④

問題 5

28	① ② ③ ④
29	① ② ③ ④
30	① ② ③ ④
31	① ② ③ ④
32	① ② ③ ④

問題 6

33	① ② ③ ④
34	① ② ③ ④
35	① ② ③ ④
36	① ② ③ ④
37	① ② ③ ④

問題 7

38	① ② ③ ④
39	① ② ③ ④

日本語能力試験 模擬試験 解答用紙

N3
ちょうかい

じゅけんばんごう
Examinee Registration Number

3	A	1	0	1	0	0	0	1	–	3	0	0	0	1

せいねんがっぴ(Date of Birth)

ねん Year			つき Month		ひ Day	

あなたの なまえを ローマじで かいて ください。

なまえ
Name

もんだい 問題 1

1	①	②	③	④
2	①	②	③	④
3	①	②	③	④
4	①	②	③	④
5	①	②	③	④
6	①	②	③	④

もんだい 問題 2

1	①	②	③	④
2	①	②	③	④
3	①	②	③	④
4	①	②	③	④
5	①	②	③	④
6	①	②	③	④

もんだい 問題 3

1	①	②	③	④
2	①	②	③	④
3	①	②	③	④

もんだい 問題 4

1	①	②	③	④
2	①	②	③	④
3	①	②	③	④
4	①	②	③	④

もんだい 問題 5

1	①	②	③
2	①	②	③
3	①	②	③
4	①	②	③
5	①	②	③
6	①	②	③
7	①	②	③
8	①	②	③
9	①	②	③

日本語能力試験　模擬試験　解答用紙

N3
げんごちしき(もじ・ごい)

じゅけんばんごう
Examinee Registration Number

3	A1010001	-	30001

あなたの なまえを ローマじで かいて ください。

なまえ
Name

問題 1				
1	①	②	③	④
2	①	②	③	④
3	①	②	③	④
4	①	②	③	④
5	①	②	③	④
6	①	②	③	④
7	①	②	③	④
8	①	②	③	④

問題 2				
9	①	②	③	④
10	①	②	③	④
11	①	②	③	④
12	①	②	③	④
13	①	②	③	④
14	①	②	③	④

問題 3				
15	①	②	③	④
16	①	②	③	④
17	①	②	③	④
18	①	②	③	④
19	①	②	③	④
20	①	②	③	④
21	①	②	③	④
22	①	②	③	④
23	①	②	③	④
24	①	②	③	④
25	①	②	③	④

問題 4				
26	①	②	③	④
27	①	②	③	④
28	①	②	③	④
29	①	②	③	④
30	①	②	③	④

問題 5				
31	①	②	③	④
32	①	②	③	④
33	①	②	③	④
34	①	②	③	④
35	①	②	③	④

せいねんがっぴ(Date of Birth)

ねん Year		つき Month		ひ Day	

N3

日本語能力試験　模擬試験　解答用紙

げんごちしき(ぶんぽう)・どっかい

<ちゅうい Notes>

1. <えんぴつ> (HB、No.2) でかいてください。
   Use a black medium soft (HB or No.2) pencil.
   (ペンやボールペンではかかないでください。)
   (Do not use any kind of pen.)
2. かきなおすときは、けしゴムできれいにけしてください。
   Erase any unintended marks completely.
3. きたなくしたり、おったりしないでください。
   Do not soil or bend this sheet.
4. マークれい Marking Examples

よいれい Correct Example	わるいれい Incorrect Examples
●	⊗ ◯ ○ ⊘ ⊖

じゅけんばんごうを かいて、その したの マークらんに マークしてください。
Fill in your examinee registration number in this box, and then mark the circle for each digit of the number.

じゅけんばんごう
Examinee Registration Number

`3 A 1 0 1 0 0 0 1 - 3 0 0 0 1`

せいねんがっぴを かいて、その したの マークらんに マークしてください。
Fill in your date of birth in this box, and then mark the circle for each digit of the number.

せいねんがっぴ(Date of Birth)

ねん Year	つき Month	ひ Day
	-	-

あなたの なまえを ローマじで かいて ください。

なまえ
Name

問題 1	
1	① ② ③ ④
2	① ② ③ ④
3	① ② ③ ④
4	① ② ③ ④
5	① ② ③ ④
6	① ② ③ ④
7	① ② ③ ④
8	① ② ③ ④
9	① ② ③ ④
10	① ② ③ ④
11	① ② ③ ④
12	① ② ③ ④
13	① ② ③ ④

問題 2	
14	① ② ③ ④
15	① ② ③ ④
16	① ② ③ ④
17	① ② ③ ④

問題 3	
18	① ② ③ ④
19	① ② ③ ④
20	① ② ③ ④
21	① ② ③ ④
22	① ② ③ ④
23	① ② ③ ④

問題 4	
24	① ② ③ ④
25	① ② ③ ④
26	① ② ③ ④
27	① ② ③ ④

問題 5	
28	① ② ③ ④
29	① ② ③ ④
30	① ② ③ ④
31	① ② ③ ④
32	① ② ③ ④

問題 6	
33	① ② ③ ④
34	① ② ③ ④
35	① ② ③ ④
36	① ② ③ ④
37	① ② ③ ④

問題 7	
38	① ② ③ ④
39	① ② ③ ④

日本語能力試験　模擬試験　解答用紙

N3
ちょうかい

あなたの なまえを ローマじで かいて ください。

→

| なまえ Name | |

<ちゅうい Notes>

1. くろいえんぴつ (HB、No.2) でかいてください。
   Use a black medium soft (HB or No.2) pencil.
   (ペンやボールペンではかかないでください。)
   (Do not use any kind of pen.)
2. かきなおすときは、けしゴムできれいにけして
   ください。
   Erase any unintended marks completely.
3. きたなくしたり、おったりしないでください。
   Do not soil or bend this sheet.
4. マークれい Marking Examples

よいれい Correct Example	わるいれい Incorrect Examples
●	⊗ ◯ ◑ ⊘ ⦸ ①

もんだい 1

1	①	②	③	④
2	①	②	③	④
3	①	②	③	④
4	①	②	③	④
5	①	②	③	④
6	①	②	③	④

もんだい 2

1	①	②	③	④
2	①	②	③	④
3	①	②	③	④
4	①	②	③	④
5	①	②	③	④
6	①	②	③	④

もんだい 3

1	①	②	③	④
2	①	②	③	④
3	①	②	③	④

もんだい 4

1	①	②	③
2	①	②	③
3	①	②	③
4	①	②	③

もんだい 5

1	①	②	③
2	①	②	③
3	①	②	③
4	①	②	③
5	①	②	③
6	①	②	③
7	①	②	③
8	①	②	③
9	①	②	③

じゅけんばんごうを かいて、その したの マークらんに
マークして ください。
Fill in your examinee registration number in this box, and
then mark the circle for each digit of the number.

じゅけんばんごう
Examinee Registration Number

A 1 0 1 0 0 0 1 - 3 0 0 0 1

せいねんがっぴを かいて、その したの マークらんに
マークして ください。
Fill in your date of birth in this box, and then mark the
circle for each digit of the number.

せいねんがっぴ(Date of Birth)

ねん Year	つき Month	ひ Day

JLPT
적중 모의고사 5회분 N3

초판발행	2012년 7월 25일
개정판 인쇄	2024년 9월 10일
개정판 발행	2024년 9월 25일

저자	JLPT 연구모임
편집	김성은, 조은형, 오은정, 무라야마 토시오
펴낸이	엄태상
디자인	이건화
조판	이서영
콘텐츠 제작	김선웅, 장형진
마케팅	이승욱, 왕성석, 노원준, 조성민, 이선민
경영기획	조성근, 최성훈, 김다미, 최수진, 오희연
물류	정종진, 윤덕현, 신승진, 구윤주

펴낸곳	시사일본어사(시사북스)
주소	서울시 종로구 자하문로 300 시사빌딩
주문 및 교재 문의	1588-1582
팩스	0502-989-9592
홈페이지	www.sisabooks.com
이메일	book_japanese@sisadream.com
등록일자	1977년 12월 24일
등록번호	제 300-2014-92호

ISBN 978-89-402-9427-7 (13730)

정답 · 해석

목차

● 1교시 **언어지식**(문자 어휘)

問題1　1 2　2 3　3 3　4 1　5 4　6 1　7 2　8 3

問題2　9 1　10 3　11 2　12 2　13 3　14 4

問題3　15 2　16 3　17 2　18 1　19 3　20 1　21 4　22 2　23 3　24 1　25 4

問題4　26 1　27 1　28 2　29 2　30 4

問題5　31 1　32 2　33 4　34 3　35 1

● 2교시 **언어지식**(문법) · **독해**

問題1　1 3　2 4　3 1　4 4　5 1　6 1　7 1　8 3　9 1　10 2
　　　11 4　12 2　13 1

問題2　14 1　15 4　16 4　17 1　18 2

問題3　19 3　20 2　21 4　22 1　23 1

問題4　24 3　25 3　26 3　27 2

問題5　28 4　29 3　30 4　31 1　32 3　33 3

問題6　34 3　35 4　36 4　37 4

問題7　38 1　39 4

● 3교시 **청해**

問題1　1 1　2 3　3 3　4 4　5 1　6 4

問題2　1 1　2 2　3 3　4 3　5 4　6 2

問題3　1 3　2 3　3 3

問題4　1 3　2 1　3 3　4 2

問題5　1 3　2 2　3 1　4 3　5 3　6 2　7 2　8 1　9 1

문제1 _____의 단어의 읽는 법으로 가장 적당한 것을 1·2·3·4에서 하나 고르세요. p.11

1 **2** 실패해도 몇 번이고 다시 한다.

2 **3** 친구는 일본 역사에 관심이 있다.

3 **3** 어제 산 스커트가 헐렁하다.

4 **1** 무언가 곤란한 일이 있으면 언제든지 상담해 주세요.

5 **4** 초등학교 때 책의 감상문을 자주 (시켜서 억지로) 썼습니다.

6 **1** 아빠는 일요일에는 반드시 등산하러 갑니다.

7 **2** 선반에 책이 가지런히 놓여 있다.

8 **3** 시합에 이기기 위해서 매일 연습하고 있다.

문제2 _____의 단어를 한자로 쓸 때 가장 적당한 것을 1·2·3·4에서 하나 고르세요. p.12

9 **1** 아이에게 무른 부모가 늘었다.

10 **3** 희귀한 돌을 모으는 것이 저의 취미입니다.

11 **2** 당신은 장차 무엇이 되고 싶다고 생각하고 있습니까?

12 **2** 이번에는 단체 여행으로 미국에 갈 생각입니다.

13 **3** 지금 바로 정할 수 있는 일이 아니다.

14 **4** 먼저 약속을 깬 것은 그입니다.

문제3 ( )에 넣기에 가장 적당한 것을 1·2·3·4에서 하나 고르세요. p.13

15 **2** 복권에 (당첨되는) 방법이 있습니까?

16 **3** 그녀의 말투는 정중하고 (품위 있)다.

17 **2** 나는 심리학에 흥미를 (가지고) 있다.

18 **1** 이 장난감은 국가의 안전 (기준)에 합격한 것이다.

19 **3** 사고라고 듣고 걱정했지만, 큰 사고가 아니어서 (안심)했다.

20 **1** 덕분에 (용기)가 솟았습니다.

21 **4** 안경 대신에 (콘택트렌즈)를 하기로 했다.

22 **2** 감기에 걸렸다. 기침은 (나오지 않)지만, 열은 있다.

23 **3** 오늘은 추웠기 때문에 (모자)를 쓰고 외출했습니다.

24 **1** 피곤한 탓인지 오늘은 평소보다 술에 (취해) 버렸다.

25 **4** 수업 중 (멍하니) 밖을 보고 있었더니 선생님께 혼났습니다.

문제4 ＿＿＿과 의미가 가장 가까운 것을 1·2·3·4에서 하나 고르세요. p.15

26 **1** 친구가 <u>절약</u> 방법을 가르쳐 주었다. ≒ 돈을 별로 쓰지 않는

27 **1** 기무라 씨는 여성에게 <u>인기 있는</u> 타입입니다. ≒ 인기가 있는

28 **2** 그는 그 메모를 <u>몰래</u> 가방에 넣었다. ≒ 보이지 않도록

29 **2** 오늘은 <u>시시한</u> 이야기만 들었다. ≒ 하찮은

30 **4** 그건 자주 <u>듣는</u> 이야기네요. ≒ 듣는

문제5 다음 단어의 사용법으로 가장 적당한 것을 1·2·3·4에서 하나 고르세요. p.16

31 잘함
1 나는 수학을 <u>잘한다</u>.
2 어떻게 하는 것이 <u>잘하는</u> 것인지 알아보고 있다. ➡ 得 이득, 유리함
3 한번에 지불하는 것을 <u>잘합니다</u>. ➡ お得 이익, 이득
4 그는 <u>잘하는</u> 입장에 있다. ➡ 有利 유리

32 깨지다
1 양말이 <u>깨져서</u> 구멍이 났다. ➡ 破れて 찢어져서
2 컵이 <u>깨져서</u> 사러 갔다.
3 손가락이 <u>깨져서</u> 피가 났다. ➡ 切れて 베여서
4 예정이 <u>깨져서</u> 주말은 집에서 쉬었다. ➡ 崩れて (약속 등이) 깨져서, 무너져서

33 신경 쓰이다
1 그런 것까지 <u>신경 쓰일</u> 필요는 없어요. ➡ 気にする 신경 쓸, 걱정할
2 감기에 걸리지 않도록 <u>신경 쓰이고</u> 있습니다. ➡ 気をつけて 조심하고, 주의하고
3 그는 나와 언제나 <u>신경 쓰인다</u>. ➡ 気が合う 마음이 맞다
4 학급에 <u>신경 쓰이는</u> 아이가 있습니다.

34 (속이) 비다, 공간이 나다
1 자리가 <u>비어</u> 있었기 때문에 엄마를 앉게 했다. ➡ 空いて 비어
2 창문이 <u>비어</u> 있다. ➡ 開いて 열려
3 점심시간은 전철이 <u>비어</u> 있기 때문에 좋다.
4 바지에 구멍이 <u>비어</u> 있다. ➡ 開いて (구멍 등이) 나, 뚫려, 열려

35 설령
1 <u>설령</u> 아무리 괴로워도, 마지막까지 열심히 할 작정이다.
2 <u>설령</u> 이렇게 추운데, 딸은 언제 돌아올 것인가. ➡ いったい 도대체
3 <u>설령</u> 그가 온다면, 나는 그 회식에는 가지 않을 작정이다. ➡ もし 만약, 혹시

4 <u>설령</u> 더 열심히 하면, 반드시 성공할 것이다. ➡ たぶん 아마

문제1 다음 문장의 (   )에 넣기에 가장 적당한 것을 1·2·3·4에서 하나 고르세요. p.18

1 **3** A 선생님, 리포트에 대해(서) 질문이 있는데요.

B 네, 뭔가요?

2 **4** 이번 시합은 선수들(에게 있어서) 무엇보다 중요한 시합이다.

3 **1** 감기 (탓에) 공부해도 머리에 들어오지 않는다.

4 **4** 최근 바빠서 영화(는커녕) 식사를 할 시간도 없다.

5 **1** 아무리 바빠도 일주일에 한 권은 반드시 책을 (읽)도록 하고 있다.

6 **1** 대학 수험으로 곤란해 하고 있을 때, 선배에게 도움을 (받아서) 감사하고 있다.

7 **1** 요리를 하고 있는 (사이에) 전화가 걸려 왔다.

8 **3** 윗사람(에게) 그런 몹쓸 짓을 하다니 믿을 수 없다.

9 **1** 아침부터 아무것도 먹지 않았기 때문에 배가 고파서 (견딜 수 없다).

10 **2** A 입사 시험에 합격하는 비결을 (들려 주신다면) 감사하겠습니다만.

B 글쎄요…….

11 **4** 20세가 된 (후가 아니면), 술을 마셔서는 안 된다.

12 **2** A 어려워서 나는 (할 수 없을 것 같아).

B 그렇게 말하지 말고 우선은 해 봐 주세요.

13 **1** A 어제 보낸 팩스 (보셨습니까)?

B 네, 봤습니다.

문제2 다음 문장의 ___★___에 들어갈 가장 적당한 것을 1·2·3·4에서 하나 고르세요. p.20

14 **1** 친구를 위해 2 마음 4 을 1 <u>담아</u> 3 <u>이</u> 요리를 만들었습니다.

15 **4** 이 문제는 3 너무 4 나 2 도 1 <u>어렵기</u> 때문에 아이가 풀 수 있을 리가 없다.

16 **4** 어제 회의에서는 1 <u>최근의</u> 2 <u>교통 문제</u> 4 에 대해서 3 <u>서로 이야기</u>했다고 한다.

17 **1** 컴퓨터의 보급 3 <u>으로 인해</u> 1 다양한 4 정보를 2 손에 넣기 쉬워졌다.

18 **2** 이번 여행은 1 <u>모두가</u> 2 <u>참가할 수 있</u> 4 <u>도록</u> 3 계획을 세우고 싶다고 생각합니다.

문제3 다음 글을 읽고, 글 전체의 내용을 생각하여, ⌐19⌐부터 ⌐23⌐ 안에 들어갈 가장 적당한 것을 1·2·3·4에서 하나 고르세요.

p.22

일본의 음식

김하나

일본인 친구와 함께 오사카에 여행을 갔습니다. 일본에 가는 것은 처음이었습니다. 짧은 여행이었지만 이번 여행을 통해서 일본과 한국의 음식의 차이는 ⌐19 그렇게⌐ 크지 않다는 것을 알았습니다.

오사카 명물인 오코노미야키와 다코야키는 정말 맛있었습니다. 그리고 우리가 ⌐20 묵었던⌐ 호텔의 조식은 일본식이었습니다. 일본의 조식이 ⌐21 어떤 것인지⌐ 궁금했었는데, 밥과 된장국에 반찬을 먹는 것이 한국과 같았기 때문에 놀랐습니다. 그리고 주변 사람이 종이컵 같은 것을 들고 무엇인가를 맛있는 듯이 먹고 있었기 때문에 궁금해서 보고 있었더니, 일본인 친구가 그것은 낫토라고 알려 주었습니다. 하지만 그것에는 별로 관심이 없었습니다. 냄새도 나고 먹고 싶다고는 ⌐22 생각되지 않았습니다⌐.

⌐23 하지만⌐ 밥과 된장국이 맛있었던 덕분에 음식에는 곤란함 없이, 마지막까지 즐겁게 여행을 할 수 있었습니다.

● **2교시 독해** ————————————————— ①회

문제4 다음 (1)에서 (4)의 글을 읽고, 질문에 답하세요. 답은 1·2·3·4에서 가장 적당한 것을 하나 고르세요.

(1)

p.24

가자미시는 가정에서의 전기를 절약하고 낭비를 하지 않도록 하는 가이드라인을 발행했다. 거기에서는 다음의 세 가지를 호소하고 있다. ①전기 제품은 다 쓰고 나면 콘센트를 뺄 것, ②에어컨의 온도를 26도 이하로 하지 않을 것, ③전구 수를 줄일 것이다. 전기료를 절약한 가정에는 다음 달부터 상품권이 지급된다고 한다.

⌐24⌐ 이 가이드라인에 대해 올바른 것은 어느 것인가?
1 전기 제품은 사용하지 않고 콘센트를 뺀다.
2 에어컨은 항상 26도로 한다.
3 전구를 너무 많이 사용하지 않는다.
4 절약한 가정에는 상품권이 배부되었다.

(2)

p.25

머리가 좋다는 것은 어떤 것을 말하는 걸까요? 지식이 많다는 것, 단시간에 바로 암기할 수 있는 것 등의 의견이 먼저 나오리라 생각합니다. 그러나 그것들은 반드시 머리가 좋다고는 말할 수 없습니다. 왜냐하면 머릿속에 있는 것과 반대의 일이 일어났을 때에는 대응할 수 없게 되는 경우가 있기 때문입니다. 따라서 어떠한 상황에서도 자신의 지식을 바탕으로 생각해서 행동할 수 있는 힘이 더 뛰어나다고 말할 수 있습니다. 단, 그러기 위해서는 역시 기초적인 공부는 필요합니다.

⌐25⌐ 이 글에서는 머리가 좋다는 것은 어떠한 것이라고 말하고 있는가?
1 많은 지식이 있는 것
2 단시간에 바로 암기할 수 있는 것

3 상황에 맞춰 판단할 수 있는 것
4 기초적인 공부를 제대로 할 수 있는 것

(3) 다음 메일은 아사다 씨가 다카하시 씨에게 보낸 것이다.　　　　　　　　　　　p.26

받는 사람 : takahashi@nihon_boueki.co.jp
제목 : '출장 일정'에 대해
_____

일본무역사
영업부 다카하시 님

언제나 신세를 지고 있습니다.
지난번에는 갑자기 약속을 취소해 버려서 대단히 죄송했습니다.
다시 한번 찾아뵐 일정을 정하고 싶습니다만, 4월 21일은 어떠신지요?
그 이후에는 연휴가 있어서 비행기도 호텔도 예약할 수 없을지도 모릅니다.
답변을 기다리고 있겠습니다. 잘 부탁드립니다.

한국무역
영업부 아사다

26 아사다 씨가 다카하시 씨에게 이 메일을 보낸 목적은 무엇인가?
1 약속을 변경해 달라고 부탁하는 것
2 4월 21일에 와 달라고 부탁하는 것
3 언제 방문하면 좋을지 예정을 묻는 것
4 비행기와 호텔을 예약할 수 있는지 묻는 것

(4)　　　　　　　　　　　　　　　　　　　　　　　　　　　　　　　　　　　　　　p.27

콘서트 입장권을 선물합니다!

시라키 오케스트라 결성 10주년 기념 콘서트 개최에 맞추어 콘서트 입장권을 100분에게 선물하겠습니다.
이번에 새롭게 발매된 CD 앨범에 응모 엽서가 들어 있습니다. 그 응모 엽서에 필요 사항을 적어 보내 주세요.
한 명이 몇 번이나 응모할 수 있지만 응모 엽서에는 시리얼 번호가 붙어 있기 때문에 엽서를 복사해서 응모하는 것은 불가능합니다.
질문이 있으신 분은 시라키 오케스트라 홈페이지에서 전자 메일을 보내 주세요.

시라키 오케스트라

27 응모하는 사람은 어떻게 해야 하는가?
1 일반 엽서를 사서 필요 사항을 적어 보낸다.
2 앨범을 사서 안에 들어 있는 응모 엽서를 보낸다.
3 앨범 안에 있는 응모 엽서를 복사해서 보낸다.
4 전자 메일로 응모에 필요한 것을 보낸다.

문제5 다음 (1)과 (2)의 글을 읽고 질문에 답하세요. 답은 1·2·3·4에서 가장 적당한 것을 하나 고르세요.

(1)

우리 형이 결혼을 했다. 지금까지 야구밖에 몰랐던 형이 마침내 결혼을 한 것이다. 나는 정말로 ①기뻤다. 결혼한 것도 그렇지만 결혼 상대가 무려 야구팀의 매니저였던 것이다. 우리들은 가족끼리 언제나 야구 응원을 가고 있어서 가족 모두가 그녀를 매우 좋아했다.

어떤 시합에서 형이 부상을 당한 적이 있었다. 달려 들어가는 형과 그것을 막으려는 포수가 부딪혔다. 쓰러진 형은 일어날 수 없었다. 그때 누구보다도 빨리 형이 있는 곳으로 달린 것이 매니저인 그녀였다. '구급차를 부릅시다'라고 말하는 옆에서 형은 '이 정도는 괜찮아'라고 말하면서 일어서려 했다. 그러자 그녀는 ②큰 소리로 화를 낸 것이다. 그 모습에 나는 굉장히 놀랐다. 결국 형은 구급차로 병원에 갔지만 큰 부상이 아니어서 안심했다. 그러나 무리를 했더라면 심해졌을지도 모른다고 했다.

분명 형은 자신을 걱정해 주는 그녀를 보고 감동했을 것이라고 생각한다. 설마 결혼까지 하리라고는 생각하지 않았지만, 두 사람의 행복해 보이는 모습을 보고 있으면 나까지 행복해진다.

28 ①기뻤다고 하는데 무엇이 가장 기뻤다고 말하고 있는가?

1 야구만 하던 형이 마침내 결혼한 것
2 결혼을 해도 가족끼리 야구 응원을 갈 수 있는 것
3 형이 야구를 그만두고 좋아하는 사람과 결혼한 것
4 가족이 마음에 들어 하는 상대와 형이 결혼한 것

29 ②큰 소리로 화를 냈다고 하는데 왜 화를 냈는가?

1 포수를 보지 않고 달려 들어갔기 때문에
2 일어날 수 없을 정도의 부상을 당했기 때문에
3 무리를 하면 부상이 악화된다고 생각했기 때문에
4 자신이 말하고 있는 것을 무시당했기 때문에

30 이 글을 쓴 사람이 가장 말하고 싶은 것은 무엇인가?

1 결혼하지 못해서 고민하고 있던 형이 드디어 결혼해서 행복하다.
2 형을 걱정해 준 그녀의 모습에 감동하고, 매우 감사하고 있다.
3 두 사람이 결혼까지 하기를 바라지는 않았지만 두 사람이 행복하다면 만족한다.
4 형이 결혼해서 행복한 것 같아 나도 행복한 기분이다.

(2)

p.30

쓰레기를 버릴 때는 분리해서 버려야 한다. 분리란 타는 것과 타지 않는 것으로 나누거나, 페트병 등 재활용이 가능한 것을 나누거나 하는 것이다. 재활용할 수 있는 쓰레기는 모아져 공장으로 옮겨진 뒤 다른 물건으로 다시 태어난다. 그렇게 하면 매립되는 쓰레기의 양은 줄고 자원 절약도 된다.

그러나 분리를 하지 않는 사람도 많다. 버릴 때에 나누는 것이 귀찮다는 경우도 있고, 어느 것이 타지 않는 것이고 어느 것이 재활용할 수 있는 것인지 모른다는 경우도 있다. 그래서 쓰레기를 모은 후 쓰레기 분리 작업을 하는 사람이 필요해진다. 버리는 사람이 귀찮다며 분리하지 않기 때문에 전혀 관계없는 누군가가 더러운 쓰레기 속에서 재활용 가능한 것을 찾고 있는 것이다. 쓰레기 속에서 세균이 번식하고 있을 가능성도 높아, 일하는 사람들이 병에 걸려 버리는 일도 자주 있다고 한다.

쓰레기를 분리할 때에는 자원의 절약을 생각하는 것도 중요하지만 쓰레기 처리를 위해 일하는 사람들에 대해서도 생각할 필요가 있다.

31 이 글에서는 쓰레기를 분리하는 일을 어떠한 것이라고 말하고 있는가?

1 쓰레기나 재활용할 수 있는 것을 나누는 것

2 쓰레기를 모은 후에 다시 한번 나누는 것

3 쓰레기를 공장으로 옮겨 매립하는 것

4 쓰레기의 종류를 줄여 자원을 절약하는 것

32 이 글에서는 쓰레기 분리 작업을 하는 사람은 어떤 사람이라고 말하고 있는가?

1 쓰레기를 모으기 전에 분리 작업을 하는 사람

2 버려진 쓰레기를 모아 분리하는 사람

3 분리되어 있지 않은 쓰레기를 처리하는 사람

4 전혀 관계없는데 쓰레기를 모아 주는 사람

33 이 글을 쓴 사람은 우리들이 신경 쓸 것은 무엇이라고 말하고 있는가?

1 일하는 사람이 병에 걸릴 만한 쓰레기는 버려서는 안 된다.

2 자원 절약을 위해 쓰레기 분리를 강화해야 한다.

3 쓰레기 분리에 관련된 사람을 생각해야 한다.

4 버리는 쓰레기를 줄이기 위해서 노력해야 한다.

문제6 다음 글을 읽고 질문에 답하세요. 답은 1·2·3·4에서 가장 적당한 것을 하나 고르세요.　　　p.32

다나카 씨는 자신의 꿈을 이루기 위해, 편의점에서 아르바이트를 하면서 음악 공부를 계속하고 있다. 친구들은 모두 취직을 해 안정된 생활을 시작하고 있는 가운데 혼자서 꿈을 좇는 것은 힘든 일이다. 불안해져 ①의기소침해져 버리는 경우도 있지만, 자신이 좋아하는 일이기 때문에 열심히 할 수 있다고 다나카 씨는 말한다. 편의점에서의 아르바이트가 음악 공부에 영향을 받는 부분도 있다고 한다. 그게 무슨 말인지 물어봤다.

'편의점에서 다양한 손님을 보면서 이 사람들은 어떤 생활을 하고 있는 것일까, 어떤 기분으로 있는 것일까, 그런 것을 생각하게 되었습니다. 그리고 이 사람들을 위해 멋진 음악을 만들고 싶다고 생각하게 되었습니다. 예를 들면, 혼자서 쓸쓸하게 물건을 사러 오는 초등학생이라든가, 지친 얼굴을 한 직장인이라든가, 그 모습을 보고 있으면 슬퍼져서 힘을 나게 해 주는 음악을 만들고 싶다고 생각하고, 반대로 손님과의 대화에서 기쁜 일이 있으면 감사의 마음을 음악으로 표현하고 싶어집니다. 혼자서 공부만 하던 때는 ②이런 기분이 든 적은 없었습니다.' 꿈을 계속 좇는 사람이 적은 요즘, 그래도 도전을 한다는 것은 ③대단한 일이다. 괴로운 마음에 져서 안정을 택하고 마는 경우가 대부분일 것이다.

사람에게 도움이 되는 음악을 만들고 싶다. 그 마음을 잊지 않고 오늘도 다나카 씨는 아르바이트며 공부에 필사적으로 몰두하고 있다.

34 ①의기소침해져 버리는 경우도 있다고 하는데 그것은 어째서인가?

1 편의점에서의 아르바이트가 공부에 영향을 받기 때문에

2 아르바이트하면서 혼자서 생활해 나가는 것이 힘들기 때문에

3 일을 하며 안정적으로 살고 있는 사람을 보면 불안해지기 때문에

4 함께 꿈을 좇던 친구들이 취직해 버렸기 때문에

35 ②이런 기분이라고 하는데, 어떤 기분인가?

1 슬플 때에는 음악을 듣고 힘을 내고 싶다.

2 불안정한 생활이 괴롭기 때문에 안정적인 것을 선택하고 싶어진다.

3 아르바이트하고 있으면 슬퍼지지만, 그래도 꿈을 이루고 싶다.

4 만난 사람들에 대한 기분을 음악으로 표현하고 싶다.

36 ③대단한 일이라고 하는데 무엇이 대단한가?

1 사람에게 도움이 되는 음악을 계속해서 만드는 것

2 타인의 행동보다도 자신의 꿈을 믿는 것

3 아르바이트를 해도 안정된 생활을 포기하지 않는 것

4 괴로운 마음이 되지 않고 꿈을 계속 좇는 것

37 이 글의 주제로서 적당한 것은 어느 것인가?

1 현대의 편의점 사정

2 안정을 지향하는 젊은이들

3 외로운 인간관계와 음악의 역할

4 목표를 향한 도전

문제7 오른쪽 페이지는 '한국어 교실'의 안내이다. 이것을 읽고 아래의 질문에 답하세요. 답은 1·2·3·4에서 가장 적당한 것을 하나 고르세요. p.34

38 이 안내에 따르면 수업은 언제 진행되고 있는가?

1 매주 수요일과 금요일

2 매주 수요일과 금요일과 공휴일

3 매주 수요일과 금요일과 넷째 주 토요일

4 매주 수요일과 금요일 중 공휴일을 제외한 날

39 수업에 참가하기 위해서는 어떻게 하면 좋은가?

1 전화로 문의를 한다.

2 매월 1일에 공민관에 가서 신청한다.

3 넷째 주 토요일에 재료비 1,000엔을 가지고 공민관으로 간다.

4 면허증과 1,000엔을 가지고 그 달 첫 수업일에 간다.

◇◇ 한국어 교실의 안내 ◇◇

한국 드라마를 좋아하는 분, K-POP을 좋아하는 분, 부디 한국어를 공부해서 바로 듣고 이해할 수 있도록 합시다.
공민관(마을 회관)에서는 한국인 유학생인 김 씨를 선생님으로 모시고 쉬운 한국어부터 한국의 최신 정보까지 다양한 테마로 수업을 하고 있습니다.
인사나 회화문을 익히면 한국 여행을 할 때에도 반드시 도움이 될 것입니다.

- ●내용　　　　　한국인인 김 선생님이 한국어를 쉽게 알려 드립니다.

　　　　　　　　한국 드라마나 노래에서 바로 사용할 수 있는 회화문을 배우고 청취 연습을 합니다.

　　　　　　　　월 1회(넷째 주 토요일), 한국의 가정 요리를 함께 만듭니다.

　　　　　　　＊ 이번 달은 잡채입니다. 매운 요리가 아닙니다.

　　　　　　　　　수업과는 별도이므로 재료비만 당일에 걷습니다(1,000엔).

　　　　　　　　　참가는 강제(의무)가 아닙니다.

- ●수업일　　　　매주 수, 금요일(공휴일의 경우에도 수업을 진행합니다)

- ●수업 시간　　오후 2시~오후 3시

- ●장소　　　　　공민관 1층 제4 회의실

- ●교재비　　　　1,000엔

- ●참가 자격　　한국어 초보자~초급자(레벨 테스트는 없습니다)

　　　　　　　　회화 연습을 하므로 적극적으로 발언할 수 있는 사람

- ●신청 방법　　매월 첫 수업일에 직접 공민관에서 신청해 주세요.

　　　　　　　　신분을 증명할 수 있는 것(면허증, 보험증 등)과 교재비를 지참해 주세요.

　　　　　　　　선착순이며, 정원이 되는 대로 마감됩니다.

- ●정원　　　　　15명

- ●기타　　　　　공민관의 주차장은 넓지 않으므로 되도록 대중교통을 이용해 주세요.

　　　　　　　　버스 정류장 '공민관 앞'에서 내려서 바로 앞에 있는 건물이 공민관입니다.

3교시 청해

 ◀)1회 음성 듣기　　　　　　　　　　　　1회

문제1　문제1에서는 우선 질문을 들으세요. 그리고 이야기를 듣고 문제지의 1에서 4 중에서 가장 적당한 것을 하나 고르세요.

1번　◀) 1-01

デパートで、男の人が女の人に電話しています。男の人はこのあとどれを買いますか。

男　もしもし、着いたよ、掃除機売り場。あ、この辺だな、お掃除ロボット。

女　どんなのがある？

男　いろいろあるよ。丸いのとか、四角いのとか。

女　四角いの？

백화점에서 남자가 여자에게 전화하고 있습니다. 남자는 이다음 어느 것을 삽니까?

남　여보세요, 도착했어, 청소기 매장. 아, 이 근처인가, 로봇 청소기.

여　어떤 게 있어?

남　여러 가지 있어. 둥근 거라든가, 네모난 거라든가.

여　네모난 거?

男　うん。これ、ごみを吸うんじゃなくて、床をふいてくれるみたい。

女　ふうん。変わったのがあるのね。でも、ごみを吸う普通のお掃除ロボットでいいのよ。丸いのがあるでしょう？

男　あ、じゃあ、こういうのかな。厚いのと薄いのがあるけど、どうする？薄いほうがベッドの下に入れていいかな？

女　だめよ。薄いのは吸えるごみの量が少ないって、この間テレビでやってたもの。

男　そう？じゃあ、これか。

男の人はこのあとどれを買いますか。

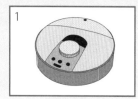

남　응. 이건 먼지를 빨아들이는 게 아니라, 바닥을 닦아 주는 것 같아.

여　흐음. 특이한 것이 있구나. 근데 먼지를 빨아들이는 일반 로봇 청소기면 돼. 둥근 게 있지?

남　아, 그럼, 이런 건가? 두꺼운 거와 얇은 게 있는데, 어떻게 할래? 얇은 편이 침대 밑에 들어가니까 좋을까?

여　안 돼. 얇은 건 빨아들일 수 있는 먼지 양이 적다고 전에 TV에서 그랬어.

남　그래? 그럼, 이건가.

남자는 이다음 어느 것을 삽니까?

2번 🔊 1-02

女の学生と男の学生が話しています。男の学生は先生の誕生日に何をしますか。

女　来週、先生の誕生日だけど、どうやってお祝いしようか。

男　そうだね。まず、ケーキを買わないとね。

女　それはもちろんだけど、それだけじゃね……。先生に喜んでもらえたらいいんだけど。

男　うーん。みんなで歌を歌うのはどうかな？

여학생과 남학생이 이야기하고 있습니다. 남학생은 선생님의 생일에 무엇을 합니까?

여　다음 주 선생님 생일인데 어떻게 축하해 드릴까?

남　글쎄. 우선 케이크를 사야지.

여　그건 물론이지만, 그것만으로는……. 선생님이 좋아해 주시면 좋겠는데.

남　음. 다 함께 노래를 부르는 건 어떨까?

女 一緒に練習する時間がないから、難しいんじゃない？あ、そういえば、田中君、ピアノひけるよね？

男 そんなに上手じゃないけど、一曲ぐらいならひけるよ。それでもいいなら。

女 じゃ、決まり！私はケーキと誕生日カードを用意するから、お願いね。

男 うん。わかった。

男の学生は先生の誕生日に何をしますか。

1 ケーキを買う

2 歌を歌う

3 ピアノをひく

4 メッセージカードを用意する

여 함께 연습할 시간이 없으니까 어렵지 않을까? 아, 그러고 보니 다나카 군 피아노 칠 수 있지?

남 그렇게 잘 치진 못하지만, 한 곡 정도라면 칠 수 있어. 그래도 좋다면.

여 그럼 그렇게 하자! 나는 케이크와 생일 카드를 준비할 테니까, 부탁할게.

남 응, 알겠어.

남학생은 선생님의 생일에 무엇을 합니까?

1 케이크를 산다

2 노래를 부른다

3 피아노를 친다

4 메시지 카드를 준비한다

3번 🔊 1-03

学校で、男の学生と事務の人が話しています。男の学生はいくら支払いますか。

男 すみません。就職活動に必要なので、成績証明書と卒業見込証明書が欲しいんですが……。いくらかかりますか。

女 成績証明書は1枚200円、卒業見込証明書は1枚300円です。何枚、必要ですか。

男 えっと、3枚ずつお願いします。

女 はい。

男 あと健康診断の証明書も1枚お願いします。

女 はい、そちらは1枚200円です。

男 はい。

男の学生はいくら支払いますか。

1 700円

2 1,500円

3 1,700円

4 2,100円

학교에서 남학생과 사무원이 이야기하고 있습니다. 남학생은 얼마를 지불합니까?

남 저기요. 취업 활동에 필요해서 성적 증명서와 졸업 예정 증명서를 받고 싶은데요……. 얼마가 들까요?

여 성적 증명서는 한 장에 200엔, 졸업 예정 증명서는 한 장에 300엔입니다. 몇 장 필요하십니까?

남 음, 세 장씩 부탁합니다.

여 네.

남 그리고 건강 진단 증명서도 한 장 부탁합니다.

여 네, 그건 한 장에 200엔입니다.

남 네.

남학생은 얼마를 지불합니까?

1 700엔

2 1,500엔

3 1,700엔

4 2,100엔

女の人と男の人が電話で話しています。男の人はこのあと何をしますか。

女 もしもし。あ、田中くん。山田です。今、電話だいじょうぶ？

男 うん、今出かけるところだけど、ちょっとの間ならいいよ。何かあった？

女 この間借りた本、みんな読んだから返したいんだけど、いつごろ持っていけばいいか聞こうと思って。

男 ああ、でも明日からしばらく旅行に行くし、帰ってからまた連絡するよ。

女 できるだけ早く返したいんだけど、今日の夜は時間ない？

男 ごめん。今夜はスーツケースを借りに、友だちのところに行かなくちゃならないんだ。無理しなくても、返すのはいつでもいいよ。

女 前に言ってたゲーム機もわたしたいし…。住所教えてくれない？宅急便で送るから。弟さんが家にいるんでしょ。

男 わかった。今、メールで送るよ。今度会ったらそのゲーム機で、いっしょに遊ぼうか。旅行のお土産も渡したいから。

女 ありがとう！じゃ、気をつけてね。

男の人はこのあと何をしますか。
1 旅行に行く
2 スーツケースを借りに行く
3 宅急便を送る
4 メールで住所を送る

여자와 남자가 전화로 이야기하고 있습니다. 남자는 이다음 무엇을 합니까?

여 여보세요. 아, 다나카 군. 야마다예요. 지금 전화 괜찮아?

남 응, 지금 나가려던 참인데 잠깐이라면 괜찮아. 무슨 일 있어?

여 지난번에 빌린 책 다들 읽어서 돌려주고 싶은데, 언제쯤 가지고 가면 될지 물어보려고.

남 아, 근데 내일부터 당분간 여행 갈거고, 돌아와서 다시 연락할게.

여 가능한 한 빨리 돌려주고 싶은데, 오늘 밤은 시간 없어?

남 미안해. 오늘 밤은 캐리어를 빌리러 친구한테 가야 해. 무리하지 않아도 돼. 돌려주는 건 언제든지 괜찮아.

여 전에 말했던 게임기도 전해주고 싶어서…. 주소 알려주지 않을래? 택배로 보낼테니까. 남동생이 집에 있잖아.

남 알겠어. 지금 문자로 보낼게. 다음에 만나면 그 게임기로 같이 놀까? 여행 기념품도 전해 주고 싶으니까.

여 고마워! 그러면 조심히 다녀와.

남자는 이다음 무엇을 합니까?
1 여행을 간다
2 캐리어를 빌리러 간다
3 택배를 보낸다
4 문자로 주소를 보낸다

5번 🔊 1-05

お店で、女の人と母親がドレスを選んでいます。女の人はどのドレスを買いますか。

女1 お母さん、由美ちゃんの結婚式に着ていくドレス、どれがいいかな。

女2 このピンクの、かわいらしくていいんじゃない？

女1 私もいいと思ったんだけど、値段が高いからなぁ。この青いのは？

女2 これは背中のところがあいてて、結婚式にはよくないわよ。

女1 そうか。あんまり肌を見せるのはよくないよね。

女2 このむらさきのは、色もデザインも落ち着いてていいんじゃない？

女1 これは、おばさんぽいよー。この黄色のもかわいくていいんだけど、やっぱりピンクがいいなあ。

女2 わかったわ。お母さんが買ってあげるから、これにしなさい。

女1 本当？ありがとう。

女の人はどのドレスを買いますか。

1 ピンクのドレス
2 青のドレス
3 むらさきのドレス
4 きいろのドレス

가게에서 여자와 어머니가 드레스를 고르고 있습니다. 여자는 어느 드레스를 삽니까?

여1 엄마, 유미 결혼식에 입고 갈 드레스, 어떤 게 좋을까?

여2 이 핑크색, 귀엽고 좋지 않아?

여1 나도 괜찮다고 생각했는데, 가격이 비싸서 말이지. 이 파란색은?

여2 이건 등 부분이 파여서 결혼식에는 좋지 않아.

여1 그렇구나. 별로 피부를 보이는 건 좋지 않겠지.

여2 이 보라색은 색상도 디자인도 차분해서 괜찮지 않아?

여1 이건 아줌마 같아. 이 노란색도 귀여워서 좋은데, 역시 핑크색이 좋아.

여2 알았어. 엄마가 사 줄테니까, 이걸로 해.

여1 정말? 고마워.

여자는 어느 드레스를 삽니까?

1 핑크색 드레스
2 파란색 드레스
3 보라색 드레스
4 노란색 드레스

6번 🔊 1-06

旅行会社で、男の人と女の人が話しています。女の人はこのあと何を送らなければなりませんか。

男 いらっしゃいませ。

女 すみません。友だちとハワイに旅行に行こうと思ってて、このツアーでお願いしたいんですけど。これ、申込書、書いてきました。

여행사에서 남자와 여자가 이야기하고 있습니다. 여자는 이다음 무엇을 보내야 합니까?

남 어서 오세요.

여 저기요. 친구들과 하와이로 여행을 가려고 해서, 이 투어로 부탁드리고 싶은데요. 여기 신청서, 써 왔습니다.

男　ありがとうございます。お日にちは、8月5日からですね。

女　はい。あの、パスポート、私のは持ってきたんですけど、友だちのは持ってきてなくて……。申し込みは大丈夫ですか。

男　はい。大丈夫ですよ。では、お客様のパスポートはこちらでコピーをとらせていただきますので、お友だちのパスポートはお客様のほうでコピーをお取りいただいて、郵送でお送りいただけますか。

女　わかりました。

男　では、ちょっとお預かりします。

女　はい。

女の人はこのあと何を送らなければなりませんか。

1　自分のパスポート

2　自分のパスポートのコピー

3　友だちのパスポート

4　友だちのパスポートのコピー

남　감사합니다. 날짜는 8월 5일부터군요.

여　네. 저기, 여권 제 것은 가지고 왔는데, 친구 것은 가지고 오지 않아서…… 신청은 괜찮을까요?

남　네. 괜찮습니다. 그럼 고객님 여권은 이쪽에서 복사를 할테니, 친구 분의 여권은 고객님 쪽에서 복사를 해서 우편으로 보내 주시겠습니까?

여　알겠습니다.

남　그럼, 잠시 맡겠습니다.

여　네.

여자는 이다음 무엇을 보내야 합니까?

1　자신의 여권

2　자신의 여권 사본

3　친구의 여권

4　친구의 여권 사본

문제2　문제2에서는 우선 질문을 들으세요. 그다음 문제지를 보세요. 읽을 시간이 있습니다. 그리고 이야기를 듣고 문제지의 1에서 4 중에서 가장 적당한 것을 하나 고르세요.

1번 🔊 1-07

会社で、女の人と男の人が話しています。男の人はどうして今日早く帰りますか。

女　あれ？もう帰られるんですか。今日は早いですね。

男　ええ、娘が家で待ってるんですよ。

女　今日は娘さんの誕生日かなにかですか。

男　いえ、今日は妻の帰りが遅いんです。娘が一人で家にいるのはかわいそうなので。

女　じゃ、食事も作られるんですか。

회사에서 여자와 남자가 이야기하고 있습니다. 남자는 어째서 오늘 빨리 돌아갑니까?

여　어머? 벌써 돌아가세요? 오늘은 빠르네요.

남　네, 딸이 집에서 기다리고 있어요.

여　오늘은 따님의 생일이나 그런 건가요?

남　아니요. 오늘은 아내의 귀가가 늦습니다. 딸이 혼자서 집에 있는 건 불쌍해서요.

여　그럼, 식사도 만드세요?

男 いや、食事は妻が作ってくれたのがあるから、僕は……。

女 そうですか。でも、とても優しいお父さんですね。

男の人はどうして今日早く帰りますか。

1 むすめが家で待っているから

2 むすめのたんじょうびだから

3 つまが早く帰ってくるから

4 食事を作らなければならないから

남 아니요, 식사는 아내가 만들어 준 것이 있어서, 저는…….

여 그러세요? 그래도 정말 자상한 아버지시네요.

남자는 어째서 오늘 빨리 돌아갑니까?

1 딸이 집에서 기다리고 있기 때문에

2 딸의 생일이기 때문에

3 아내가 빨리 돌아오기 때문에

4 식사를 만들어야 하기 때문에

2번 ◀)) 1-08

留守番電話のメッセージを聞いています。授業が休みになったのはなぜですか。

女 もしもし、田中さん？今日のゼミだけど、やっぱり休講だって。さっき先生から連絡が来たの。台風はもう通りすぎたから天気は回復すると思うんだけど、まだ止まってる電車があって、学生が半分近く来られないんだって。あ、そうだ。田中さん、バイク通学だったよね。多摩川の橋がこわれて渋滞が起きてるって、さっきニュースでやってたから、明日来るとき気をつけてね。じゃ、またね。

授業が休みになったのはなぜですか。

1 電車が止まって、先生が来られないから

2 電車が止まって、来られない学生がいるから

3 台風で、これから天気が悪くなるから

4 台風で、はしがこわれてしまったから

부재중 전화의 메시지를 듣고 있습니다. 수업이 휴강이 된 것은 어째서입니까?

여 여보세요, 다나카 씨? 오늘 세미나 말인데, 역시나 휴강이래. 아까 선생님한테 연락이 왔어. 태풍은 이제 지나갔으니까 날씨는 회복되겠지만, 아직 멈춰 있는 전철이 있어서, 학생이 반 가까이 못 온대. 아, 맞다. 다나카 씨, 오토바이 통학이었지? 다마가와 다리가 부서져서 정체가 발생하고 있다고, 아까 뉴스에서 말했으니까, 내일 올 때 조심해. 그럼 또 보자.

수업이 휴강이 된 것은 어째서입니까?

1 전철이 멈춰서, 선생님이 못 오니까

2 전철이 멈춰서, 못 오는 학생이 있으니까

3 태풍으로 이제부터 날씨가 나빠지니까

4 태풍으로 다리가 부서져 버려서

女の人と男の人がパソコンについて話しています。男の人が新しいパソコンを買った一番の理由は何ですか。

女 あれ？森さんってパソコンなんて持ってましたっけ。

男 ああ、これ？最近買ったんですよ。いいでしょう？

女 ええ。小さくて軽そうで、いいですね。

男 大きさもちょうどいいし、重さもそれほど気にならないんですよ。

女 へえ。色も素敵ですね。あんまりないですよね、そういう色のパソコンって。

男 ええ。これ日本でのみ、発売なんだそうです。

女 そうなんですか。でも、高かったんじゃないですか。

男 それが、Wi-Fiの契約をすると100円で買えるんです。実はこの値段につられちゃったんですよね。インターネットの速度が速いっていうのも便利ですし。

女 そうですか。

男の人が新しいパソコンを買った一番の理由は何ですか。

1 小さくてかるいから

2 めずらしい色だから

3 安かったから

4 インターネットが速いから

여자와 남자가 컴퓨터에 대해 이야기하고 있습니다. 남자가 새 컴퓨터를 산 가장 큰 이유는 무엇입니까?

여 어? 모리 씨, 컴퓨터 같은 거 가지고 있었나요?

남 아, 이거요? 최근에 샀어요. 좋죠?

여 네. 작고 가벼워 보이고, 좋네요.

남 크기도 딱 좋고, 무게도 별로 신경 쓰이지 않아요.

여 호오, 색깔도 멋지네요. 별로 없죠, 이런 색의 컴퓨터는.

남 네, 이건 일본에서만 발매한다고 합니다.

여 그래요? 근데 비싸지 않았어요?

남 그게, Wi-Fi 계약을 하면 100엔으로 살 수 있어요. 실은 이 가격에 낚였어요. 인터넷 속도가 빠르다는 것도 편리하고요.

여 그렇군요.

남자가 새 컴퓨터를 산 가장 큰 이유는 무엇입니까?

1 작고 가벼워서

2 보기 드문 색이어서

3 저렴해서

4 인터넷이 빨라서

学校で、男の学生と女の学生が話しています。男の学生は店に何を取りに行きますか。

男 おはよう。

女 あ、先輩。おはようございます。昨日はどうも。

학교에서 남학생과 여학생이 이야기하고 있습니다. 남학생은 가게에 무엇을 가지러 갑니까?

남 안녕.

여 아, 선배. 안녕하세요. 어제는 수고하셨어요.

男 うん、昨日はお疲れさま。みんな結構飲んでたよね。

女 そうですね。そういえば先輩、お店に忘れ物したって聞きましたけど。

男 ああ、それね。店を出て駅に行く途中で、ジャケットとパソコンを忘れたことに気がついてさ、すぐ戻ったんだよ。で、店に着いて、ジャケットとパソコンを見つけて「ああ、良かった」と思って家に帰ったんだけど、今度は手に持ってたはずの封筒がないんだよ。

女 えっ、まさか……。

男 そう、そのまさかでさ。店には確認したからあとで取りに行くんだけどね。まったく、この間もそのお店に財布を置いてきちゃってさ。もう、すっかりお店の人に顔をおぼえられちゃったよ。

男の学生は店に何を取りに行きますか。

1 ジャケット

2 パソコン

3 ふうとう

4 さいふ

남 응, 어제는 수고했어. 모두 꽤 마셨었지.

여 네. 그러고 보니 선배님, 가게에 물건을 두고 왔다고 들었는데요?

남 아, 그게. 가게를 나와서 역으로 가는 도중에 재킷이랑 노트북(컴퓨터)을 두고 온 걸 눈치채서, 바로 돌아갔어. 그래서 가게에 도착해서 재킷과 노트북을 발견하고 '아, 다행이다' 하고 집에 돌아갔는데, 이번에는 손에 들고 있었던 봉투가 없는 거야.

여 헉, 설마…….

남 그래, 그 설마야. 가게에는 확인했으니까 나중에 가지러 갈 건데. 정말이지, 얼마 전에도 그 가게에 지갑을 두고 왔었거든. 완전히 가게 사람에게 얼굴 팔렸어.

남학생은 가게에 무엇을 가지러 갑니까?

1 재킷

2 노트북

3 봉투

4 지갑

5번 🔊 1-11

男の人と女の人が話しています。女の人はどうして仕事を辞めましたか。

男 仕事、辞めたんだって？

女 うん、先週辞めたんだ。

男 どうして？給料が安かったとか？

女 いや、ちゃんとボーナスも出るし、お金には問題なかったんだけどね。

男 じゃ、人間関係のストレス？

女 部長も同僚もいい人たちで、楽しかったわよ。

男 じゃ、辞めることないじゃないか。

남자와 여자가 이야기하고 있습니다. 여자는 어째서 일을 그만두었습니까?

남 일, 그만뒀다고?

여 응, 지난주에 그만뒀어.

남 왜? 급료가 적었어?

여 아니, 제대로 보너스도 나오고 돈에는 문제가 없었는데.

남 그럼, 인간관계 스트레스?

여 부장님도 동료도 좋은 사람들이라 즐거웠어.

남 그럼, 그만둘 필요 없잖아.

女　そうなんだけど、やりたい仕事を見つけて、そっちをしたくなっちゃって。

男　そうか。じゃ、そっちでもいい人たちに出会えればいいね。

女の人はどうして仕事を辞めましたか。

1　きゅうりょうが安かったから

2　ストレスがあったから

3　仕事が楽しくなかったから

4　やりたい仕事を見つけたから

여　그렇긴 한데, 하고 싶은 일을 찾아서, 그쪽을 하고 싶어져 버렸거든.

남　그렇구나. 그럼, 그쪽에서도 좋은 사람들을 만날 수 있으면 좋겠네.

여자는 어째서 일을 그만두었습니까?

1　월급이 적었기 때문에

2　스트레스가 있었기 때문에

3　일이 즐겁지 않았기 때문에

4　하고 싶은 일을 찾았기 때문에

6번 🔊 1-12

女の人と男の人が話しています。女の人がダンスを習うことにしたのはなぜですか。

女　私、最近ダンス教室に通いはじめたの。

男　へぇー。いいね。ダイエット？

女　ちょっと、どういう意味よ！私、そんなに太ってないでしょ？

男　ごめんごめん、冗談だよ。でも、この間、「体重が増えた」って気にしてたから、それでかなと思って。

女　別にそういう理由じゃないんだけど。ほら私、最近バンドでドラムをやり始めたでしょ。でも、なんかリズム感があんまり良くない気がして。ダンスをやれば、リズム感が身につくかなと思って。

男　ふうん。

女　うちのダンス教室、いろんな国の人がいて、教室の中だけで国際交流ができるって感じなの。すごく楽しいわよ。

男　国際交流ができて、リズム感が身について、さらに体も動かせるって、いいね。

女　でしょ？

여자와 남자가 이야기하고 있습니다. 여자가 댄스를 배우기로 한 것은 어째서입니까?

여　나, 최근에 댄스 교실에 다니기 시작했어.

남　호오, 좋네. 다이어트?

여　잠깐, 무슨 뜻이야! 나 그렇게 뚱뚱하지 않잖아.

남　미안 미안, 농담이야. 근데 지난번에 '체중이 늘었다'고 신경 쓰고 있었으니까, 그것 때문인가 했지.

여　딱히 그런 이유는 아닌데. 왜, 나 최근에 밴드에서 드럼을 치기 시작했잖아. 근데 뭔가 리듬감이 별로 좋지 않은 것 같아서. 춤을 추면 리듬감이 몸에 밸까 싶어서.

남　흐음.

여　우리 댄스 교실, 여러 나라 사람이 있어서 교실 안에서 국제 교류를 할 수 있다는 느낌이야. 너무 재밌어.

남　국제 교류를 할 수 있고, 리듬감도 몸에 익히고, 게다가 몸도 움직인다니, 좋네.

여　그렇지?

女の人がダンスを習うことにしたのはなぜですか。

1 ダイエットをしたいから

2 リズム感をみにつけたいから

3 こくさいこうりゅうをしたいから

4 体を動かしたいから

여자가 댄스를 배우기로 한 것은 어째서입니까?

1 다이어트를 하고 싶어서

2 리듬감을 익히고 싶어서

3 국제 교류를 하고 싶어서

4 몸을 움직이고 싶어서

문제3 문제3에서는 문제지에 아무것도 인쇄되어 있지 않습니다. 이 문제는 전체적으로 어떤 내용인지를 묻는 문제입니다. 이야기 전에 질문은 없습니다. 우선 이야기를 들으세요. 그리고 질문과 선택지를 듣고 1에서 4 중에서 가장 적당한 것을 하나 고르세요.

1번 🔊 1-13

デパートでアナウンスを聞いています。

女 お客様にご案内申し上げます。当店では本日より30日まで、3階、婦人服売り場にて春の大感謝セールを行っております。ブランドスーツやスカートなどが30％から50％の割引となっております。また、水川デパートカードをお持ちの方は、さらに5％割引となります。本日カードにご入会いただいた方でも割引となりますので、この機会にどうぞお申し込みください。

何についてのアナウンスですか。

1 営業日のお知らせ

2 婦人服売り場の説明

3 割引セールの案内

4 カードの入会方法

백화점에서 안내 방송을 듣고 있습니다.

여 고객님께 안내 말씀 드립니다. 저희 매장에서는 오늘부터 30일까지, 3층 여성복 매장에서 봄맞이 대 감사 세일을 진행하고 있습니다. 브랜드 정장이나 스커트 등이 30%에서 50% 할인이 됩니다. 또한 미즈카와 백화점 카드를 소지하신 분은 5% 추가 할인이 됩니다. 오늘 카드 가입하신 분이라도 할인이 되므로, 이 기회에 아무쪼록 신청해 주십시오.

무엇에 대한 안내 방송입니까?

1 영업일 공지

2 여성복 매장의 설명

3 할인 세일 안내

4 카드 가입 방법

2번 🔊 1-14

女の学生と男の学生が話しています。

女 もうすぐお正月だねー。キムさんは国に帰るの？

男 帰るよ。まぁ、冬休みだしね。親が帰って来いって言うし。

여학생과 남학생이 이야기하고 있습니다.

여 이제 곧 정월이네. 김 씨는 고향에 돌아가?

남 돌아가지. 뭐, 겨울 방학이기도 하고. 부모님이 오라고 하고.

女 あれ？なんかあんまりうれしそうじゃないね。

男 うーん。だってさ、お正月って、みんな旅行に行くだろ。飛行機のチケットが高いんだよね。

女 あー、倍くらいになるよね。

男 そうそう。

女 私も、お正月とか大きな休みに帰るのは、あんまり好きじゃないんだよね。人が多いのがどうも苦手で。

男 ふうん。

男の学生はお正月に国に帰ることについてどう思っていますか。

1 大きな休みなので、帰りたい
2 家族が待っているので、帰りたい
3 お金がかかるので、あまり帰りたくない
4 人が多いので、あまり帰りたくない

여 어? 왠지 별로 기뻐 보이지 않네.

남 음. 그야, 정월에는 다들 여행을 가잖아. 비행기 표가 비싸단 말이야.

여 아, 두 배 정도 되지.

남 맞아 맞아.

여 나도 정월이나 큰 휴가철에 돌아가는 건 별로 좋아하지 않아. 사람이 많은 것이 아무래도 거북해서.

남 흐음.

남학생은 정월에 고향으로 돌아가는 것에 대해 어떻게 생각하고 있습니까?

1 큰 휴가철이라서, 돌아가고 싶다
2 가족이 기다리고 있어서, 돌아가고 싶다
3 돈이 드니까 그다지 돌아가고 싶지 않다
4 사람이 많아서 그다지 돌아가고 싶지 않다

3번 🔊 1-15

女の人が男の人に国際交流会の感想を聞いています。

女 この前の国際交流会、どうだった？

男 いろんな国の人が来てて、にぎやかだったよ。田中さんも来ればよかったのに。

女 私、英語ができないから外国の人とは話せないと思って、行かなかったんだ。

男 そうだったんだ。でも、みんな日本語が上手だったから、たくさん話せて楽しかったよ。

女 そうだったの。外国の料理は口に合った？

男 ああ、口に合わないかと思って心配してたんだけど、おいしかったよ。今度は一緒に行こうよ。

女 そうね。そうするわ。

여자가 남자에게 국제 교류회의 감상을 묻고 있습니다.

여 지난번 국제 교류회, 어땠어?

남 다양한 나라 사람이 와서 떠들썩했어. 다나카 씨도 오면 좋았을 텐데.

여 나는 영어를 못해서 외국 사람과는 이야기할 수 없다고 생각해서 가지 않았어.

남 그랬구나. 근데 다들 일본어를 잘했기 때문에, 많은 이야기를 할 수 있어서 즐거웠어.

여 그랬구나. 외국 음식은 입에 맞았어?

남 아, 입에 안 맞을 거라고 생각해서 걱정했었는데, 맛있었어. 다음에 함께 가자.

여 그래. 그렇게 할게.

男の人は国際交流会についてどう思っていますか。

1 いろいろなの国の人がいて、うるさかった

2 英語で話せなくて、つまらなかった

3 外国の人と話ができて、楽しかった

4 料理が口に合わなくて、楽しくなかった

남자는 국제 교류회에 대해 어떻게 생각하고 있습니까?

1 다양한 나라 사람이 있어서, 시끄러웠다

2 영어로 이야기를 못해서, 따분했다

3 외국 사람과 이야기를 할 수 있어서 즐거웠다

4 요리가 입에 맞지 않아서 즐겁지 않았다

문제4 문제4에서는 그림을 보면서 질문을 들으세요. 화살표(➡)의 사람은 뭐라고 말합니까? 1에서 3 중에서 가장 적당한 것을 하나 고르세요.

1번 🔊 1-16

女 友だちが遊びに来たので、飲み物をすすめます。
何と言いますか。

男 1 何か飲んでもいいよ。

2 何かいれてくれる？

3 コーヒーでもいれようか。

여 친구가 놀러 와서 음료수를 권합니다. 뭐라고 말합니까?

남 1 뭔가 마셔도 좋아.

2 뭔가 타 줄래?

3 커피라도 탈까?

2번 🔊 1-17

女 空いているパソコンを使いたいです。何と言いますか。

女 1 これ、使ってもいいですか。

2 これ、使ってくれませんか。

3 これ、使ってみませんか。

여 비어 있는 컴퓨터를 사용하고 싶습니다. 뭐라고 말합니까?

여 1 이거 사용해도 될까요?

2 이거 사용해 주시지 않을래요?

3 이거 사용해 보지 않을래요?

3번 🔊 1-18

女 国<small>くに</small>に帰<small>かえ</small>るので、ホストファミリーと別<small>わか</small>れます。何<small>なん</small>と言<small>い</small>いますか。

男 1 お先<small>さき</small>に失礼<small>しつれい</small>します。

　　2 おじゃましました。

　　3 お世話<small>せわ</small>になりました。

여 고향에 돌아가기 때문에, 호스트 패밀리와(홈스테이 가정과) 헤어집니다. 뭐라고 말합니까?

남 1 먼저 들어갈게요.

　　2 실례했습니다.

　　3 신세 많이 졌습니다.

4번 🔊 1-19

女 風邪<small>かぜ</small>を引<small>ひ</small>いたので会社<small>かいしゃ</small>を休<small>やす</small>みたいです。何<small>なん</small>と言<small>い</small>いますか。

女 1 今日<small>きょう</small>は休<small>やす</small>んでいただきたいんですが……。

　　2 今日<small>きょう</small>は休<small>やす</small>ませていただきたいんですが……。

　　3 今日<small>きょう</small>は休<small>やす</small>みにはならないんですが……。

여 감기에 걸렸기 때문에 회사를 쉬고 싶습니다. 뭐라고 말합니까?

여 1 오늘은 쉬셨으면 하는데요…….

　　2 오늘은 쉬었으면 하는데요…….

　　3 오늘은 휴일이 되지 않습니다만…….

문제5 문제5에서는 문제지에 아무것도 인쇄되어 있지 않습니다. 우선 문장을 들으세요. 그리고 그 답을 듣고 1에서 3 중에서 가장 적당한 것을 하나 고르세요.

1번 🔊 1-20

女 いらっしゃいませ。何かお探しですか。

男 1 いいえ。見つかりました。

　　2 はい。大丈夫です。

　　3 ええと、これの青はありますか。

여 어서 오세요. 뭔가 찾으십니까?

남 1 아니요. 찾았습니다.

　　2 네. 괜찮습니다.

　　3 저, 이걸로 파란색은 있습니까?

2번 🔊 1-21

男 今日のプレゼン、よかったよ。ご苦労様。

女 1 いいえ、大丈夫です。

　　2 ありがとうございます。

　　3 そうですね。よかったですね。

남 오늘 프레젠테이션, 좋았어. 수고했어.

여 1 아니요, 괜찮습니다.

　　2 감사합니다.

　　3 그렇네요. 다행입니다.

3번 🔊 1-22

女 さっき病院に行ったんだけど、やってなかったの。

男 1 ああ、毎週木曜はお休みだよ。

　　2 ああ、昨日行ったみたいだよ。

　　3 え？僕はやってないけど。

여 아까 병원에 갔었는데 문 닫았었어.

남 1 아, 매주 목요일은 휴일이야.

　　2 아, 어제 갔던 것 같아.

　　3 어? 나는 안 했는데.

4번 🔊 1-23

男 お先に失礼します。

女 1 どうぞお入りください。

　　2 本当に失礼ですね。

　　3 お疲れさまでした。

남 먼저 실례하겠습니다.

여 1 네, 들어오세요.

　　2 정말 실례군요.

　　3 수고하셨습니다.

5번 🔊 1-24

女 あ、これ、お土産。よかったらどうぞ。

男 1 助かったよ。ありがとう。

2 うん。本当よかったよ。

3 いいの？いただきます。

여 아, 이거, 선물이야. 괜찮다면 받아 줘.

남 1 살았어. 고마워.

2 응. 정말 다행이야.

3 괜찮아? 잘 먹을게.

6번 🔊 1-25

男 悪いんだけど、お茶をいれて、会議室に持ってってくれる？

女 1 いえ、課長は悪くありません。

2 わかりました。何人分でしょうか。

3 あ、はい。私持ってます。

남 미안한데, 차를 타서 회의실에 갖다 줄래?

여 1 아니요, 과장님은 나쁘지 않습니다.

2 알겠습니다. 몇 분(몇 인분)입니까?

3 아, 네. 제가 가지고 있습니다.

7번 🔊 1-26

女 ご注文はお決まりですか。

男 1 はい。決まりませんでした。

2 ええと、コーヒーをください。

3 いいえ、結構です。

여 주문은 결정하셨습니까?

남 1 네. 결정되지 않았습니다.

2 음, 커피를 주세요.

3 아니요, 괜찮습니다.

8번 🔊 1-27

男 あ、ごめん。ちょっとこれ持ってて。

女 1 うわ。何これ。おもーい。

2 どこに持って行けばいいの？

3 わかった。待ってるね。

남 아, 미안. 잠깐 이거 들고 있어.

여 1 우와. 뭐야 이거. 무거워.

2 어디로 가져가면 돼?

3 알았어. 기다릴게.

女 あ、佐藤さん。先日はどうも。

男 1 いえいえ、こちらこそ。

　　2 はいはい、どうぞ。

　　3 これはこれは、すみません。

여 아, 사토 씨. 지난번엔 고마웠어요.

남 1 아니에요, 저야말로.

　　2 네네, 여기요.

　　3 이것 참, 죄송합니다.

● 1교시 **언어지식**(문자 어휘)

問題1 [1] 3 [2] 4 [3] 2 [4] 1 [5] 2 [6] 1 [7] 2 [8] 2

問題2 [9] 3 [10] 1 [11] 4 [12] 1 [13] 2 [14] 4

問題3 [15] 1 [16] 2 [17] 3 [18] 2 [19] 2 [20] 1 [21] 3 [22] 4 [23] 2 [24] 3 [25] 2

問題4 [26] 4 [27] 2 [28] 1 [29] 4 [30] 1

問題5 [31] 2 [32] 4 [33] 2 [34] 1 [35] 3

● 2교시 **언어지식**(문법) · **독해**

問題1 [1] 4 [2] 2 [3] 2 [4] 1 [5] 3 [6] 4 [7] 1 [8] 4 [9] 2 [10] 3
[11] 1 [12] 4 [13] 3

問題2 [14] 3 [15] 1 [16] 2 [17] 4 [18] 3

問題3 [19] 2 [20] 4 [21] 2 [22] 1 [23] 3

問題4 [24] 2 [25] 4 [26] 4 [27] 2

問題5 [28] 1 [29] 3 [30] 4 [31] 2 [32] 3 [33] 4

問題6 [34] 4 [35] 1 [36] 1 [37] 3

問題7 [38] 2 [39] 2

● 3교시 **청해**

問題1 [1] 4 [2] 3 [3] 4 [4] 3 [5] 4 [6] 2

問題2 [1] 4 [2] 4 [3] 4 [4] 3 [5] 3 [6] 3

問題3 [1] 1 [2] 3 [3] 3

問題4 [1] 3 [2] 2 [3] 2 [4] 2

問題5 [1] 2 [2] 3 [3] 2 [4] 3 [5] 2 [6] 1 [7] 1 [8] 1 [9] 3

문제1 _____의 단어의 읽는 법으로 가장 적당한 것을 1·2·3·4에서 하나 고르세요. p.51

1 **3** 면접을 보는데 그런 차림은 좋지 않다고 생각한다.

2 **4** 그의 집은 교과서도 살 수 없을 만큼 가난하다.

3 **2** 반년 지나고 겨우 이 일에 익숙해졌습니다.

4 **1** 어린이는 콘서트장에는 입장할 수 없습니다.

5 **2** 이 스포츠 센터에서는 자유롭게 운동을 할 수 있어서 편리하다.

6 **1** 벚꽃이 피는 것은 아직 먼 것 같다.

7 **2** 자동차 운전 면허를 따기 위해서 자동차 학원에 다니고 있다.

8 **2** 그녀는 우수한 성적으로 대학을 졸업했습니다.

문제2 _____의 단어를 한자로 쓸 때 가장 적당한 것을 1·2·3·4에서 하나 고르세요. p.52

9 **3** 저 사람은 대회에서 1위, 2위를 다투는 마라톤 선수이다.

10 **1** 어릴 적에 저 공원으로 자주 소풍을 갔다.

11 **4** 누군가에게 카드를 부정하게 사용당해서 난처합니다.

12 **1** 그녀와는 공통점이 많아서 이야기가 잘 맞습니다.

13 **2** 가파른 언덕을 자전거로 내려가는 것은 위험하다.

14 **4** 아버지는 이 마을의 관공서에서 일하고 있습니다.

문제3 ( )에 넣기에 가장 적당한 것을 1·2·3·4에서 하나 고르세요. p.53

15 **1** 이 젤리는 (냉동)하고 나서 먹으면 맛있다.

16 **2** 손님이 오지 않는 날은 할 일이 없어서, 매우 (지루하)다.

17 **3** 여기는 (페인트)를 바른 지 얼마 안 됐으니 만지지 마세요.

18 **2** 어제는 피곤해서 (푹) 잤다.

19 **2** 아기가 깨지 않도록 (살며시) 문을 닫았다.

20 **1** 행사장에 가는 도중, 길을 (잃어서) 지각하고 말았다.

21 **3** 9월까지 (공사)를 하기 때문에 교실을 사용할 수 없습니다.

22 **4** 비 오는 날은 (습기)로 빨래가 마르지 않는다.

23 **2** 잠을 (깨기) 위해 차가운 물로 얼굴을 씻습니다.

24　3　셔츠를 (개서) 옷장 안에 넣어 두었다.

25　2　의사의 (입장)에서 말하자면 담배는 몸에 좋지 않다.

문제4　_____과 의미가 가장 가까운 것을 1·2·3·4에서 하나 고르세요.　p.55

26　4　그는 일을 하는 것이 <u>더디다</u>.≒ 느리다

27　2　이 공식을 <u>사용해서</u> 문제를 푸시오.≒ 써서

28　1　화장실에 들어간 후, 손을 씻는 것은 <u>에티켓</u>이다.≒ 예의

29　4　회사가 <u>이전</u>하게 되었다.≒ 이사

30　1　따뜻해지면, 다양한 생물이 <u>나타난다</u>.≒ 나온다

문제5　다음 단어의 사용법으로 가장 적당한 것을 1·2·3·4에서 하나 고르세요.　p.56

31　(책임지고) 맡다
　　1　큰비가 내리기 시작해서, 집에 <u>맡았다</u>.　➡　引き返した　되돌아갔다
　　2　다음 달부터 새로운 일을 맡게 되었다.
　　3　돌아가려고 하고 있던 학생을 <u>맡았다</u>.　➡　引き止めた　(가지 못하게) 붙잡았다, 만류했다
　　4　그녀가 가지고 있는 능력을 <u>맡을</u> 작정이다.　➡　引き出す　끄집어낼, 이끌어 낼

32　섞다
　　1　자고 있는 아기에게 이불을 <u>섞어</u> 둬 주세요.　➡　かけて　덮어
　　2　다 함께 힘을 <u>섞어서</u> 이 일을 끝낼 수 있었다.　➡　合わせて　합하여
　　3　눈 안에 먼지가 <u>섞여서</u> 눈을 뜰 수가 없다.　➡　入って　들어가서
　　4　아직 일본어가 능숙하지 않은 안 씨는 영어를 <u>섞어서</u> 말한다.

33　고분고분함, 순진함, 솔직함, 순순함
　　1　그녀는 항상 아무 말도 하지 않고, <u>고분고분</u>하여 곤란하다.　➡　無口　과묵, 말이 없음
　　2　우리 딸은 <u>고분고분</u>하고 상냥하다.
　　3　해결될지 걱정이었지만 <u>고분고분</u>히 해결되었다.　➡　無事　무사
　　4　신경 쓰이는 일이 있어서 오늘은 마음이 <u>고분고분</u>하지 않다.　➡　平穏　평온

34　장래
　　1　다나카 씨의 <u>장래</u>의 꿈에 대해 질문했다.
　　2　틀리지 않도록 <u>장래</u> 주의하겠습니다.　➡　今後　향후, 앞으로
　　3　내일부터 열심히 할 테니 <u>장래</u> 잘 부탁합니다.　➡　これから　앞으로
　　4　스케줄을 조정할 테니 <u>장래</u>의 예정을 알려 주시겠습니까?　➡　今後　향후, 앞으로

35　무심코, 엉겁결에
　　1　<u>무심코</u> 차가 나와서 위험할 뻔했다.　➡　急に　갑자기
　　2　<u>무심코</u> 숙제를 잊어서, 선생님께 혼났다.　➡　うっかり　깜빡하고
　　3　그가 이상한 표정을 지어서 <u>무심코</u> 웃어 버렸다.

4 거기 있던 학생이 <u>무심코</u> 없어져 있었다.　➡　いつの<ruby>間<rt>ま</rt></ruby>にか　어느새인가

문제1　다음 문장의 (　　　)에 넣기에 가장 적당한 것을 1·2·3·4에서 하나 고르세요.　p.58

1　**4** 이 컴퓨터 교실은 연령(을 불문하고) 누구나 참가할 수 있습니다.

2　**2** A 국제 상사의 스즈키입니다만, 다나카 부장님 계십니까?

　　B 네, 잠시만 (기다려) 주세요.

3　**2** 그는 잘 (모르는) 주제에 알고 있는 것처럼 말한다.

4　**1** 언제나 함께 있(는 걸로 보아) 두 사람은 사귀고 있는 것 같다.

5　**3** 형은 가족의 반대(도) 개의치 않고 설산에 가 버렸다.

6　**4** 이 거리를 깨끗하게 하기 위해서 다 같이 청소를 (하지) 않겠습니까?

7　**1** 내가 여행에 갈 때(마다) 비가 온다.

8　**4** 모두가 (들을 수 있도록) 큰 소리로 말해 주세요.

9　**2** 사장　내일 예정은?

　　다나카　오전 10시부터 회의에 출석(하게 되어 있습니다).

10　**3** 그는 시골에 돌아간 (채) 돌아오지 않는다.

11　**1** 원래 말랐으니까 다이어트 따위 (하지 않는 편이 좋은) 것이 당연하다.

12　**4** 요즘 아이는 자신만 (좋으면 된다)고 생각하고 있다.

13　**3** A 오늘은 볼일이 있으니 (쉬게 해) 주실 수 있을까요?

　　B 알겠습니다. 내일은 반드시 와 주세요.

문제2　다음 문장의 ＿★＿ 에 들어갈 가장 적당한 것을 1·2·3·4에서 하나 고르세요.　p.60

14　**3** A 아직 언니 돌아오지 않았어?

　　B 이제 4 슬슬 1 <u>돌아</u> 3 올 2 때라고 생각하는데.

15　**1** 다나카 씨가 2 <u>여행</u> 3 에 1 갈 4 <u>지</u> 어떨지 물어볼 생각이다.

16　**2** 아빠에게 4 <u>전화를</u> 3 걸려고 2 했을 1 <u>때에</u> 아빠에게서 전화가 왔다.

17　**4** A 아직 자료가 도착하지 않았는데요. 언제 도착하나요?

　　B 어제 속달로 2 <u>보냈</u> 1 <u>으니까</u> 4 <u>오늘 도착할</u> 3 것입니다.

18　**3** 나중에 4 먹을 3 <u>생각이었</u> 1 는데 2 <u>누군가가</u> 먹어 버렸다.

문제3 다음 글을 읽고, 글 전체의 내용을 생각하여, 19 부터 23 안에 들어갈 가장 적당한 것을 1·2·3·4에서 하나 고르세요.

p.62

아래 글은 유학생인 왕 씨가 쓴 작문입니다.

일본의 도시락

얼마 전, 홈스테이하는 곳의 가족과 함께 꽃놀이를 갔습니다. 점심밥은 홈스테이하는 곳의 어머니가 도시락을 준비해 주었습니다. 저는 주먹밥뿐이라고 생각했었는데, 애니메이션의 캐릭터 밥에 다양한 형태를 한 채소, 귀여운 얼굴을 한 소시지 등, 먹는 것이 매우 19 아까웠습니다.

어차피 먹어 버리는데 왜 예쁜 도시락을 만드는 것인지 물어봤습니다. 어머니의 대답은 20 먹는 사람이 즐거워해 주었으면 하기 때문이라고 합니다. 21 처음에는 밥을 먹지 않는 아이를 위해 만들었다고 하지만, 점점 어머니 쪽이 만드는 것이 즐거워졌다는 것입니다.

일본인은 귀여운 것을 좋아한다고 생각하고는 있었는데, 도시락까지 귀여운 것을 만들 줄은 몰랐습니다. 만드는 어머니도 즐기고, 먹는 아이도 그것을 보고 행복을 느낀다. 매우 멋진 일이라고 생각했습니다. 22 그리고 이처럼 부모와 아이의 관계를 좋게 해 주고 있는 도시락은 대단한 힘을 가지고 있다고 생각합니다. 저도 언젠가 누군가를 위해서 마음을 담은 귀여운 도시락을 23 만들어 보고 싶습니다.

2교시 독해 2회

문제4 다음 (1)에서 (4)의 글을 읽고, 질문에 답하세요. 답은 1·2·3·4에서 가장 적당한 것을 하나 고르세요.

(1) 스즈키 씨의 책상 위에 아래의 메모가 놓여 있다.

p.64

스즈키 씨

오키 상사의 다나카 님으로부터 전화가 있었습니다.

다음 주 화요일의 회의 시간을 변경해 주었으면 한다고 합니다. 돌아오시는 대로 다나카 님께 연락해 주시겠습니까?

그리고 1층 접수처에 회의에서 나눠 줄 팸플릿이 도착해 있으니, 오늘 중으로 가지러 가 주세요.

내일 시간이 있을 때 그 팸플릿의 부수 확인을 해 주시면 감사하겠습니다.

저는 내일부터 출장에 가니까 무슨 일이 있으면 휴대폰으로 연락 주세요.

다카야마

24 이 메모를 읽은 사람은 우선 무엇을 하지 않으면 안 되는가?

1 회의 시간을 변경한다.
2 다나카 씨에게 연락한다.
3 팸플릿을 가지러 간다.
4 다카야마 씨에게 연락한다.

(2)

p.65

지금은 집에 있으면서 인터넷으로 쇼핑이 가능한 편리한 시대이다. 단, 사람의 얼굴이 보이지 않는 것이 불안해서 인터넷 쇼핑을 하지 않는 사람도 있다고 생각한다. 그런데 얼마 전 이런 일이 있었다. 인터넷으로 가방을 주문하고 도착한 상품을 열어 보았더니 가게 사람의 얼굴 사진이 들어 있었다. 게다가 '저희 상품을 구입해 주셔서 감사합니다. 앞으로도 애용해 주세요.'라고 손으로 정성스럽게 쓴 편지가 들어 있었다. 얼굴이 보이지 않기에 그런 고안을 했을 것이다. 마음이 따뜻해지는 쇼핑이 되었다.

25 이런 일이란 무엇인가?
　　1 처음 인터넷으로 쇼핑을 할 수 있었던 것
　　2 사람의 얼굴이 보이지 않아서 불안해졌던 것
　　3 마음에 든 가방이 도착하지 않았던 것
　　4 얼굴 사진과 편지가 들어 있는 상품이 도착한 것

(3)　　p.66

　돈을 모으려면 어떻게 하면 좋을까? 매달 조금씩 저금을 하고 낭비를 없애는 등 여러 가지 방법이 있다. 자신에게 맞는 방법이 좋다고 생각하지만, 내가 추천하고 싶은 것은 1개월의 생활비를 한꺼번에 은행에서 인출하여 현금으로 가지고 있고 카드를 사용하지 않는 것이다. 현금이라면 눈에 보이기 때문에 조절하면서 돈을 쓸 수 있다. 그리고 그 외의 돈은 쓰지 않으니까 저금이 늘어 가는 것이다. 돈의 사용 방법을 신경 써가며 능숙하게 돈과 함께 하는 것이 중요하다.

26 이 글에서는, 저금을 하기 위해 중요한 것은 어떠한 것이라고 말하고 있는가?
　　1 매달 조금씩 저금을 하는 것
　　2 낭비를 없애는 것
　　3 1개월의 생활비를 줄이는 것
　　4 돈의 사용법을 스스로 조절하는 것

(4) 동아리 멤버에게 도착한 메일이다.　　　　　　　　　　　　　　　　　　　　　　　p.67

받는 사람 : tennis@circle.com
제목 : 환영회 공지
───
6월에 새로운 멤버가 세 명 들어왔습니다.
세 명을 위해 환영회를 하고자 하오니 아무쪼록 참가해 주세요.

일시 : 6월 30일(토) 오후 6시 ~ 8시
장소 : 레스토랑 '길'(오타역 북쪽 출구에서 도보 3분)
집합 : 오후 5시 50분에 오타역 북쪽 출구 시계탑 아래
회비 : 5,000엔

환영회에 참가할 수 있는 분은 6월 15일(금)까지 답장해 주세요.
당일에 조금이라도 늦는 분은 직접 레스토랑으로 와 주세요.
(지도는 이 메일의 첨부 파일을 확인해 주세요)
2차부터 참가하는 것도 가능하니 2차부터 참가하실 분은 당일 저에게 연락해 주세요. 2차 장소를 휴대 전화로 보내겠습니다.

야마시타(080-1234-5600)

27 환영회에 늦는 사람은 무엇을 해야 합니까?

    1 6월 15일까지 답장을 하고 오타역으로 간다.

    2 6월 15일까지 답장을 하고 직접 레스토랑으로 간다.

    3 6월 30일까지 답장을 하고 2차에 참가한다.

    4 6월 30일까지 답장을 하고 야마시타 씨에게 전화한다.

문제5 다음 (1)과 (2)의 글을 읽고 질문에 답하세요. 답은 1·2·3·4에서 가장 적당한 것을 하나 고르세요.

(1) p.68

어릴 때 근처에 있는 큰 ①공원에서 자주 놀았다. 학교가 끝나면 항상 친구들과 거기에 모였다. 밤에 불꽃놀이를 해서 근처 주민에게 혼난 적도 있지만 많은 추억이 쌓여 있는 장소이다.

어른이 되고 나서는 바빠서 공원에 갈 일이 줄어 가끔 개와 산책이나 운동을 하는 정도가 되어 버렸지만 봄에는 꽃구경, 여름에는 물놀이로 계절마다 즐거움이 있어 어린아이뿐만 아니라 어른들에게도 인기가 있는 공원이다.

그런 근처의 공원이 공사를 하게 되었다고 한다. 지금대로라도 많은 사람이 모이고 충분히 즐길 수 있는 장소인데 어째서인지 공원 직원에게 물어봤다. ②공사의 이유는 공원의 화장실이나 놀이기구 등을 난폭하게 쓰는 사람이 있어 망가진 곳이 있기 때문이라고 한다. 또 옛날에 비해 쓰레기를 여기저기에 버리는 사람이 늘어나 나무나 꽃이 시들어 버렸다고 한다. 그 때문에 정비가 필요하다는 것이었다.

확실히 옛날에 비해 깨끗하지 않게 되었다고는 생각하고 있었지만 그런 매너가 나쁜 사람이 늘어 버렸기 때문이라고 생각하면 굉장히 유감스럽다. 무사히 공사가 끝나서 많은 사람에게 사랑받는 원래의 공원으로 돌아와 주었으면 좋겠다고 생각한다.

28 이 글을 쓴 사람은 ①공원에 대해 어떤 추억을 가지고 있는가?

    1 친구들과 여러 가지를 하며 놀았지만 불꽃놀이는 혼났다.

    2 매일같이 개와 산책하거나 운동을 하거나 했다.

    3 1년 내내 많은 꽃이 피어 있어 꽃구경을 하는 사람이 많았다.

    4 추운 계절에는 놀 것이 없었지만 여름은 물놀이가 즐거웠다.

29 ②공사의 이유는 무엇인가?

    1 공원 화장실이나 놀이기구가 낡아 버렸기 때문에

    2 쓰레기가 여기저기에 버려져 있기 때문에

    3 쓰레기를 버리는 사람이 늘어 나무나 꽃이 시들어 버렸기 때문에

    4 매너가 나쁜 사람이 늘어 공원에 사람이 사라져 버렸기 때문에

30 이 글을 쓴 사람은 공사에 대해 어떻게 생각하고 있는가?

    1 공사를 한다고 듣고 놀랐지만 매너를 좋게 하기 위해서는 어쩔 수 없다.

    2 나무나 꽃이 시들어 슬프지만 무사히 공사가 끝났으면 좋겠다.

    3 매너가 나쁜 사람이 있어 유감스럽지만 쓰레기를 없애기 위한 공사라면 어쩔 수 없다.

    4 공사 이유를 듣고 슬퍼졌지만 무사히 공사가 끝났으면 좋겠다.

(2) p.70

　일본인의 아침 식사가 밥과 된장국이라는 것은 옛날 이야기인 것일까? 한 앙케트 ①조사에 따르면, 아침 식사로 빵을 먹는 사람이 과반수를 넘어 밥을 먹는 사람보다 많았다. 아침에 빵을 먹는 주된 이유는 손쉽게 빨리 먹을 수 있기 때문이라고 한다.

　의외였던 것은 50대·60대에서도 과반수 이상이 아침에 빵을 먹고 있다고 대답했다는 것이다. 나이를 먹으면 건강에 신경을 써 일본식을 먹게 될 것이라고 생각했지만 ②그렇지는 않은 것 같다. 아이들이 독립한 후에는 손이 많이 가는 흰밥과 반찬을 만들지 않게 된다고 한다. 그 때문인지, 가족과 함께 사는 10대·20대는 밥을 먹는 사람이 빵을 먹는 사람보다 많다.

　또 가족과 함께 살고 있어도 아침 식사를 혼자서 먹는다는 사람이 53%나 있었다. 혼자서 먹는 것은 외롭지만 아침은 하루 중에 가장 바쁜 시간이고 혼자서 빵을 먹는 편이 시간을 절약할 수 있다는 것이다. 그러나 가족 전원이 함께 보내는 시간이라는 것은 짧으니까 때로는 가족과 느긋하게 아침 식사를 맛보는 것도 필요하지 않을까?

31　이 글에 의하면 ①조사에서 알 수 있는 것은 어느 것인가?
1　일본인의 아침 식사는 밥과 된장국이라는 것은 지금도 변함이 없다.
2　나이를 먹으면 아침 식사로 빵을 먹는 비율이 증가한다.
3　나이를 먹으면 건강에 유의하여 밥을 먹게 된다.
4　50대, 60대는 밥을 만드는 데 손이 많이 가기 때문에 밥은 먹지 않는다.

32　②그렇지는 않다고 하는데 '그렇지'는 어떠한 것인가?
1　젊은 사람은 빵을 좋아한다.
2　50대·60대는 빵을 좋아하지 않는다.
3　나이를 먹음에 따라 일본식을 먹게 된다.
4　일본인은 일본식을 즐겨 먹는다.

33　이 글에서 필자가 가장 말하고 싶은 것은 무엇인가?
1　밥을 만드는 것은 손이 많이 가기 때문에 간단히 빵을 먹는 편이 좋다.
2　아침은 바쁘기 때문에 빵을 먹고 시간을 절약하는 편이 좋다.
3　아침 식사를 혼자서 먹는 것은 외롭기 때문에 가족 모두 함께 먹는 편이 좋다.
4　가족이 함께 보내는 시간은 짧기 때문에 가끔은 시간을 내서 아침 식사를 하는 편이 좋다.

문제6　다음 글을 읽고 질문에 답하세요. 답은 1·2·3·4에서 가장 적당한 것을 하나 고르세요.　p.72

　하늘을 나는 전철이라고 불리는 교통수단이 있다고 한다. 정말로 하늘을 나는 전철이 있는 것일까? 그것이 현실이라면 꿈과 같은 것이지만, 실은 저가 항공사의 비행기라고 한다. ①그 이유는 전철을 이용하는 것 같은 감각으로 부담 없이 비행기를 이용해 주길 바라는 마음에서 한 항공사의 사장이 이름 붙인 것이다.

　그렇다면 ②일반 항공사와 저가 항공사는 무엇이 다른 걸까? 우선 일반 항공사의 항공 요금에는 식사나 음료, 짐의 보관 요금이 포함되어 있지만, 저가 항공사는 ③그것들을 유료로 하고 있다. 비용을 줄이는 것은 손님에 대해서뿐만 아니라 직원들에게도 줄이고 있어 훈련이나 유니폼은 유료이다.

　비용을 줄이는 것뿐만 아니라 그 밖에도 차이가 있다. 저가 항공사는 비행기에 타고 있는 동안 식사 서비스를 하지 않는 대신에 여러 가지 서비스를 하고 있는 것이다. 예를 들면, 비행기 안에서 승무원과 함께 체조를 하거나 게임을 하거나 하는 것이다. 그리고 승무원의 유니폼은 폴로 셔츠에 청바지와 같은 캐쥬얼한 유니폼이 많다. 그런 점에서 일반 항공사에 비해 친근감을 얻을 수 있는 것이 저가 항공사의 특별한 장점일 것이다.

실제로 저가 항공사의 비행기에 탄 사람에게 감상을 물어봤다. '보통 비행기보다 좌석이 조금 좁다고 느꼈지만 짐이 적어서 저렴하게 이동할 수 있다면 특별히 문제 없다고 생각했습니다. 항공사에 따라 기내 서비스가 다르기 때문에 다른 저가 항공사 비행기도 타 보고 싶네요.'라는 것. 전철을 이용하는 것처럼 짧은 거리로 이동만이 목적이라면 이용해도 좋을지 모르겠다.

34 ①그 이유라고 하는데 어떤 것인가?

　　1 하늘을 나는 것 같은 전철이 되길 바래서

　　2 하늘을 날 수 있도록 전철이 가벼워졌으니까

　　3 전철을 타는 것보다도 저렴한 요금으로 타길 바래서

　　4 전철을 타는 것처럼 부담 없이 타길 바래서

35 ②일반 항공사와 저가 항공사의 차이는 무엇인가?

　　1 저가 항공사는 음식 서비스가 없는 대신에 승객이 즐길 수 있는 서비스를 실시하고 있다.

　　2 저가 항공사는 캐쥬얼한 유니폼이 아니므로 친근감이 느껴진다.

　　3 일반 항공사는 짐 보관 요금이 포함되어 있지만 식사와 음료는 유료이다.

　　4 일반 항공사는 음식 서비스가 있지만 좌석이 좁게 느껴진다.

36 ③그것들이란 무엇인가?

　　1 음식물과 보관하는 짐의 요금

　　2 항공 요금과 식사 요금

　　3 항공 요금과 보관하는 짐의 요금

　　4 훈련과 유니폼의 요금

37 저가 항공사에 대해 필자의 생각은 어느 것인가?

　　1 항공사에 따라 서비스가 다르므로 즐길 수 있다고 생각한다.

　　2 짐이 적어서 저렴하게 이동할 수 있다면 문제 없다고 생각한다.

　　3 짧은 거리로 이동하기 위해서만이라면 이용해도 좋다고 생각한다.

　　4 저렴한 요금이라면 전철을 이용하는 것 같이 이용해도 좋다고 생각한다.

문제7　오른쪽 페이지는 '출장용 비즈니스 호텔'의 안내이다. 이것을 읽고 다음 질문에 답하세요. 답은 1·2·3·4에서 가장 적당한 것을 하나 고르세요. p.74

38 가와다 씨는 도쿄에 출장을 가게 되었다. 역에서 가깝고 인터넷을 무료로 쓸 수 있는 호텔의 방을 예약하고 싶다. 가와다 씨는 담배를 피우지 않는다. 이 조건에 맞는 호텔은 어느 것인가?

　　1 뉴 호텔

　　2 그린 호텔

　　3 가와구치 호텔

　　4 야마나카 호텔

39 가와다 씨는 신용 카드를 가지고 있지 않다. 호텔의 방 값은 어떤 방법으로 지불하지 않으면 안 되는가?

1 인터넷 뱅킹으로 지불한다.

2 은행에 가서 지불한다.

3 편의점에 가서 지불한다.

4 여행사에 가서 지불한다.

출장용 비즈니스 호텔

호텔명	방	접근	요금(세금 포함)
뉴 호텔	• 싱글 흡연 • Wi-Fi 무료 (프런트에서 ID, 비밀번호를 알려 드립니다)	역에서 도보 5분	7,400엔
그린 호텔	• 싱글 금연 • Wi-Fi 무료 (공유 Wi-Fi를 자유롭게 쓸 수 있습니다)	호텔은 역과 연결되어 있습니다.	7,800엔
가와구치 호텔	• 싱글 금연 • Wi-Fi 유료 • 로비에 있는 컴퓨터는 자유롭게 쓸 수 있습니다 (오전 9시부터 오후 8시까지)	역에서 도보 10분	8,400엔
야마나카 호텔	• 다다미 방 금연 조식 포함 • Wi-Fi 무료 (프런트에서 ID, 비밀번호를 알려 드립니다)	역에서 셔틀버스 운행 (20분 간격)	9,400엔

【지불 방법】

• 신용 카드, 은행 입금으로 지불이 가능합니다.

• 은행 입금의 경우 창구와 ATM기에서 지불하셔야 합니다.

• 인터넷 뱅킹으로 이체는 불가능합니다.

• 또한 편의점, 여행사에서의 지불은 취급하고 있지 않습니다.

문제1　문제1에서는 우선 질문을 들으세요. 그리고 이야기를 듣고 문제지의 1에서 4 중에서 가장 적당한 것을 하나 고르세요.

1번　◀) 2-01

デパートで、女の人と母親が話しています。女の人は先生に何を買いますか。

女1 お母さん。来週お世話になっている先生のお宅にお邪魔するんだけど、お土産、何がいいかな。

女2 先生はどんなものがお好きなの？

女1 お菓子が好きって聞いたけど。

女2 じゃ、あの四角い箱に入ってるお菓子はどう？いろんな種類が入っていて、いいんじゃない？

女1 おいしそうだけど、ちょっと大きすぎるよ。先生は一人暮らしだし……。

女2 そう？じゃあ、この丸い箱のは？

女1 大きさはちょうどいいけど、これは、お菓子が一種類しか入ってないんだね。

女2 そうねえ……。あ、同じ箱にいろんな種類が入ってるのもあるわよ。ほら、あそこ。

女1 ほんとだ。じゃ、あれにしようかな。

백화점에서 여자와 어머니가 이야기하고 있습니다. 여자는 선생님께 무엇을 사 드립니까?

여1 엄마. 다음 주 신세를 지고 있는 선생님 댁을 방문하는데, 선물 뭐가 좋을까?

여2 선생님은 어떤 것을 좋아하셔?

여1 과자를 좋아하신다고 들었는데.

여2 그럼, 저기 네모난 상자에 들어 있는 과자는 어때? 여러 종류가 들어 있어서 좋지 않니?

여1 맛있어 보이는데, 좀 너무 큰 것 같아. 선생님은 혼자 사시고…….

여2 그래? 그럼 이 둥근 상자는?

여1 크기는 딱 좋은데, 이건 과자가 한 종류밖에 들어 있지 않네.

여2 그렇네……. 아, 같은 상자에 여러 종류가 들어 있는 것도 있어. 봐, 저쪽에.

여1 정말이네. 그럼 저걸로 할까.

女の人は先生に何を買いますか。

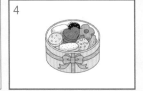

여자는 선생님께 무엇을 사 드립니까?

男の学生と女の学生が話しています。女の学生はこのあと何をしますか。

男　そろそろ発表の準備をしないといけないね。

女　そうね。テーマは「本の流行の変化」だっけ。「変化」ってことは、今の流行だけじゃなくて、昔の流行も調べたほうがいいのかな？

男　うん。そうじゃない？今の本の流行なら、本屋さんに行って聞いてみればいいよね？

女　あとは、友だちとか、先輩とか、先生なんかにアンケートしてみたら面白いかも。昔の本の流行は……図書館で資料を探して、売り上げのランキングを見たらいいかな。

男　それだったら、インターネットで調べればいいんじゃない？

女　あ、そうね。じゃあ、私、探してみる。

男　じゃ、僕は本屋さんに行ってみるよ。

女　うん、お願い。

女の学生はこのあと何をしますか。

1　今の本のりゅうこうを調べる

2　アンケートをとる

3　むかしの本のしりょうをさがす

4　ランキングを作る

남학생과 여학생이 이야기하고 있습니다. 여학생은 이다음 무엇을 합니까?

남　슬슬 발표 준비를 해야 하는데.

여　그렇네. 테마는 '책 유행의 변화'였던가. '변화'라는 건, 지금 유행하고 있는 것뿐만이 아니라, 옛날 유행도 조사하는 편이 좋을까?

남　응. 그렇지 않아? 지금 유행하는 책이라면, 서점에 가서 물어보면 되겠지?

여　그리고 친구들이라든지, 선배라든지, 선생님에게 설문 조사해 보면 재밌을지도 모르겠다. 옛날 책의 유행은…… 도서관에서 자료를 찾고, 매출 랭킹을 보면 될까?

남　그거라면, 인터넷에서 조사하면 되지 않아?

여　아, 그렇네. 그럼 나, 찾아볼게.

남　그럼 나는 서점에 가 볼게.

여　응, 부탁해.

여학생은 이다음 무엇을 합니까?

1　요즘 책의 유행을 조사한다

2　설문 조사를 한다

3　옛날 책의 자료를 찾는다

4　랭킹을 만든다

デパートで、男の人と店員が話しています。男の人はこのあと何階に行きますか。

男　あ、すみません。なんかそこのトイレ、清掃中みたいで入れなくて。他の階にトイレはありますか。

女　お手洗いでしたら、この上の3階と4階にもございます。

백화점에서 남자와 점원이 이야기하고 있습니다. 남자는 이다음 몇 층에 갑니까?

남　아, 저기요. 거기 화장실, 뭔가 청소 중인 것 같아서 못 들어가는데요. 다른 층에 화장실이 있습니까?

여　화장실이라면 이 위의 3층과 4층에도 있습니다.

男 あ、さっき3階も行ったんですけど、そこも清掃中で。

女 そうですか。4階でしたら大丈夫だと思うんですが。

男 4階ですか。1階にはトイレはないんですか。

女 1階はお手洗いはないんですが、その下の地下1階でしたらございます。

男 ありがとうございます。下りのエスカレーターはすぐそこでしたよね。

女 はい。そこの角を曲がったところです。

男の人はこのあと何階に行きますか。

1　3がい

2　4かい

3　1かい

4　地下1かい

남 아, 아까 3층도 갔었는데요, 거기도 청소 중이라.

여 그렇습니까? 4층이라면 괜찮을 것 같은데요.

남 4층이요? 1층에는 화장실은 없는 건가요?

여 1층은 화장실이 없습니다만, 그 아래 지하 1층이라면 있습니다.

남 감사합니다. 내려가는 에스컬레이터는 바로 거기였죠.

여 네. 거기 모퉁이를 돈 곳에 있습니다.

남자는 이다음 몇 층에 갑니까?

1　3층

2　4층

3　1층

4　지하 1층

4번 🔊 2-04

女の人と男の人が電話で話しています。男の人は明日何を持っていきますか。

女 あ、もしもし、山田さん？佐藤です。明日のお花見のことでお話があって……。

男 佐藤さん。僕も電話しようと思ってました。明日何を持っていけばいいかなと思って。

女 みんなじぶんの飲みものとお菓子を持ってくるんだけど、山田さんの分は私たちで準備するから、かわりに紙のお皿と割りばしを持ってきてくれない？

男 わかりました。12人でしたよね。サンドイッチなんかいらないかな。

女 うん。それは持ってくる人がいるから。あ、ごめん。割りばしはあるって。あと、私がちらしずし作って持っていくから楽しみにしてね。

여자와 남자가 전화로 이야기하고 있습니다. 남자는 내일 무엇을 가지고 갑니까?

여 아, 여보세요, 야마다 씨? 사토예요. 내일 꽃놀이에 대해서 할말이 있어서…….

남 사토 씨. 나도 전화하려고 생각하고 있었어요. 내일 뭘 가지고 가면 되는 건가 해서.

여 다들 자신의 음료와 과자를 가지고 오는데, 야마다 씨 몫은 우리가 준비할 테니까 대신 종이 접시랑 나무젓가락을 가지고 와 줄래?

남 알겠어요. 12명이었죠? 샌드위치같은건 필요없을까요?

여 응. 그건 가지고 오는 사람이 있으니까. 아, 미안. 나무젓가락은 있대. 그리고 내가 지라시즈시 만들어서 가져 갈테니까 기대해.

男 わー、楽しみだな。でもぼくはあんまり準備する ものがなくて、何だか悪いね。

女 そのぶん、後片づけをお願いするから、がんばっ てね。

男の人は明日、何を持っていきますか。

1 飲み物

2 サンドイッチ

3 紙のさら

4 割りばし

남 와~ 기대된다. 근데 나는 너무 준비하는 것이 없 어서 뭔가 미안하네.

여 그만큼 뒷정리를 부탁할 테니까 힘내!

남자는 내일 무엇을 가지고 갑니까?

1 음료

2 샌드위치

3 종이 접시

4 나무젓가락

5번 ◀》 2-05

大学で、女の学生と男の学生が話しています。男の学生はこのあとまず何をしますか。

女 ふう。長かったぁ。やっと終わったね、入学式。

男 だね。このあとは、どうすればいいんだっけ。

女 えーっと、新入生説明会は2時からだったよね。それから、先輩が大学の中を案内してくれるんだって。

男 ふうん、わかった。

女 でも私、その前に定期券を買うための書類、取りに行ってこなきゃ。

男 あ、僕も学生証の書類、まだ提出してないんだった。あー、僕、あっちだ。

女 そう。じゃあ、またあとでね。2時だから、遅れないようにね。

男 うん。わかった。

男の学生はこのあとまず何をしますか。

1 新入生せつめいかいに出る

2 大学の中をあんないしてもらう

3 ていきけんのしょるいをうけとる

4 がくせいしょうのしょるいを出す

대학교에서 여학생과 남학생이 이야기하고 있습니 다. 남학생은 이다음 우선 무엇을 합니까?

여 후, 길었다. 드디어 끝났네, 입학식.

남 진짜. 이다음은 어떻게 하면 되더라?

여 음, 신입생 설명회는 2시부터였지? 그리고 선배 가 대학 내부를 안내해 준대.

남 흐음, 알겠어.

여 근데 나, 그 전에 정기권 사기 위한 서류 가지러 갔다 와야 해.

남 아, 나도 학생증 서류, 아직 제출 안 했다. 아, 나 는 저쪽이다.

여 그래. 그럼, 이따 봐. 2시니까 늦지 않도록 해.

남 응. 알겠어.

남학생은 이다음 우선 무엇을 합니까?

1 신입생 설명회에 참석한다

2 대학 내부를 안내받는다

3 정기권 서류를 받는다

4 학생증 서류를 낸다

<table>
<tr><td>

男の人と女の人が話しています。男の人はこれから何を買いに行きますか。

男 明日のパーティーに必要なものをメモしたんだけど、これでいいかな？

女 あ、お寿司は田中さんに頼んだから、大丈夫よ。

男 飲み物はどうかな？

女 オレンジジュースね。あれ？ビールは？

男 ビールはまだ二十歳になっていない人がいるから。

女 そうね。子供も多いしね。ケーキはいらないの？

男 ケーキは山中さんが作ってきてくれるって言ってたよ。

女 じゃ、これで十分ね。

男の人はこれから何を買いに行きますか。

1 ア
2 イ
3 イ　ウ
4 ア　エ

</td><td>

남자와 여자가 이야기하고 있습니다. 남자는 이제부터 무엇을 사러 갑니까?

남 내일 파티에 필요한 걸 메모했는데, 이걸로 괜찮을까?

여 아, 초밥은 다나카 씨에게 부탁했으니까 괜찮아.

남 마실 건 어때?

여 오렌지 주스네. 어? 맥주는?

남 맥주는 아직 스무 살이 되지 않은 사람이 있어서.

여 그렇네. 아이들도 많고. 케이크는 필요 없어?

남 케이크는 야마나카 씨가 만들어 와 준다고 했어.

여 그럼, 이걸로 충분하네.

남자는 이제부터 무엇을 사러 갑니까?

1 아
2 이
3 이 우
4 아 에

</td></tr>
</table>

문제2 　문제2에서는 우선 질문을 들으세요. 그다음 문제지를 보세요. 읽을 시간이 있습니다. 그리고 이야기를 듣고 문제지의 1에서 4 중에서 가장 적당한 것을 하나 고르세요.

1번 🔊 2-07

<table>
<tr><td>

テレビで、医者が話しています。医者は何に一番気をつけなければいけないと言っていますか。

男 長時間外で日光に当たると、腕や顔の皮膚が赤くなって皮がむけたりして、日焼けをしますね。これは夏だけに起こると思われがちですが、実は冬にも注意が必要なんです。冬は長袖のシャツや、コートを着ますので、身体はそれほど心配しなくてもいいのですが、首から上は夏とそれほど変わ

</td><td>

TV에서 의사가 이야기하고 있습니다. 의사는 무엇에 가장 주의해야 한다고 말하고 있습니까?

남 장시간 밖에서 햇볕을 쬐면 팔이나 얼굴의 피부가 붉어지고 살갗이 벗겨지며 살이 탑니다. 이것은 여름에만 일어난다고 생각하기 쉽지만, 사실은 겨울에도 주의가 필요합니다. 겨울에는 긴팔 셔츠나 코트를 입기 때문에, 몸은 그렇게 걱정하지 않아도 됩니다만, 목부터 위는 여름과 그다지

</td></tr>
</table>

らない状態だと思います。首から上というと顔だけを思い浮かべると思いますが、実は本当に注意が必要なのは、目と頭です。特に目は非常にダメージを受けやすいので、しっかり対策をすることが必要です。

医者は何に一番気をつけなければいけないと言っていますか。

1 うでの日やけ

2 かおの日やけ

3 くびの日やけ

4 目の日やけ

다르지 않은 상태라고 생각합니다. 목부터 위라고 하면 얼굴만 떠올리겠지만, 사실 정말 주의가 필요한 것은 눈과 머리입니다. 특히 눈은 매우 손상을 입기 쉽기 때문에, 확실히 대책을 세우는 것이 필요합니다.

의사는 무엇에 가장 주의해야 한다고 말하고 있습니까?

1 팔이 햇볕에 타는 것

2 얼굴이 햇볕에 타는 것

3 목이 햇볕에 타는 것

4 눈이 햇볕에 타는 것

2번 🔊 2-08

旅行会社で、男の人と職員が話しています。男の人はどのツアーを申し込むことにしましたか。

男 すみません。社内旅行でツアーを探してるんですけど。

女 日程や予算など、何かご希望はございますか？

男 2泊3日で、一人4万円くらいで、おいしいものが食べられるツアーがいいんですけど。

女 それでしたら、こちらのツアーはいかがでしょう？

男 大阪に名古屋かぁ……。値段はちょうどいいけど、どっちも前に行ったからなぁ。他には何かないですか。

女 ご予算より少し高くなりますが、北海道や福岡のツアーもございますよ。

男 北海道もいいけど、うちの会社、北海道出身の人が多いからなぁ……。福岡はまだ行ったことないし、せっかくだから、普段あまり行かないところのほうがいいですよね？

女 そうですね。

여행사에서 남자와 직원이 이야기하고 있습니다. 남자는 어떤 투어를 신청하기로 했습니까?

남 실례합니다. 회사 여행으로 투어를 찾고 있는데요.

여 일정이나 예산 등 무언가 희망하시는 게 있으십니까?

남 2박 3일에 1인당 4만 엔 정도로, 맛있는 것을 먹을 수 있는 투어가 좋습니다만.

여 그렇다면, 이쪽의 투어는 어떠십니까?

남 오사카에 나고야……. 가격은 딱 적당하지만, 양쪽 다 전에 가서. 다른 것은 뭔가 없습니까?

여 예산보다 조금 비싸지지만, 홋카이도나 후쿠오카 투어도 있습니다.

남 홋카이도도 좋지만, 저희 회사가 홋카이도 출신인 사람이 많아서……. 후쿠오카는 아직 간 적 없고 모처럼이니까, 평소에 잘 가지 않는 곳이 좋겠죠?

여 그렇죠.

男　うん。じゃ、このツアーでお願いします。

男の人はどのツアーを申し込むことにしましたか。
1 北海道ツアー
2 大阪ツアー
3 名古屋ツアー
4 福岡ツアー

남　응. 그럼, 이 투어로 부탁합니다.

남자는 어떤 투어를 신청하기로 했습니까?
1 홋카이도 투어
2 오사카 투어
3 나고야 투어
4 후쿠오카 투어

3번 🔊 2-09

男の学生と女の学生が話しています。女の学生はどうして本を借りられませんでしたか。

男　どうだった？例の本、借りられた？

女　ううん。ダメだった。

男　えー。なんで？借りられない本だったの？

女　ううん。そうじゃなくてね。図書館で探したんだけど、見つからなくて。

男　他の学生に借りられてるんじゃないの？

女　うん。私もそう思って、受付で調べてもらったの。

男　あ、そう。

女　そうしたら、あの本は先生の研究室で使ってる本らしくて、図書館には置いてないって。

男　えー。

女の学生はどうして本を借りられませんでしたか。
1 本が見つからなかったから
2 ほかの学生が借りていたから
3 貸し出しできない本だったから
4 研究室においてある本だったから

남학생과 여학생이 이야기하고 있습니다. 여학생은 어째서 책을 빌릴 수 없었습니까?

남　어땠어? 그때 말했던 책, 빌릴 수 있었어?

여　아니. 안 됐어.

남　어? 왜? 빌릴 수 없는 책이었어?

여　아니. 그게 아니라. 도서관에서 찾아봤는데 찾지 못해서.

남　다른 학생이 빌려 간 거 아냐?

여　응. 나도 그렇게 생각해서 접수처에서 알아봐 달라고 했어.

남　아, 그래?

여　그랬더니 그 책은 선생님 연구실에서 사용하고 있는 책 같은데, 도서관에는 비치하지 않았대.

남　이런.

여학생은 어째서 책을 빌릴 수 없었습니까?
1 책을 찾지 못했기 때문에
2 다른 학생이 빌려 갔기 때문에
3 대출할 수 없는 책이었기 때문에
4 연구실에 놓인 책이기 때문에

会社で、男の人と女の人が話しています。女の人はどうして自転車で会社に来ていますか。

男 外にとめてあったオレンジの自転車、あれ、鈴木さんのですか。

女 そうよ。最近買ったの。

男 自転車通勤にしたんですか。前は電車でしたよね。

女 うん。でも、私の家、会社から結構近いから、自転車でも来られるの。駅の人ごみの中を歩かなくてもいいし、運動にもなるわよ。

男 電車代もかかりませんしね。

女 まぁね。でも何より、こう、街の風景を見て走るのって気持ちいいのよね。私、風景の写真を撮るのが好きなんだけど、朝のビジネス街もなかなかいいものよ。

男 満員電車じゃそういうの、なかなか見られませんよね。

女の人はどうして自転車で会社に来ていますか。

1 けんこうのために運動したいから
2 電車代を使いたくないから
3 けしきを見るのがすきだから
4 まんいん電車にのりたくないから

회사에서 남자와 여자가 이야기하고 있습니다. 여자는 어째서 자전거로 회사에 옵니까?

남 밖에 세워져 있는 오렌지색 자전거, 그거 스즈키 씨의 것이에요?

여 맞아. 최근에 샀어.

남 자전거로 통근하기로 했어요? 전에는 전철이었지요.

여 응. 근데 우리 집, 회사에서 꽤 가까우니까 자전거로도 올 수 있어. 역에서 인파 사이를 걷지 않아도 되고, 운동도 돼.

남 교통비도 들지 않겠네요.

여 뭐 그렇지. 근데 무엇보다도 이렇게 거리 풍경을 보며 달리는 게 기분이 좋아. 나 풍경 사진을 찍는 걸 좋아하는데, 아침의 비즈니스 거리도 꽤 좋거든.

남 만원 전철에서는 그런 걸 좀처럼 볼 수 없죠.

여자는 어째서 자전거로 회사에 옵니까?

1 건강을 위해 운동을 하고 싶어서
2 교통비를 쓰고 싶지 않아서
3 풍경을 보는 것이 좋아서
4 만원 전철을 타고 싶지 않아서

先生と男の学生が話しています。男の学生は何が一番難しいと言っていますか。

女 あ、スミスさん、こんにちは。どうですか、日本語の勉強は。

男 ええ、やっぱり難しいですね、日本語は。

女 漢字がたくさんありますしね。読み方も一つじゃないし。

선생님과 남학생이 이야기하고 있습니다. 남학생은 무엇이 가장 어렵다고 말하고 있습니까?

여 아, 스미스 씨 안녕하세요. 어떠세요, 일본어 공부는?

남 네, 역시 어렵네요, 일본어는.

여 한자가 많이 있지요. 읽는 법도 한 가지가 아니고.

男 いえ、漢字は大丈夫です。僕、前に中国語も勉強していたので。

女 そうなんですか。じゃあ、何が難しいんですか。発音は……スミスさん、発音はすごくいいですよね。

男 ありがとうございます。うーん、やっぱり文法ですね。英語と中国語は文法が似ていますけど、日本語は……。

女 ああ、そうですね。

男 英語に比べて言葉がたくさんあるのも大変ですけど、それはまぁ、覚えればいいだけなので。

女 そうですか。

男の学生は何が一番難しいと言っていますか。

1 漢字の読み方がたくさんあること

2 発音がうまくできないこと

3 ぶんぽうが英語とちがうこと

4 ことばをおぼえなければならないこと

남 아니요, 한자는 괜찮습니다. 저, 전에 중국어도 공부했기 때문에.

여 그런가요? 그럼, 뭐가 어렵습니까? 발음은…… 스미스 씨 발음은 정말 좋은데요.

남 감사합니다. 음, 역시 문법이네요. 영어와 중국어는 문법이 비슷하지만, 일본어는…….

여 아아, 그렇죠.

남 영어에 비해 단어가 많이 있는 것도 힘들지만, 그건 뭐, 외우기만 하면 되니까요.

여 그런가요?

남학생은 무엇이 가장 어렵다고 말하고 있습니까?

1 한자 읽는 법이 많이 있는 것

2 발음을 잘 못하는 것

3 문법이 영어와 다른 것

4 단어를 외우지 않으면 안 되는 것

6번 🔊 2-12

女の人と男の人が話しています。男の人が山に登る目的は何ですか。

女 高橋さん。また週末、奥さんと山に登られるそうですね。

男 ええ、私も家内も、週末、家で休んでばかりいるのは好きじゃないんでね。

女 やっぱり山に登るのは健康のためなんですか。

男 いや、健康のためというよりは、頂上の風景や花の写真を撮るためなんですよ。

女 へぇ、素敵な趣味ですね。

男 きれいな空気を吸いながら、写真を撮るのはなかなかいいですよ。今度一緒にいかがですか。

女 はい、ぜひ登ってみたいですね。

여자와 남자가 이야기하고 있습니다. 남자가 산에 오르는 목적은 무엇입니까?

여 다카하시 씨. 또 주말에 부인과 산에 오르신다면서요.

남 네, 저도 집사람도, 주말에 집에서 쉬기만 하는 건 좋아하지 않아서요.

여 역시 산에 오르는 건 건강을 위해서인가요?

남 아니요, 건강을 위해서라기보다는 정상의 풍경이나 꽃 사진을 찍기 위해서예요.

여 와, 멋진 취미네요.

남 깨끗한 공기를 마시면서, 사진을 찍는 건 꽤 좋아요. 다음에 같이 어떠세요?

여 네, 꼭 올라가 보고 싶네요.

男の人が山に登る目的は何ですか。

1 外で休むため

2 けんこうのため

3 写真をとるため

4 きれいな空気をすうため

남자가 산에 오르는 목적은 무엇입니까?

1 밖에서 쉬기 위해

2 건강을 위해

3 사진을 찍기 위해

4 깨끗한 공기를 마시기 위해

문제3 문제3에서는 문제지에 아무것도 인쇄되어 있지 않습니다. 이 문제는 전체적으로 어떤 내용인지를 묻는 문제입니다. 이야기 전에 질문은 없습니다. 우선 이야기를 들으세요. 그리고 질문과 선택지를 듣고 1에서 4 중에서 가장 적당한 것을 하나 고르세요.

1번 🔊 2-13

大学で、男の学生と女の学生が話しています。

男 そろそろ大学祭だね。うちのゼミ、今年は何をやるのかな?

女 もうそんな時期?嫌だなぁ。なんで学生は全員参加なのかしら。普通、自由参加でしょう?好きな人だけやったらいいじゃない。

男 まぁ、そりゃ、大学全体のお祭りだからね。

女 それなら、なんで先生は参加しないのよ。

男 先生はみんな忙しいからね。大学にいないことが多い先生もいるし。

女 まぁ、確かにそうね。それは仕方ないか。

男 そうそう。それに結構毎年楽しいじゃない。みんな仲良くなれるし。

女 楽しいといえば楽しいけど、何もあんなに大勢でやらなくても……。

男 そうかなぁ。僕はいいと思うけど。

女の学生は大学祭についてどう思っていますか。

1 やりたい人だけやればいい

2 学生全員でやったほうがいい

3 先生も一緒にやったほうがいい

4 毎年やらなくてもいい

대학에서 남학생과 여학생이 이야기하고 있습니다.

남 슬슬 대학 축제네. 우리 세미나 올해는 뭘 할까?

여 벌써 그런 시기야? 싫다. 왜 학생은 전원 참가일까? 보통 자유 참가잖아? 원하는 사람만 하면 좋잖아.

남 뭐, 그야, 대학 전체의 축제니까.

여 그러면, 왜 선생님은 참가 안하는데?

남 선생님은 모두 바쁘니까. 대학에 없는 경우가 많은 선생님도 있고.

여 뭐, 하긴 그렇네. 그건 어쩔 수 없겠네.

남 그래. 거기다 매년 꽤 즐겁잖아. 모두 친해질 수 있고.

여 즐겁다고 하면 즐겁지만, 그렇다고 저렇게 많은 사람이 같이 하지 않아도…….

남 그런가. 나는 좋다고 생각하는데.

여학생은 대학 축제에 대해 어떻게 생각하고 있습니까?

1 하고 싶은 사람만 하면 된다

2 학생 전원이 하는 편이 좋다

3 선생님도 함께 하는 편이 좋다

4 매년 하지 않아도 된다

2번 🔊 2-14

お店で、女の人と店員が話しています。

女　あのう、すみません。先日予約して、ここで食事をした者なんですが。

男　はい、いらっしゃいませ。いかがなさいましたか。

女　ハンカチをなくしまして。それで、こちらにないかと思って……。

男　そうですか。ご来店されたのは、いつでしょうか。

女　先週の土曜日の夜7時です。名前は、山口です。

男　山口様ですね。……あ、こちらのハンカチでしょうか。

女　あ、そうです。ああ、よかった。ありがとうございます。

女の人はお店に何をしに来ましたか。

1　予約をしに来た

2　食事をしに来た

3　忘れ物を取りに来た

4　ハンカチを買いに来た

가게에서 여자와 점원이 이야기하고 있습니다.

여　저기, 죄송한데요. 지난번에 예약해서 여기서 식사한 사람입니다만.

남　네, 어서 오세요. 무슨 일이십니까?

여　손수건을 잃어버려서요. 그래서 여기에 없을까 해서…….

남　그러신가요. 방문하신 것은 언제입니까?

여　지난주 토요일 밤 7시입니다. 이름은 야마구치입니다.

남　야마구치 님이요. …… 아, 이 손수건인가요?

여　아, 맞아요. 아아, 다행이다. 감사합니다.

여자는 가게에 무엇을 하러 왔습니까?

1　예약을 하러 왔다

2　식사를 하러 왔다

3　잃어버린 물건을 찾으러 왔다

4　손수건을 사러 왔다

3번 🔊 2-15

留守番電話のメッセージを聞いています。

女　もしもし、加藤ですけど。明日、山田さんと3人で映画を見に行く約束してたじゃない？あれ、私ちょっと映画は無理かも。仕事が遅くなりそうで。うちの会社の近くの映画館だったらよかったんだけど、そこじゃ、あの映画はやってないしね。だから、映画は2人で見てきて。そのあとの食事には間に合うと思うから。どこで会うかは、明日また連絡するね。本当ごめん。じゃあね。

부재중 전화의 메시지를 듣고 있습니다.

여　여보세요, 가토인데. 내일, 야마다 씨와 셋이서 영화를 보러 가기로 약속했잖아. 그거, 나 영화는 좀 무리일 것 같아. 일이 늦어질지도 몰라서. 우리 회사 근처 영화관이라면 좋았을 텐데, 거기는 그 영화는 안 하고. 그러니까 영화는 둘이서 보고 와. 그 후의 식사에는 제시간에 갈 수 있을 것 같으니까. 어디서 만날지는 내일 다시 연락할게. 정말 미안해. 그럼 안녕.

加藤さんが一番言いたいことは何ですか。

1 約束の時間を変えたい

2 約束の場所を変えたい

3 一緒に映画を見に行けない

4 別の映画館に行きたい

가토 씨가 가장 말하고 싶은 것은 무엇입니까?

1 약속 시간을 바꾸고 싶다

2 약속 장소를 바꾸고 싶다

3 함께 영화를 보러 갈 수 없다

4 다른 영화관에 가고 싶다

문제4 문제4에서는 그림을 보면서 질문을 들으세요. 화살표(➡)의 사람은 뭐라고 말합니까? 1에서 3 중에서 가장 적당한 것을 하나 고르세요.

1번 ◀) 2-16

女 友だちが風邪を引いています。何と言いますか。

男 1 おかげさまで。

2 お元気で。

3 お大事に。

여 친구가 감기에 걸렸습니다. 뭐라고 말합니까?

남 1 덕분에.

2 잘 지내.

3 몸 조심해.

2번 ◀) 2-17

女 お店で買ったものをプレゼント用にしたいです。レジの人に何と言いますか。

女 1 これ、プレゼント用に包みたいんですが。

2 これ、プレゼント用に包んでもらいたいんですが。

3 これ、プレゼント用に包ませていただけませんか。

여 가게에서 산 것을 선물용으로 하고 싶습니다. 계산대 사람에게 뭐라고 말합니까?

여 1 이거 선물용으로 포장하고 싶은데요.

2 이거 선물용으로 포장해 주셨으면 하는데요.

3 이거 선물용으로 포장하게 해 주시겠어요?

3번 🔊 2-18

女 友だちが重い荷物を持っています。何と言いますか。

男 1 荷物、持たない？

2 荷物、持とうか。

3 荷物、持ってよ。

여 친구가 무거운 짐을 들고 있습니다. 뭐라고 말합니까?

남 1 짐, 안 들어?

2 짐, 들어 줄까?

3 짐, 들어 줘.

4번 🔊 2-19

女 先生の説明がわかりません。何と言いますか。

女 1 もう一度、説明させていただけますか。

2 もう一度、説明していただけますか。

3 もう一度、説明いたしましょうか。

여 선생님의 설명이 이해되지 않습니다. 뭐라고 말합니까?

여 1 다시 한번 설명하게 해 주시겠습니까?

2 다시 한번 설명해 주시겠습니까?

3 다시 한번 설명해 드릴까요?

문제5 문제5에서는 문제지에 아무것도 인쇄되어 있지 않습니다. 우선 문장을 들으세요. 그리고 그 답을 듣고 1에서 3 중에서 가장 적당한 것을 하나 고르세요.

1번 🔊 2-20

女 あのー。音、少し下げていただけませんか。

男 1 あ、はい。すぐに下ろします。

2 すみません。うるさかったですか。

3 ええ、音はいいですよ。

여 저기. 소리 조금 낮춰 주시겠습니까?

남 1 아, 네. 곧 내릴게요.

2 죄송합니다. 시끄러웠나요?

3 네, 소리는 좋아요.

2번 🔊 2-21

男 はぁ。また宿題がこんなに……。本当いやになる
　　よ。

女 1 もう終わったの？

　　2 よかったじゃない。

　　3 確かに多すぎよね。

남 휴. 또 숙제가 이렇게나……. 정말 지긋지긋하다.

여 1 벌써 끝났어?

　　2 다행이지 않아?

　　3 확실히 너무 많아.

3번 🔊 2-22

女 ねぇ、ここ、なんて書いてあるかわかる？

男 1 特に何も書くことはないけど。

　　2 字が汚くて読めないね。

　　3 わかったら教えてくれる？

여 저, 여기 뭐라고 쓰여 있는지 알아?

남 1 특별히 뭐라 쓸 말은 없는데.

　　2 글자가 지저분해서 읽을 수가 없어.

　　3 알게 되면 가르쳐 줄래?

4번 🔊 2-23

男 お子さんは、おいくつですか。

女 1 2人です。

　　2 はい、います。

　　3 7歳と3歳です。

남 자녀분은 몇 살인가요?

여 1 두 명입니다.

　　2 네, 있습니다.

　　3 일곱 살과 세 살입니다.

5번 🔊 2-24

女 こちらでお召し上がりですか。

男 1 はい。着ていきます。

　　2 はい。ここで食べます。

　　3 はい。上がります。

여 여기서 드십니까?

남 1 네. 입고 가겠습니다.

　　2 네. 여기서 먹겠습니다.

　　3 네. 올라가겠습니다.

6번 🔊 2-25

男 今日は、どうされましたか？

女 1 ちょっと、ひざが痛くて……。

　　2 いえ、何もされていません。

　　3 はい、大丈夫です。

남 오늘은 어떻게 오셨어요?

여 1 좀, 무릎이 아파서…….

　　2 아니요, 아무것도 당하지 않았습니다.

　　3 네, 괜찮습니다.

7번 🔊 2-26

女 あれ？ここに置いてあった本、知らない？

男 1 え？本なんてあった？

　　2 知ってるよ。読んだことあるから。

　　3 ここに置いとくね。

여 어? 여기에 놓여 있던 책, 몰라?

남 1 어? 책 같은 게 있었어?

　　2 알아. 읽은 적이 있으니까.

　　3 여기에 놔둘게.

8번 🔊 2-27

男 論文はいつごろ書きあがりそうですか。

女 1 ええと、30日までには、必ず。

　　2 今書いているそうですよ。

　　3 もう1年以上書いています。

남 논문은 언제쯤 다 쓸 것 같습니까?

여 1 음, 30일까지는 반드시요.

　　2 지금 쓰고 있다고 해요.

　　3 벌써 1년 이상 쓰고 있습니다.

9번 🔊 2-28

女 じゃあ、私帰るから、あとかぎよろしくね。

男 1 あ、どうぞ。これ、かぎです。

　　2 さっき開けましたよ。

　　3 はい、お疲れさまでした。

여 그럼, 나는 돌아갈 테니까 나중에 열쇠 잘 부탁해.

남 1 아, 여기요. 이거 열쇠예요.

　　2 아까 열었어요.

　　3 네, 수고하셨습니다.

MEMO

● 1교시 **언어지식**(문자 어휘)

問題1 `1` 2 `2` 3 `3` 4 `4` 1 `5` 3 `6` 2 `7` 3 `8` 1

問題2 `9` 2 `10` 2 `11` 3 `12` 1 `13` 2 `14` 4

問題3 `15` 4 `16` 2 `17` 3 `18` 1 `19` 2 `20` 3 `21` 4 `22` 2 `23` 4 `24` 1 `25` 2

問題4 `26` 1 `27` 3 `28` 4 `29` 2 `30` 3

問題5 `31` 4 `32` 2 `33` 3 `34` 1 `35` 4

● 2교시 **언어지식**(문법) · **독해**

問題1 `1` 1 `2` 3 `3` 2 `4` 4 `5` 3 `6` 1 `7` 2 `8` 3 `9` 2 `10` 1
　　　 `11` 4 `12` 2 `13` 3

問題2 `14` 4 `15` 1 `16` 1 `17` 3 `18` 2

問題3 `19` 4 `20` 1 `21` 2 `22` 3 `23` 3

問題4 `24` 4 `25` 4 `26` 2 `27` 4

問題5 `28` 3 `29` 4 `30` 2 `31` 3 `32` 4 `33` 2

問題6 `34` 4 `35` 3 `36` 2 `37` 4

問題7 `38` 4 `39` 4

● 3교시 **청해**

問題1 `1` 3 `2` 2 `3` 4 `4` 2 `5` 4 `6` 1

問題2 `1` 4 `2` 3 `3` 3 `4` 4 `5` 3 `6` 3

問題3 `1` 2 `2` 2 `3` 4

問題4 `1` 2 `2` 3 `3` 1 `4` 2

問題5 `1` 2 `2` 1 `3` 1 `4` 3 `5` 1 `6` 3 `7` 3 `8` 3 `9` 1

문제1 _____의 단어의 읽는 법으로 가장 적당한 것을 1·2·3·4에서 하나 고르세요. p.91

1 **2** 산 위에서 내려다 보니 우리 집 지붕이 보였다.

2 **3** 입원이 길어지던 엄마지만 오늘 드디어 퇴원할 수 있었다.

3 **4** 회사에 따라 사원에 대한 규칙이 다르다.

4 **1** 그는 어릴 때부터 그림을 잘 그리는 것으로 유명했다.

5 **3** 태풍 예보가 나와 있으니까 오늘은 빨리 돌아갑시다.

6 **2** 행방을 알 수 없었던 지인으로부터 어제 드디어 연락이 왔다.

7 **3** 석양에 비추어진 그녀는 한층 더 아름다웠다.

8 **1** 이 사전은 일본어로 편지를 쓸 때에 도움이 된다.

문제2 _____의 단어를 한자로 쓸 때 가장 적당한 것을 1·2·3·4에서 하나 고르세요. p.92

9 **2** 실패는 성공의 원천이다.

10 **2** 창문으로 보이는 경치가 멋지다.

11 **3** 회의에 필요한 자료를 복사해 둔다.

12 **1** 그 수업은 재미있어서 아무도 졸지 않았다.

13 **2** 도시락은 데워서 먹는 편이 맛있습니다.

14 **4** 이 학교는 동아리 활동이 활발한 것으로 유명하다.

문제3 ( )에 넣기에 가장 적당한 것을 1·2·3·4에서 하나 고르세요. p.93

15 **4** 그 업무는 저에게 (맡겨) 주세요.

16 **2** 학생의 개인 정보를 지키는 것이 학교의 기본적인 (방침)이다.

17 **3** 그녀는 매일 식사의 (칼로리)를 계산하고 있다.

18 **1** 문제점은 충분히 (알고) 있습니다.

19 **2** 가게에서는 (시원시원한) 인사를 하도록 하고 있다.

20 **3** 결혼식 (회장)은 호텔의 2층입니다.

21 **4** 그 그림의 아름다움에 완전히 마음을 (빼앗겨) 버렸다.

22 **2** 그는 행선(지)도 말하지 않고 여행을 떠났다.

23 **4** (단단히) 준비했기 때문에 이번 시험은 괜찮다.

24 **1** 이번 행사에는 학생은 전원 (참가)해 주세요.

25 **2** 마을을 (어슬렁어슬렁) 하고 있었더니 완전히 해가 져 버렸다.

문제4 _____과 의미가 가장 가까운 것을 1·2·3·4에서 하나 고르세요. p.95

26 **1** 그는 <u>변함없이</u> 공장에서 일하고 있다.≒전과 같이

27 **3** 요금의 지불은 이미 <u>완료되었다</u>.≒끝났다

28 **4** 그의 설명을 듣고 <u>납득했다</u>.≒잘 알았다

29 **2** 그는 <u>똑똑한</u> 사람입니다.≒머리가 좋은

30 **3** 길에 쓰레기를 버려서는 안 되는 것은 <u>상식</u>입니다.≒누구나 알고 있는 것

문제5 다음 단어의 사용법으로 가장 적당한 것을 1·2·3·4에서 하나 고르세요. p.96

31 가만히 있다, 입을 다물다
  1 꽃병이 깨지지 않도록 <u>가만히</u> 옮겼습니다. ➡ 慎重に^{しんちょう} 신중하게
  2 여름 방학은 시골에 가서 <u>가만히</u> 있었습니다. ➡ のんびりして 느긋하게 지내고
  3 냉장고 문이 자동적으로 <u>가만히 있었습니다</u>. ➡ 閉まりました^し 닫혔습니다
  4 부정을 보고 <u>가만히</u> 있어서는 안 된다.

32 받다, 수취하다
  1 오늘은 식욕이 있기 때문에 무엇이든 <u>받습니다</u>. ➡ 食べられます^た 먹을 수 있습니다
  2 보내 주신 서류를 확실히 <u>받았습니다</u>.
  3 자세하게 설명해 주셨기 때문에 충분히 <u>받았습니다</u>. ➡ 理解できました^{り かい} 이해할 수 있었습니다
  4 제가 <u>받은</u> 일은 순조롭게 진행되고 있습니다. ➡ 任された^{まか} 맡은

33 조건
  1 내용을 <u>조건</u>으로 써서 정리해 주세요. ➡ 箇条書き^{か じょう が} 항목별로 씀
  2 그와 결혼의 <u>조건</u>을 했기 때문에 행복합니다. ➡ 約束^{やくそく} 약속
  3 <u>조건</u>이 좋은 일을 찾을 수 있었다.
  4 시간의 <u>조건</u>을 받기 때문에 출판은 어려울 것 같습니다. ➡ 制約^{せいやく} 제약

34 콩쿠르
  1 노력의 결과, 음악 <u>콩쿠르</u>에서 상을 받았다.
  2 모두가 자유롭게 노래하는 모습은 마치 <u>콩쿠르</u> 같았다. ➡ ミュージカル 뮤지컬
  3 <u>콩쿠르</u>처럼 딱딱한 것으로 만드는 쪽이 튼튼합니다. ➡ コンクリート 콘크리트
  4 작품이 <u>콩쿠르</u>로 만들어진다면 우승도 꿈이 아닐 것입니다. ➡ ハイレベル 하이 레벨, 수준이 높음

35 안달복달, 초조해 하거나 짜증을 내는 모양
  1 그 아이는 화장실에 가고 싶어서 <u>초조하게</u> 움직이고 있었다. ➡ もじもじ 머뭇머뭇, 꾸물꾸물
  2 감기에 걸려서 목이 <u>초조하게</u> 아팠다. ➡ ひりひり 따끔따끔

3 그 천은 만지면 <u>초조한</u> 느낌이 듭니다. ➡ さらさら 보송보송, 보슬보슬

4 그날은 기분이 좋았기 때문에 버스가 늦어도 <u>짜증 나지</u> 않았다.

2교시 **언어지식**(문법)

문제1 다음 문장의 (   )에 넣기에 가장 적당한 것을 1·2·3·4에서 하나 고르세요. p.98

[1] 1 A 내일 파티, 야마다 씨는 (오지 않는 거)였나?

B 아니, 온다고 했었어. 아르바이트는 쉰대.

[2] 3 이번 시험 결과는 나빴지만 다음(이야말로) 좋은 점수를 따 보이겠어.

[3] 2 속옷은 봉투를 열면 교환할 수 없으므로, 사이즈를 잘 확인한 (후에) 사지 않으면 안 된다.

[4] 4 (미술관에서)

A 어린이 요금은 얼마입니까?

B 500엔입니다. 단, 어른과 함께인 경우(에 한해서) 무료입니다.

[5] 3 내가 (아무리) 물어도 그는 대답하지 않았다.

[6] 1 우리 회사는 일이 바빠지면 밥을 먹을 시간(조차) 없습니다.

[7] 2 A 마라톤 시합을 보고 어땠어?

B 우승한 선수도 물론 대단했지만, 다친 선수가 끝까지 (완주한) 모습이 가장 인상적이었어.

[8] 3 학생   선생님, 자습 시간은 음악을 (들으면서) 공부해도 괜찮습니까?

선생님 음악을 들으면 공부에 집중할 수 없으니까, 쉬는 시간에 들으세요.

[9] 2 유학생 일본에서는 된장국을 먹을 때 숟가락을 사용하지 않나요?

일본인 일본에서는 된장국을 먹는 (것에)도 젓가락을 사용합니다. 그릇을 손으로 들어 올려서 먹습니다.

[10] 1 푹 자고 있는 (것을) 친구가 봐 버려서 창피하다.

[11] 4 부장 설명은 이상이야. 뭔가 질문 있나?

과장 아니요. 자세하게 (설명해 주신) 덕분에 잘 알았습니다.

[12] 2 A 아버지의 가게를 돕고 있다면서요? 힘들죠?

B 아니요. 억지로 돕고 (있다)기 보다는 제가 좋아서 하고 있는 거예요.

[13] 3 아내 당신 열이 있네. 오늘은 회사를 쉬는 게 어때?

남편 아니, 오늘은 중요한 회의가 있어서 감기에 걸렸다고 해서 (쉴 수는 없어).

문제2 다음 문장의 ___★___ 에 들어갈 가장 적당한 것을 1·2·3·4에서 하나 고르세요. p.102

[14] 4 아버지는 '아무리 3 힘들어도 2 부탁받은 4 일은 1 끝까지 하렴'이라고 말했다.

15 **1** (소바 가게에서)

A 완전히 여름이 되었네요. 요즘 매상은 어때요?

B 따뜻한 소바는 역시 4 <u>더워</u> 3 <u>지면</u> 1 <u>더워질수록</u> 2 <u>팔리지 않게</u> 되지만, 요즘은 차가운 소바가 잘 팔리고 있으니까 그럭저럭 괜찮아요.

16 **1** (여관에서)

여관 사람   죄송합니다만, 넓은 방은 모두 가득 차서, 좁은 방밖에 비어 있지 않습니다.

손님   방은 4 <u>밝고</u> 2 <u>깨끗하기</u> 1 <u>만</u> 3 <u>하면</u> 좁은 곳이라도 상관없어요.

17 **3** 손으로 쓴 편지는 컴퓨터를 사용해서 4 <u>쓰는</u> 1 <u>것</u> 3 <u>에</u> 2 <u>비해서</u> 시간이 들지도 모르지만, 보다 마음이 전해지는 듯한 기분이 듭니다.

18 **2** 혹시 올 수 없을 4 <u>것 같다</u> 2 <u>면</u> 1 <u>가능한</u> 3 <u>한</u> 빨리 연락해 주세요.

문제3 다음 글을 읽고, 글 전체의 내용을 생각하여, 19 부터 23 안에 들어갈 가장 적당한 것을 1·2·3·4에서 하나 고르세요.   p.104

제가 매우 좋아하는 선생님

강혜리

제가 매우 좋아하는 선생님은 유치원 때의 선생님입니다. 초등학교, 중학교, 고등학교로 좋은 선생님을 많이 만났습니다만, 가장 마음에 남아 있는 것은 역시 유치원 때의 선생님입니다.

그 선생님은 웃는 얼굴이 근사한 사람이었습니다. 아침에 유치원에 가면 언제나 방긋 웃으며 '안녕'이라고 말하며 맞이해 주었습니다. 19 또 아이들을 언제나 칭찬해 주는 선생님이었습니다. 그림을 잘 그리거나, 노래를 큰 소리로 부르거나 했을 때 등은 물론, 밥을 전부 먹은 것 20 만 으로도 굉장히 칭찬해 주었습니다. 저는 선생님께 칭찬받고 싶어서 무엇을 할 때나 매우 열심히 했습니다. 21 그 선생님 께 칭찬받으면 하루 종일 매우 행복했습니다.

어느 날 저는 운동장에서 넘어져서 울음을 터뜨리고 말았습니다. 교실에 있던 선생님은 제가 울고 있는 소리를 22 듣자마자 신발도 신지 않고 달려와 주었습니다. 그게 기뻐서 저는 바로 울음을 그쳤던 것을 지금도 기억하고 있습니다.

저는 초등학교에 올라갈 때 이사를 했기 때문에 그 선생님과는 유치원을 졸업하고 나서 한 번도 만나지 않았습니다. 지금도 그 유치원 근처에 살고 계실까요? 지금도 유치원 선생님을 하고 계실까요? 언젠가 그 선생님을 꼭 23 만나고 싶습니다 .

● **2교시 독해** ——————————————————— **3회**

문제4 다음 (1)에서 (4)의 글을 읽고, 질문에 답하세요. 답은 1·2·3·4에서 가장 적당한 것을 하나 고르세요.

(1) 아래의 메모는 엄마가 아들에게 쓴 것이다.   p.106

다카시에게
오늘 점심쯤 택배가 도착해요. 인터폰이 울리면 나가서 받아 주세요. 도장은 부엌 오른쪽 서랍에 있어요. 보낸 사람이 할머니의 이름으로 되어 있는 것을 확인해 주세요.

항상 보내 주시는 채소가 들어 있어요. 조금 무거울지도 모르지만 힘내면 들을 수 있다고 생각해요. 부엌까지 조심해서 옮겨 주세요. 안을 열어서 확인하면 할머니께 감사 전화를 걸어 주세요.

엄마는 저녁에 돌아갑니다.

24 택배가 오면 아들은 무엇을 하지 않으면 안 되는가?

　　1　부엌의 오른쪽 서랍에 도장을 넣는다.

　　2　할머니께 보내는 채소라는 것을 확인한다.

　　3　채소는 무거우니까 택배 배달원에게 부엌으로 옮겨 달라고 한다.

　　4　짐을 받고 할머니께 전화를 한다.

(2)
p.107

　우리 동네에서 가장 인기가 있는 가게는 카레라이스 가게입니다. 그 점장님이 처음 카레라이스를 먹은 것은 초등학교 때로, 어머니와 함께 먹었던 그때의 놀람과 감동을 많은 손님에게 주고 싶은 거라고 합니다. 어머니가 레스토랑에 데리고 가 주었던 것, 특별히 맛있는 맛, 여러 가지 의미로 감동했다고 하며, 그중에서도 마음에 남은 것이 가게의 서비스였다고 합니다. 기분 좋게 먹을 수 있는 가게라는 것은 그때부터 점장님의 신념이 된 것 같습니다.

25 카레라이스 가게의 점장님이 가장 중요하게 여기고 있는 것은 무엇인가?

　　1　동네에서 가장 인기 있는 가게로 만드는 것

　　2　가족이 함께 올 수 있는 가게로 만드는 것

　　3　다른 가게에는 없는 특별한 맛으로 하는 것

　　4　좋은 분위기 속에서 먹게 하는 것

(3) 아래 메일은 대학 후배가 선배에게 보낸 것이다.
p.108

받는 사람 : bungeibu-ob@mailing-list.net

제목 : 학교 축제에서의 회식 공지

문예부 선배님께

올해 학교 축제에서 저희 문예부는 한국 식당을 엽니다.

그래서 선배님들을 초대하여 회식을 하고 싶다고 생각하고 있으니, 부디 와 주시지 않겠습니까?

선배님들께서 편한 날짜를 알려 주셨으면 하니 답장을 부탁드립니다.

도저히 무리인 경우는 후배들에게 메시지를 써 주시면 기쁠 것 같습니다.

아무쪼록 잘 부탁드립니다.

N대학 문예부

우미노 히로시

26 후배가 이 메일을 보낸 목적은 무엇인가?

　　1　선배와 함께 회식을 가고 싶다고 부탁하는 것

　　2　선배를 회식에 부르고 싶어서 예정을 묻는 것

　　3　학교 축제에 대한 메시지를 적어 달라는 것

　　4　학교 축제를 언제 실시하면 좋을지 알려 달라는 것

(4)

p.109

　누군가가 무언가를 해 주었을 때에는 큰 소리로 '감사합니다'라고 말합시다. 그것은 조금 부끄러울지도 모릅니다. 그러나 큰 소리로 활기차게 말하면 상대방도 자신도 기분이 좋아지는 그런 마법의 말입니다. 그것을 솔직하게 말할 수 있는 것은 마음이 건강하다는 것입니다. 타인의 대단함을 아는 것은 자신이 성장했기 때문입니다. 사람의 결점만 보여서 감사하지 못하는 것은 성장이 멈춰 있는 것입니다. 타인에게 도움을 받고 살고 있다는 그 자각과 기쁨이 행복을 부릅니다.

27 이 글에서는 무엇이 중요하다고 말하고 있는가?

　1 큰 소리로 말하는 것은 부끄럽다고 생각하는 것

　2 자신의 기분보다 상대방의 기분을 생각하는 것

　3 타인의 결점을 보고도 솔직하게 감사할 수 있는 것

　4 타인에게 도움을 받고 있다는 것을 인식하는 것

문제5　다음 (1)과 (2)의 글을 읽고 질문에 답하세요. 답은 1·2·3·4에서 가장 적당한 것을 하나 고르세요.

(1)

p.110

　초등학교 5학년 때 과학 교과서에서 송사리의 사진을 보고 교실에서도 키워 보고 싶다고 선생님께 부탁했다. 전원이 관찰 노트를 쓰는 것을 조건으로 하여 선생님은 송사리를 준비해 주셨다. 먹이를 주거나 물을 갈거나 하면서 매일 송사리를 지켜보는 것은 ①매우 두근거리는 체험이었다. 알이 투명해서 알 속에서 자라고 있는 상황이 보이는 것이나, 알에서 나온 후 점점 송사리의 형태가 되어 가는 것이 신기했던 것이다.

　6학년이 되었을 때 나는 송사리를 받아서 집에 가져 갔다. 나 혼자서 같은 일을 해 보려고 생각했던 것이다. 그들이 나의 귀가를 기다리고 있는 듯 하여 학교에서 수업 중에도 그것이 신경 쓰여 ②안절부절 못했다. 학교가 끝나면 매일 달려서 집으로 돌아갔다.

　어느 날 송사리가 알을 낳고 있는 것을 발견했다. 나는 바로 5학년 때의 관찰 노트를 꺼내 와서 주의 깊게 보았다. 알의 형태는 노트에 적힌 대로이다. 그 후에도 노트와 동일하게 성장해 간다. 과거에 썼던 것인데도 미래가 쓰여 있다. 나는 그때 공부하는 의미라는 것을 느꼈다.

28 ①매우 두근거리는 체험이라고 하는데 무엇이 두근거렸는가?

　1 알 속에서 송사리의 형태가 되는 모습을 지켜보는 것

　2 선생님께 관찰 노트를 쓰는 것을 부탁하는 것

　3 송사리가 어른의 형태(성체)가 되어 가는 모습을 보는 것

　4 과학 교과서로 송사리의 성장을 공부하는 것

29 ②안절부절 못했다고 하는데 어째서 안절부절 못했는가?

　1 자기 혼자서 수업과 같은 공부를 할 수 있을지 불안해서

　2 집에 내가 돌아오기를 기다리고 있는 사람이 있어서

　3 학교가 끝나면 달려서 돌아가지 않으면 안 돼서

　4 빨리 집에 돌아가서 송사리가 어떻게 하고 있는지 보고 싶어서

30 이 글을 쓴 사람이 집에서 송사리를 키워 보고 가장 느낀 점은 무엇인가?
1 학교보다 집에서 혼자 공부하는 쪽이 의미가 있다.
2 공부는 미래를 아는 것에 도움이 된다.
3 과거에 쓴 것이라도 조금은 도움이 된다.
4 송사리의 성장을 보는 것은 두근거린다.

(2)   p.112

　매년 4월 1일은 '만우절'이라고 해서 거짓말을 해도 되는 날로 여겨지고 있다. 가족이나 친구끼리 거짓말을 하고 함께 웃는 경우도 있고 회사가 인터넷에서 이상한 광고를 내는 경우도 있다.
　어떤 학교에서는 매년 학생들이 다양한 장난을 쳐서 선생님을 놀라게 하려고 한다고 한다. 예를 들면 교복을 거꾸로 입고 뒤를 보고 앉거나, 1학년과 3학년이 교실을 바꾸거나 하는 것 같은 일이다. 단, 선생님들도 사실은 그것을 알고 있다. 학생이 무언가 할 것이라고 예상하고 있고, 학생이 생각하는 장난은 대부분 같은 것이기 때문에 익숙해져 있기도 하다. 순수한 모습이 귀엽기 때문에 일부러 놀란 척을 하는 것이다.
　남을 상처 입힐 것 같은 거짓말을 해서는 안 되지만, 상대를 즐겁게 하기 위해서라면 때로는 필요한 듯 하다. 1년에 한 번이라도 이런 날이 있다면 규칙 투성이로 지쳐 있는 학생들의 마음을 해방시켜 주게 되기도 한다. 그것이 마음의 균형을 잡는 데에도 도움이 된다고 한다. 그것도 중요한 교육이다.

31 이 글에서는 만우절에는 어떤 것을 한다고 말하고 있는가?
1 선생님이 학생을 놀래키려고 한다.
2 가족이나 친구끼리 대화한다.
3 회사가 평소와는 다른 광고를 한다.
4 모든 사람이 거짓말을 하고 즐긴다.

32 일부러 놀란 척을 한다고 하는데 어째서 놀란 척을 하는가?
1 평소와 다른 교복을 입고 있는 학생들의 모습이 귀여워서
2 놀래키려고 하는데 항상 실패하는 학생들의 모습이 귀여워서
3 교실이 바뀌었는데 모르고 있는 학생들의 모습이 귀여워서
4 깜짝 놀라게 하려고 애쓰는 학생들의 모습이 귀여워서

33 이 글을 쓴 사람은 거짓말에 대해 어떻게 생각하고 있는가?
1 남을 즐겁게 하기 위한 거짓말을 가르치는 것은 중요한 일이다.
2 마음을 안정시키기 위해서는 거짓말을 해서 웃는 것도 중요하다.
3 자신을 위해 남을 상처 입혀서는 안 된다는 것을 가르쳐야 한다.
4 아이들은 규칙 투성이라 지쳐 있으므로 거짓말을 해 버리는 것이다.

문제6　다음 글을 읽고 질문에 답하세요. 답은 1·2·3·4에서 가장 적당한 것을 하나 고르세요.   p.114

　결혼 생활에서는 사고방식의 차이로 싸움이 일어나는 일이 자주 있다. 다른 부분을 인정하거나 자신의 사고방식을 바꾸거나 하면서 좋은 가정을 만들기 위해 노력해 나가는 것이 부부이다. 작년에 결혼했다는 오야마 씨도 처음에는 ①그것이 되지 않아 몹시 고민했다고 한다. 그러나 하나하나 해결하면서 점점 즐거워지기 시작했다고 한다.

그런 오야마 씨가 가장 고생한 것은 레스토랑에서의 식사였다. 오야마 씨의 부인은 두 사람이 반드시 다른 것을 주문하고 싶다고 말한다고 한다. 오야마 씨가 부인과 같은 것을 주문하려고 하면 ②부인은 굉장히 화를 낸다. 그러나 오야마 씨는 인생의 즐거움은 먹는 것이라고 말할 정도로 식사를 매우 좋아한다. 먹고 싶은 것을 먹는 것이 마음의 건강과 장수를 위해서는 절대적으로 필요하다고 생각하고 있다. '대부분의 일은 아내에게 맞추려고 노력했습니다'라고 하는 오야마 씨이지만 ③이것만은 어떻게 해도 양보할 수 없었다. 먹는 것이 사는 보람인 오야마 씨에게 있어서 먹는 것으로 불평을 듣는 것은 매우 괴로운 일인 것이다.

그것을 어떻게 해결했는가 하면 외식을 그다지 하지 않도록 했다고 한다. 그것이 스트레스가 되지 않을까 하고 생각했지만 의외로 그렇지 않았다. '아내가 만들어 주는 요리 쪽이 더 맛있고 절약도 할 수 있으며, 무엇보다도 같은 것을 먹어도 화를 내지 않으니까'라며 오야마 씨는 웃었다. 사고방식이 달라도 행복을 느낄 수 있다는 것을 알게 되었다고 한다.

34 ①그것이 되지 않아라고 하는데 무엇이 되지 않았던 것인가?
1 사고방식의 차이로 싸움을 하는 것
2 다른 부분을 절대로 인정하지 않는 것
3 결혼을 하기 위해서 노력하는 것
4 두 사람의 사고방식을 맞추는 것

35 ②부인은 굉장히 화를 낸다고 하는데 그것은 어째서인가?
1 오야마 씨가 자신과 다른 요리를 주문하기 때문에
2 레스토랑이 아닌 집에서 식사하고 싶기 때문에
3 둘이서 같은 것을 주문하는 것이 싫기 때문에
4 오야마 씨가 좋은 가정을 만드는 노력을 하지 않기 때문에

36 ③이것만은 어떻게 해도 양보할 수 없었다라고 하는데 이것이란 무엇인가?
1 불평을 듣는 것은 매우 괴로운 것
2 자신이 먹고 싶은 것을 먹는 것
3 의견이 다를 경우에는 부인에게 맞추는 것
4 같은 것을 주문하면 부인이 화를 내는 것

37 오야마 씨는 지금 기분을 어떻게 말하고 있는가?
1 같은 것을 주문해도 부인이 화를 내지 않게 되어 기쁘다.
2 아내의 의견에 맞추는 것으로 행복해질 수 있다는 것을 알았다.
3 외식할 수 없는 것은 스트레스이지만 절약이 되어 좋다.
4 많이 고민했지만 전보다도 행복을 느끼고 있다.

문제7 오른쪽 페이지는 어느 가전제품 판매점의 전단지이다. 이것을 읽고 아래의 질문에 답하세요. 답은 1·2·3·4 에서 가장 적당한 것을 하나 고르세요. p.116

38 4월에 결혼하는 야마다 씨는 새롭게 가구를 갖추고 싶다고 생각하고 있다. TV와 전자레인지와 세탁기를 사고 싶은데 예산은 10만 엔 이내이다. 어떻게 사면 좋은가?
1 최신형 세트를 산다.
2 가사 만족 세트를 사고 20형 TV를 따로 산다.

3 1인 생활 응원 세트를 사고 세탁기를 따로 산다.

4 깜짝 상품 일람에서 각각 산다.

39 다무라 씨는 인터넷에서 주문하려고 생각하고 있다. 가게에 가는 것과 인터넷에서 사는 것의 차이는 무엇인가?

1 인터넷에서 주문하는 편이 조금 싸기 때문에 이득이다.

2 인터넷에서 주문하면 품절될 걱정이 없다.

3 인터넷에서 주문할 때는 은행에서 지불하지 않으면 안 된다.

4 인터넷에서 주문하면 배송비가 든다.

깜짝 전자 기계, 봄의 신생활 이득 페어
- 3월 1일부터 4월 1일까지 -

▶ 깜짝 상품 일람

상품명	가격	추가 서비스
40형 액정 TV	75,000엔	TV 배선 서비스
20형 액정 TV	45,000엔	TV 배선 서비스
청소기	30,000엔	미니 클리너 세트
세탁기	34,000엔	액상 세제 1통
식기세척기	39,000엔	식기용 세제 2통
전자레인지	19,000엔	내열 랩 2개
3홉(合)들이 전기밥솥	6,000엔	쌀 10kg
1인용 냉장고	18,000엔	생수 2ℓ

▶ 새로운 생활 응원 세트

세트 내용	세트 가격
① 리빙룸 세트 　20형 액정 TV · 청소기	60,000엔
② 1인 생활 응원 세트 　20형 액정 TV · 1인용 냉장고 · 　전자레인지 · 3홉(合)들이 전기밥솥	76,000엔
③ 가사 만족 세트 　세탁기 · 전자레인지 · 식기세척기	80,000엔
④ 최신형 세트 　40형 액정 TV · 세탁기 · 전자레인지	110,000엔

상품에는 수량에 한계가 있으므로 품절되는 경우가 있습니다.

주변 도로는 매우 혼잡하오니 대중교통을 이용해 주세요.

인터넷에서도 동일한 요금으로 판매하고 있습니다. 인터넷에서 주문할 경우는 은행 입금, 또는 카드로 지불해 주세요. 그때, 배송비는 유료이므로 주의해 주세요.

문제1 문제1에서는 우선 질문을 들으세요. 그리고 이야기를 듣고 문제지의 1에서 4 중에서 가장 적당한 것을 하나 고르세요.

1번 ◆) 3-01

店員と男の人が話しています。男の人はこのあと何を買いますか。

女 いらっしゃいませ。何かお探しですか。

男 あ、今度出張でアメリカに行くので、スーツケースとパソコンを入れるカバンを買おうと思って来たんですけど。

女 でしたら、こちらのスーツケースはいかがでしょう？スーツをかけるハンガーや、書類を入れるポケットもあって便利ですよ。

男 へぇ、いいですねえ。行くのは1週間なんですけど、スーツケースは大きいほうがいいですか。

女 1週間でしたら、小さいほうでも十分だと思いますよ。

男 そうですか。あ、でももっと長い出張に行くことがあるかもしれないので、やっぱり大きいのにしておきます。あとは……パソコンのバッグだな。

女 それでしたら、こちらはいかがでしょう？スーツケースとセットのものなんですが。

男 グレーと黒があるんですね。スーツケースも黒だし、同じ色のほうがいいかな。じゃあ、これ、お願いします。

女 かしこまりました。

점원과 남자가 이야기하고 있습니다. 남자는 이다음 무엇을 삽니까?

여 어서 오세요. 무엇을 찾으십니까?

남 아, 이번에 출장으로 미국에 가기 때문에, 여행용 가방과 컴퓨터(노트북)를 넣을 가방을 사려고 왔는데요.

여 그러시면, 이쪽의 여행용 가방은 어떠세요? 양복을 거는 옷걸이나 서류를 넣는 주머니도 있어서 편리해요.

남 호오, 좋네요. 가는 것은 일주일입니다만, 여행용 가방은 큰 편이 좋을까요?

여 일주일이라면, 작은 걸로도 충분하다고 생각합니다.

남 그래요? 아, 하지만 좀 더 긴 출장을 갈 일이 있을지도 모르니까, 역시 큰 것으로 해 두겠습니다. 그리고…… 노트북 가방인데.

여 그거라면, 이쪽은 어떠세요? 여행용 가방과 세트입니다만.

남 회색과 검은색이 있군요. 여행용 가방도 검은색이고, 같은 편이 좋겠네. 그럼, 이거 부탁드립니다.

여 알겠습니다.

男の人はこのあと何を買いますか。

남자는 이다음 무엇을 삽니까?

2번 🔊 3-02

会社で、男の人と女の人が話しています。女の人はこのあと何をしなければなりませんか。

男 木村さん、明日の会議の準備、できてる？

女 はい、会議室の予約と資料のコピーをしておきました。

男 ありがとう。実は本社からもう一人、会議に参加することになったんだけど、資料をあと一人分、用意してくれる？

女 はい、コピーしておきます。

男 時間と場所は本社の人に連絡しておいたから。

女 はい。

男 じゃ、明日はお茶の準備もお願いね。

女 はい、わかりました。

女の人はこのあと何をしなければなりませんか。

1 かいぎしつをよやくする

2 しりょうをもう一人分用意する

3 本社の人にれんらくする

4 お茶のじゅんびをする

회사에서 남자와 여자가 이야기하고 있습니다. 여자는 이다음 무엇을 하지 않으면 안 됩니까?

남 기무라 씨, 내일 회의 준비, 다 했어?

여 네, 회의실 예약과 자료 복사를 해 두었습니다.

남 고마워. 실은 본사에서 한 사람 더 회의에 참가하게 되었는데, 자료를 한 사람분 더 준비해 줄래?

여 네, 복사해 두겠습니다.

남 시간과 장소는 본사 사람에게 연락해 두었으니까.

여 네.

남 그럼, 내일은 차 준비도 부탁할게.

여 네, 알겠습니다.

여자는 이다음 무엇을 하지 않으면 안 됩니까?

1 회의실을 예약한다

2 자료를 한 사람분 더 준비한다

3 본사 사람에게 연락한다

4 차 준비를 한다

夫婦が清掃活動について話しています。男の人は何を持っていかなければなりませんか。

男　町内会の掃除当番って、今度の土曜日だったよね？何するんだっけ。

女　集会所の中と周りを掃除するんだって。集会所の床をふくのと、集会所の玄関の周りを掃くのと、庭の草取りと、あと、外のごみ拾い。

男　うちは？

女　うちはね……、あ、集会所の中だわ。

男　ふうん。

女　あ、道具は各自持参だって。

男　え、自分たちで持って行かなきゃいけないの？

女　そうみたい。中のふき掃除はぞうきん、玄関の掃き掃除はほうき、庭の草取りは手袋、ごみ拾いはごみ袋だって。あなた、忘れないようにね。

男　君が持って行けばいいだろ。一緒に行くんだから。

女　ああ、私その日、高校の同窓会で昼間からいないから。

男　そんなぁ。

男の人は何を持っていかなければなりませんか。

1　ほうき

2　手ぶくろ

3　ごみぶくろ

4　ぞうきん

부부가 청소 활동에 대해 이야기하고 있습니다. 남자는 무엇을 가지고 가지 않으면 안 됩니까?

남　반상회 청소 당번이 이번 토요일이었지? 뭐 하는 거더라?

여　집회소 안과 주변을 청소한대. 집회소 바닥을 닦는 거랑 집회소 현관 주변을 쓰는 것과 마당 제초랑, 그리고 바깥의 쓰레기 줍기.

남　우리는?

여　우리는……, 아 집회소 안이네.

남　흐음.

여　아, 도구는 각자 지참이래.

남　뭐? 우리가 갖고 가야 하는 거야?

여　그런 것 같아. 안의 걸레질은 걸레, 현관 쓸기는 빗자루, 마당의 제초는 장갑, 쓰레기 줍기는 쓰레기봉투래. 당신, 잊으면 안 돼.

남　당신이 가지고 가면 되잖아. 함께 가니까.

여　아, 나 그날 고등학교 동창회 때문에 낮부터 없으니까.

남　이런.

남자는 무엇을 가지고 가지 않으면 안 됩니까?

1　빗자루

2　장갑

3　쓰레기봉투

4　걸레

病院で男の人と看護師が話しています。男の人はこのあとまず何をしなければなりませんか。

男　すみません。はじめて来たんですが、しんさつを受けるのはここですか。

병원에서 남자와 간호사가 이야기하고 있습니다. 남자는 이다음 우선 무엇을 하지 않으면 안 됩니까?

남　저기요. 처음 왔는데요, 진찰을 받는 곳은 여기인가요?

女 はい。ここですが、今日はどうしましたか。

男 頭がいたくて、熱もあるし、せきがひどいです。

女 それでは内科ですね。1階に総合受付がありますから、そこで初めにもうしこんでください。

男 そのあと、ここに来ればいいですか。

女 受付でカードをくれますからそれをこのボックスに入れて待ってください。カードはあとで返します。その間に、こちらの紙に今どこがわるいか、書いてください。

男 車を駐車場にとめましたが、何か書かなければなりませんか。

女 出るときに病院のカードを見せればいいです。

男の人はこのあとまず何をしなければなりませんか。

1 車をちゅうしゃじょうにとめる

2 1かいの受付でもうしこむ

3 カードをボックスにいれる

4 どこがわるいか紙にかく

여 네. 여기입니다만, 오늘은 어떻게 오셨나요?

남 머리가 아프고, 열도 있고, 기침이 심해요.

여 그러면 내과네요. 1층에 종합 접수처가 있으니, 그곳에서 우선 신청해 주세요.

남 그다음 여기로 오면 되나요?

여 접수처에서 카드를 주니까 그걸 이 상자에 넣고 기다려 주세요. 카드는 나중에 돌려드립니다. 그 사이에 이쪽의 종이에 지금 어디가 아픈지 적어 주세요.

남 차를 주차장에 세웠습니다만, 무언가 써야 하나요?

여 나갈 때 병원 카드를 보여주면 됩니다.

남자는 이다음 우선 무엇을 하지 않으면 안 됩니까?

1 차를 주차장에 세운다

2 1층 접수처에서 신청한다

3 카드를 상자에 넣는다

4 어디가 아픈지 종이에 쓴다

5번 🔊 3-05

レストランで、男の店員と店長が話しています。男の店員はこのあとまず何をしなければなりませんか。

男 あの、テーブルに置いてあるソースがほとんどないんですが、ソースはどこですか。

女 あ、あそこの棚にしまってあるんだけど、いろんな種類があるから確認してから入れてね。

男 はい。

女 でも、その前にあそこのテーブル、先に片付けてくれる？

男 はい、わかりました。

女 あっ、お客さんが呼んでるわ。そっちはいいから、注文聞いてきて。

男 はい。

레스토랑에서 남자 점원과 점장이 이야기하고 있습니다. 남자 점원은 이다음 우선 무엇을 하지 않으면 안 됩니까?

남 저기요, 테이블에 놓여 있는 소스가 거의 없는데요, 소스는 어디에 있습니까?

여 아, 저쪽의 선반에 넣어 두었는데, 여러 종류가 있으니까 확인하고 나서 채워 줘.

남 네.

여 근데, 그 전에 저쪽의 테이블, 먼저 정리해 줄래?

남 네, 알겠습니다.

여 앗, 손님이 부른다. 그쪽은 됐으니까, 주문받고 와.

남 네.

男の店員はこのあとまず何をしなければなりません
か。

1 ソースをたなにしまう

2 ソースのしゅるいをかくにんする

3 テーブルをかたづける

4 きゃくの注文を聞く

남자 점원은 이다음 우선 무엇을 하지 않으면 안 됩
니까?

1 소스를 선반에 넣는다

2 소스 종류를 확인한다

3 테이블을 정리한다

4 손님의 주문을 받는다

6번 🔊 3-06

お店で、女の人と男の人が話しています。女の人はど
のフライパンを買いますか。

女 あ、ここだ。キッチン雑貨。

男 何買うの？

女 フライパン。

男 あれ？この間、いいやつ買ったばっかりじゃな
い。

女 あれは、あれ。今日は、普通のフライパンじゃな
くて、お弁当用の、3つに分かれてるフライパンを
買いに来たのよ。

男 え、3つってどういうこと？

女 中が3つに分かれてて、3つのものが同時に焼ける
のよ。卵とソーセージと野菜とか。

男 こういうの？

女 うん。でもそういう縦に分かれてるのじゃなく
て、時計みたいに分かれてるのがいいの。あ、あ
った。こういうの。

男 あぁ。これか。なるほど、便利そうだね。

가게에서 여자와 남자가 이야기하고 있습니다. 여자
는 어느 프라이팬을 삽니까?

여 아, 여기다. 주방 잡화.

남 뭐 살 거야?

여 프라이팬.

남 어? 얼마 전에 좋은 거 산 지 얼마 안 되지 않았
어?

여 그건 그거고. 오늘은 일반 프라이팬이 아니라, 도
시락용의 세 개로 나눠진 프라이팬을 사러 온 거
야.

남 뭐? 세 개라는 게 무슨 말이야?

여 안이 세 개로 나눠져 있어서, 세 가지를 동시에
구울 수 있어. 달걀이랑 소시지랑 채소라든지.

남 이런 거?

여 응. 근데 그렇게 세로로 나눠져 있는 게 아니라
시계처럼 나눠져 있는 게 좋아. 아, 있다. 이런 거.

남 아, 이거구나. 그래, 편리해 보이네.

女の人はどのフライパンを買いますか。

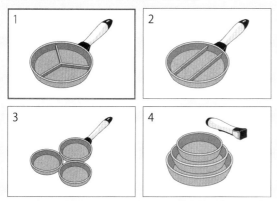

문제2　문제2에서는 우선 질문을 들으세요. 그다음 문제지를 보세요. 읽을 시간이 있습니다. 그리고 이야기를 듣고 문제지의 1에서 4 중에서 가장 적당한 것을 하나 고르세요.

1번 🔊 3-07

デパートで、男の人と女の人が話しています。女の人がデパートに来た目的は何ですか。

男　おお。オープンして3か月以上たつのに、人がいっぱいだねぇ。

女　本当ね。広いし、お店もたくさん入ってるからね。映画館もあるし。

男　1日いて、映画を見たり、空いてる時間はショッピングっていうのもいいね。

女　そうね。今度来るときはそうしましょうか。レストランも多いから食事にも困らないし。

男　そういえば、イベントホールも広いらしいね。オープンのときは、アイドルグループが来てコンサートしたんだって。

女　ねぇ。そのイベントホールってあっち？

男　うん。それよりお昼ご飯、何食べようか。

女　何言ってんの。早く行かないと座るところがなくなっちゃうでしょ。12時から木村雅治のコンサートなんだから。

男　え、もしかして今日来たのって、そのため？

백화점에서 남자와 여자가 이야기하고 있습니다. 여자가 백화점에 온 목적은 무엇입니까?

남　와, 오픈한 지 3개월 넘게 지났는데, 사람이 가득 차 있네.

여　정말. 넓고, 가게도 많이 들어와 있으니까. 영화관도 있고.

남　하루 종일 있으면서 영화를 보거나, 비어 있는 시간은 쇼핑하는 것도 좋겠네.

여　그렇네. 다음에 올 때는 그렇게 할까? 레스토랑도 많으니까 식사하기도 곤란하지 않고.

남　그러고 보니, 이벤트 홀도 넓다던데. 오픈 때는 아이돌 그룹이 와서 콘서트했대.

여　근데. 그 이벤트 홀이 저쪽이야?

남　응. 그것보다 점심 뭐 먹을까?

여　무슨 소리야. 빨리 가지 않으면 앉을 자리가 없어져 버리잖아. 12시부터 기무라 마사하루의 콘서트란 말이야.

남　뭐, 혹시 오늘 온 게 그거 때문이야?

女　当たり前でしょ。ご飯はそのあとよ。

女の人がデパートに来た目的は何ですか。

1　映画を見るため

2　買い物をするため

3　食事をするため

4　コンサートを見るため

여 당연하지. 밥은 그 이후야.

여자가 백화점에 온 목적은 무엇입니까?

1　영화를 보기 위해

2　쇼핑을 하기 위해

3　식사를 하기 위해

4　콘서트를 보기 위해

2번 🔊 3-08

パソコン売り場で、店員がパソコンの説明をしています。どうしてパソコンは安いのですか。

男　いらっしゃいませ。こちらのパソコン、ただいま5万円で販売しております。安いからといって古いパソコンじゃありませんよ。他のサービスとセットで安くなる、というわけでもありません。今年はオープン10周年。みなさまへの感謝を込めて、この価格です。今ならスピーカーもおつけいたしますよ。いかがですか。

どうしてパソコンは安いのですか。

1　古いパソコンだから

2　ほかのサービスとセットだから

3　店がオープン10しゅうねんだから

4　スピーカーがついていないから

컴퓨터 매장에서 점원이 컴퓨터 설명을 하고 있습니다. 어째서 컴퓨터는 저렴한 것입니까?

남 어서 오세요. 이쪽 컴퓨터는, 지금 5만 엔으로 판매하고 있습니다. 저렴하다고 해서 오래된 컴퓨터는 아닙니다. 다른 서비스와 세트라서 저렴하게 된 것도 아닙니다. 올해는 오픈 10주년. 여러분에 대한 감사를 담아 이 가격입니다. 지금이라면 스피커도 달아 드리겠습니다. 어떠신가요?

어째서 컴퓨터는 저렴한 것입니까?

1　오래된 컴퓨터라서

2　다른 서비스와 세트라서

3　가게가 오픈 10주년이라서

4　스피커가 달려 있지 않아서

3번 🔊 3-09

電話で、女の人と男の人が話しています。女の人はどうして約束の時間を変えたいと言っていますか。

女　今日の約束なんだけど、会う時間、変えてもいいかな。急でごめんね。

전화로 여자와 남자가 이야기하고 있습니다. 여자는 어째서 약속 시간을 바꾸고 싶다고 말하고 있습니까?

여 오늘 약속 말인데, 만나는 시간 바꿔도 괜찮을까? 갑자기 미안해.

男 うん、いいよ。でもどうして？仕事が遅く終わるの？

女 ううん。そうじゃないんだけど、実は、足をけがして友だちが入院しちゃって……。

男 そう、それは大変だね。

女 大したことはないらしいんだけど、病院にお見舞いに行ってあげないとかわいそうだから。時間、8時半でもいいかな？

男 わかった。それで構わないよ。デパートで買い物しながら待ってるから、駅に着いたら電話して。

女 うん。ありがとう。

女の人はどうして約束の時間を変えたいと言っていますか。

1 仕事がおそく終わるから
2 足をけがして病院に行くから
3 友だちのおみまいに行くから
4 デパートで買い物するから

남 응, 괜찮아. 그런데 왜? 일이 늦게 끝나?

여 아니. 그건 아닌데, 실은 다리를 다쳐서 친구가 입원해 버려서……

남 그래? 그건 큰일이네.

여 별일은 아닌 것 같긴 한데, 병원에 병문안 가지 않으면 가여우니까. 시간은 8시 반이어도 괜찮을까?

남 알았어. 그래도 상관없어. 백화점에서 쇼핑하면서 기다리고 있을 테니까, 역에 도착하면 전화해.

여 응. 고마워.

여자는 어째서 약속 시간을 바꾸고 싶다고 말하고 있습니까?

1 일이 늦게 끝나기 때문에
2 다리를 다쳐 병원에 가기 때문에
3 친구 병문안 하러 가기 때문에
4 백화점에서 쇼핑하기 때문에

4번 🔊 3-10

レストランで、店員と男の人が話しています。店員は何をしてはいけないと言っていますか。

女 お客様。あのー、すみません。

男 あー、携帯？大声で話してうるさかった？ごめんごめん。

女 いえ、携帯電話ではなく、そちらのほうなんですが……。

男 あれ？タバコ？ここは吸っていいんじゃなかったっけ。

女 ええ。こちらは喫煙席なんで、お吸いになっても構わないんですが、当店の料理をお客様に味わっていただきたいと思いまして。

레스토랑에서 점원과 남자가 이야기하고 있습니다. 점원은 무엇을 해서는 안 된다고 말하고 있습니까?

여 손님. 저, 죄송합니다.

남 아, 휴대 전화? 큰 소리로 전화해서 시끄러웠나? 미안, 미안.

여 아니요, 휴대 전화가 아니라, 그쪽 말씀인데요…….

남 어? 담배? 여기는 피워도 괜찮지 않았던가?

여 네. 여기는 흡연석이라 피셔도 상관없습니다만, 저희 가게의 요리를 손님께서 맛보셨으면 해서요.

男 あ、そう。やっぱりダメか。お腹が空いてたから、料理が出る前に食べようと思って持ってきたんだけど。

女 申し訳ございません。

店員は何をしてはいけないと言っていますか。

1 けいたい電話を使うこと

2 おおごえで話すこと

3 タバコをすうこと

4 持ってきたものを食べること

남 아, 그래. 역시 안 되는군. 배가 고파서 음식이 나오기 전에 먹으려고 가져 왔는데.

여 죄송합니다.

점원은 무엇을 해서는 안 된다고 말하고 있습니까?

1 휴대 전화를 사용하는 것

2 큰 소리로 이야기하는 것

3 담배를 피우는 것

4 가져온 것을 먹는 것

5번 🔊 3-11

男の人と女の人が話しています。女の人は何が楽しかったと言っていますか。

男 昨日、お祭りに行ったんだって？どうだった？

女 うん。日本の伝統的な踊りを見たくて行ったんだけど、歩けないほど人がいっぱいだったよ。

男 そうだったんだ。

女 歌手も来てて、歌を聴いたんだけど、知らない曲ばかりだったから、あんまり楽しめなかったな。

男 ふうん。おいしいものは何か食べた？

女 うん。たこ焼きを食べたんだけど、お店の人が作るんじゃなくて、自分で作れて楽しかったよ。なかなかそんな機会はないからね。山田君は昨日何してたの？

男 一日中、家でゲームしてたよ。ゲームも楽しかったけど、僕もお祭りに行けばよかったな。

남자와 여자가 이야기하고 있습니다. 여자는 무엇이 재미있었다고 말하고 있습니까?

남 어제, 축제 갔었다며? 어땠어?

여 응. 일본의 전통적인 춤을 보고 싶어서 갔었는데, 걸을 수 없을 정도로 사람이 가득했어.

남 그랬구나.

여 가수도 와서 노래를 들었는데, 모르는 곡뿐이라서 별로 즐길 수 없었어.

남 흐음. 맛있는 건 뭔가 먹었어?

여 응. 다코야키를 먹었는데 가게 사람이 만드는 게 아니라, 직접 만들 수 있어서 재미있었어. 그런 기회는 좀처럼 없으니까. 야마다 군은 어제 뭐 했어?

남 하루 종일 집에서 게임했어. 게임도 재미있었지만, 나도 축제에 갔으면 좋았을 걸.

女の人は何が楽しかったと言っていますか。

1 日本のおどりを見たこと

2 歌手の歌をきいたこと

3 たこやきを作ったこと

4 家でゲームをしたこと

여자는 무엇이 재미있었다고 말하고 있습니까?

1 일본의 춤을 본 것

2 가수의 노래를 들은 것

3 다코야키를 만든 것

4 집에서 게임을 한 것

6번 🔊 3-12

女の人と男の人が新しい部屋について話しています。男の人は何に一番困っていると言っていますか。

女 どう？新しく引っ越した部屋は。

男 うん。まあまあかな。ちょっと困ることもあるけど。

女 え、何？困ることって？となりの人がうるさいとか？

男 うーん、まぁ、学生ばっかりのマンションだからね。その辺はある程度仕方がないかなと思うけど。

女 じゃあ、駅から遠くて大変とか？

男 それは平気。自転車だし。それより、なんだか前に住んでた部屋より寒い気がするんだ。

女 日当たりがあんまり良くないせいじゃない？ あの部屋、北向きだものね。

男 そうかな。それはそんなに気にならないんだけどね。

女 そう？

男の人は何に一番困っていると言っていますか。

1 となりの人がうるさいこと

2 駅からとおいこと

3 へやがさむいこと

4 日あたりが悪いこと

여자와 남자가 새로운 방(집)에 대해 이야기하고 있습니다. 남자는 무엇이 가장 곤란하다고 말하고 있습니까?

여 어때? 새롭게 이사한 방(집)은.

남 응. 그럭저럭. 좀 곤란한 것도 있지만.

여 어, 뭔데? 곤란한 게? 옆집 사람이 시끄럽다든가?

남 으음, 뭐, 학생만 있는 맨션이니까. 그런 부분은 어느 정도 어쩔 수 없다고 생각하는데.

여 그럼, 역에서 멀어서 힘들다든가?

남 그건 괜찮아. 자전거로 다니니까. 그것보다 왠지 전에 살았던 방보다 추운 기분이 들어.

여 햇볕이 잘 안 드는 탓 아니야? 그 방(집), 북향이잖아.

남 그런가. 그건 그렇게 신경 쓰이지 않지만 말이야.

여 그래?

남자는 무엇이 가장 곤란하다고 말하고 있습니까?

1 옆집 사람이 시끄러운 것

2 역에서 먼 것

3 방(집)이 추운 것

4 햇볕이 잘 들지 않는 것

문제3 문제3에서는 문제지에 아무것도 인쇄되어 있지 않습니다. 이 문제는 전체적으로 어떤 내용인지를 묻는 문제입니다. 이야기 전에 질문은 없습니다. 우선 이야기를 들으세요. 그리고 질문과 선택지를 듣고 1에서 4 중에서 가장 적당한 것을 하나 고르세요.

1번 🔊 3-13

テレビで女の人が話しています。

女　最近、若い女の人が大きいレンズのカメラを持ち歩いているのをよく見かけます。昔に比べてカメラのサイズが小さくなり、いろいろな色が選べるなど、女性向けのカメラが増えたからだそうです。また、使い方が簡単で値段が高くないことも、女性にとって魅力のようです。他にも、写真をとってインターネットサイトにのせて多くの人に見せる。そんな楽しみ方があるからかもしれません。

女の人は何について話していますか。

1 カメラの種類
2 カメラが人気の理由
3 カメラの選び方
4 カメラのインターネットサイト

TV에서 여자가 이야기하고 있습니다.

여　최근, 젊은 여성이 큰 렌즈의 카메라를 가지고 다니는 것을 자주 볼 수 있습니다. 옛날에 비해 카메라 사이즈가 작아지고, 여러 가지 색을 고를 수 있는 것 등, 여성용 카메라가 늘었기 때문이라고 합니다. 또, 사용법이 간단하고 가격이 비싸지 않은 것도, 여성에게 있어 매력인 것 같습니다. 그 외에도, 사진을 찍어서 인터넷 사이트에 올려 많은 사람들에게 보여 준다. 그런 즐기는 방법이 있기 때문인지도 모릅니다.

여자는 무엇에 대해 이야기하고 있습니까?

1 카메라 종류
2 카메라가 인기인 이유
3 카메라 고르는 법
4 카메라 인터넷 사이트

2번 🔊 3-14

男の学生が先生に電話で話しています。

男　あのー。先生のゼミの鈴木ですが、今、お電話大丈夫ですか。

女　はい、いいですよ。

男　論文を見ていただきたいんですが、今週お会いできますか。

女　ええ。明日の授業の後だったら、構いませんよ。

男　では、明日の授業の後、研究室に伺ってもよろしいですか。

남학생이 선생님에게 전화로 이야기하고 있습니다.

남　저, 선생님의 세미나의 스즈키인데요, 지금 통화 괜찮으신가요?

여　네, 괜찮아요.

남　논문을 봐 주셨으면 하는데, 이번 주 만나 뵐 수 있을까요?

여　네. 내일 수업 이후라면 상관없어요.

남　그럼, 내일 수업 후에 연구실로 찾아 봬도 괜찮을까요?

女 はい、いいですよ。あ、それと、会う前に内容を確認したいので、私にその論文をメールで送ってくれませんか。

男 はい。わかりました。

女 授業の後、学生からの質問で遅くなるかもしれないので、私が戻ってなかったら、研究室の前で待っててくださいね。

男 はい。では、よろしくお願いします。

男の学生は先生にどのようなことをお願いしていますか。

1 電話をすること
2 論文を見ること
3 メールを送ること
4 研究室で待つこと

여 네, 좋아요. 아, 그리고, 만나기 전에 내용을 확인하고 싶으니까, 저한테 그 논문을 메일로 보내 주시지 않을래요?

남 네. 알겠습니다.

여 수업 후, 학생들 질문으로 늦어질지도 모르니 제가 돌아오지 않았다면 연구실 앞에서 기다려 주세요.

남 네. 그럼 잘 부탁드리겠습니다.

남학생은 선생님께 어떤 것을 부탁하고 있습니까?

1 전화를 하는 것
2 논문을 보는 것
3 메일을 보내는 것
4 연구실에서 기다리는 것

3번 🔊 3-15

男の人と女の人が話しています。

男 昨日は何してたの？

女 時間があったから、映画を見に行ったんだけど、人があまりいなかったわ。

男 ふうん。じゃ、あまり面白くなかったの？

女 そういう訳じゃないんだけど、動物がたくさん出てくる映画でね、動物たちの演技、すばらしかったわよ。

男 動物か……。僕は人の演技を見たいな。動物じゃ話さないだろう？

女 話さないけど、目や表情で何を言っているか伝わってくるの。それがよかったわ。私はまた見に行くつもり。

남자와 여자가 이야기하고 있습니다.

남 어제는 뭐 했어?

여 시간이 있어서 영화를 보러 갔었는데, 사람이 별로 없었어.

남 흐음. 그럼 별로 재미없었어?

여 그런 건 아닌데, 동물이 많이 나오는 영화였는데 동물들의 연기가 굉장했어.

남 동물이라……. 나는 사람의 연기를 보고 싶어. 동물이면 말하지 않잖아.

여 말은 안 하지만 눈이나 표정으로 뭘 말하고 있는지 전해져 와. 그게 좋아서. 나는 또 보러 갈 생각이야.

女の人はこの映画についてどう思っていますか。

1 時間があるから、また見たい

2 面白くないから、もう見たくない

3 人の演技が下手だから、もう見たくない

4 動物の演技がいいから、また見たい

여자는 이 영화에 대해서 어떻게 생각하고 있습니까?

1 시간이 있으니까, 또 보고 싶다

2 재미있지 않아서, 이제 보고 싶지 않다

3 사람의 연기가 서툴러서, 이제 보고 싶지 않다

4 동물의 연기가 좋아서, 또 보고 싶다

문제4 문제4에서는 그림을 보면서 질문을 들으세요. 화살표(➡)의 사람은 뭐라고 말합니까? 1에서 3 중에서 가장 적당한 것을 하나 고르세요.

1번 🔊 3-16

女 先生と一緒に写真を撮りたいので友だちに頼みます。何と言いますか。

女 1 写真、撮ってあげようか。

　 2 シャッター、押してくれる？

　 3 これ、どうやって使うの？

여 선생님과 함께 사진을 찍고 싶어서 친구에게 부탁합니다. 뭐라고 말합니까?

여 1 사진, 찍어 줄까?

　 2 셔터, 눌러 줄래?

　 3 이거, 어떻게 사용해?

2번 🔊 3-17

女 財布をさがしています。周りの人に何と言いますか。

男 1 そこに財布がありましたよ。

　 2 どこで財布が見つかったんですか。

　 3 この辺に財布、ありませんでしたか。

여 지갑을 찾고 있습니다. 주변 사람에게 뭐라고 말합니까?

남 1 거기에 지갑이 있었어요.

　 2 어디에서 지갑을 찾으셨나요?

　 3 이 근처에 지갑, 없었나요?

3번 🔊 3-18

女 お店でカバンが見たいです。何と言いますか。

女 1 あのカバン、見せていただけますか。

2 あのカバン、見ていただけますか。

3 あのカバン、見てもらえませんか。

여 가게에서 가방을 보고 싶습니다. 뭐라고 말합니까?

여 1 저 가방, 보여 주시겠어요?

2 저 가방, 봐 주시겠어요?

3 저 가방, 봐 주지 않을래요?

4번 🔊 3-19

女 先生の部屋に入ります。何と言いますか。

男 1 失礼いたしました。

2 失礼いたします。

3 失礼になりました。

여 선생님 방에 들어갑니다. 뭐라고 말합니까?

남 1 실례했습니다.

2 실례합니다.

3 실례가 되었습니다.

문제5 문제5에서는 문제지에 아무것도 인쇄되어 있지 않습니다. 우선 문장을 들으세요. 그리고 그 답을 듣고 1에서 3 중에서 가장 적당한 것을 하나 고르세요.

1번 🔊 3-20

男 これ、この前のお礼です。

女 1 つまらないものですが。

2 えっ？いいのに……。

3 ええ、どうぞ。

남 이거 일전의 답례입니다.

여 1 별거 아니지만.

2 어? 괜찮은데…….

3 네, 드세요.

2번 🔊 3-21

女 ちゃんと、かぎ閉めてきた？

男 1 しまった。忘れてた。

2 うん、開けてあったよ。

3 じゃ、閉めといて。

여 확실히 문 잠그고 왔어?

남 1 아뿔싸. 잊어버렸어.

2 응, 열려 있었어.

3 그래, 문 닫아 둬.

3번 🔊 3-22

男 雨、結構降ってきちゃったな……。

女 1 傘、貸しましょうか。

2 もう止みそうだね。

3 まだ大丈夫でしょう。

남 비, 꽤 오기 시작했네…….

여 1 우산, 빌려드릴까요?

2 이제 멈출 것 같네.

3 아직 괜찮겠죠.

4번 🔊 3-23

女 では、あとでお電話かけ直します。

男 1 ええ、そこにかけておいてください。

2 そうですか。いつできますか。

3 はい、お待ちしております。

여 그럼, 나중에 다시 전화하겠습니다.

남 1 네, 거기에 걸어 놓으세요.

2 그래요? 언제 다 됩니까?

3 네, 기다리고 있겠습니다.

5번 🔊 3-24

男 この前の資料、助かったよ。

女 1 お役に立ててうれしいです。

2 助かって本当によかったですね。

3 誰が助けたんですか。

남 지난번의 자료, 덕분에 살았어.

여 1 도움이 돼서 기뻐요.

2 살아서 정말 다행이네요.

3 누가 도와줬나요?

6번 🔊 3-25

女 どうぞ、こちらでごゆっくりなさってください。

男 1 じゃ、先に帰らせていただきます。

　　2 はい、失礼いたしました。

　　3 はい、ありがとうございます。

여 어서 오세요. 이쪽에서 편안히 쉬세요.

남 1 그럼, 먼저 돌아가겠습니다.

　　2 네, 실례했습니다.

　　3 네, 감사합니다.

7번 🔊 3-26

男 今日、うちに遊びに来ない？

女 1 ごめん、もう行ったんだ。

　　2 うん、早く来てね。

　　3 今日はちょっと。また今度ね。

남 오늘, 우리 집에 놀러 안 올래?

여 1 미안, 벌써 갔어.

　　2 응, 빨리 와.

　　3 오늘은 좀. 다음에 (갈게).

8번 🔊 3-27

女 この新聞、お読みになりますか。

男 1 いいえ、読みませんでした。

　　2 ええ、読まなくてもいいです。

　　3 はい、そこに置いといてください。

여 이 신문, 읽으시겠습니까?

남 1 아니요, 읽지 않았습니다.

　　2 네, 읽지 않아도 됩니다.

　　3 네, 거기에 올려 놔 주세요.

9번 🔊 3-28

男 見ないうちに、健くん、大きくなりましたね。

女 1 ええ、もう6歳になります。

　　2 そうですね。こんなことになるとは……。

　　3 はい、そうなりますね。

남 안 보는 동안 켄 군, 많이 컸네요.

여 1 네, 이제 여섯 살이 됩니다.

　　2 그렇네요. 이렇게 될 줄이야……。

　　3 네, 그렇게 되는군요.

4회 **정답표**

● 1교시 **언어지식**(문자 어휘)

問題1 1 1   2 2   3 2   4 4   5 4   6 3   7 3   8 1

問題2 9 2   10 3   11 1   12 1   13 4   14 3

問題3 15 1   16 3   17 1   18 2   19 4   20 3   21 2   22 4   23 1   24 2   25 3

問題4 26 4   27 2   28 1   29 3   30 1

問題5 31 4   32 2   33 3   34 2   35 4

● 2교시 **언어지식**(문법) · **독해**

問題1 1 4   2 4   3 3   4 4   5 1   6 2   7 3   8 3   9 2   10 1

　　　 11 4   12 1   13 3

問題2 14 2   15 3   16 1   17 2   18 2

問題3 19 2   20 3   21 4   22 1   23 1

問題4 24 2   25 2   26 3   27 4

問題5 28 4   29 2   30 4   31 4   32 2   33 3

問題6 34 1   35 4   36 3   37 4

問題7 38 3   39 1

● 3교시 **청해**

問題1 1 3   2 1   3 4   4 4   5 1   6 3

問題2 1 1   2 4   3 2   4 2   5 2   6 3

問題3 1 2   2 1   3 1

問題4 1 3   2 3   3 1   4 2

問題5 1 1   2 3   3 1   4 1   5 3   6 2   7 3   8 2   9 2

문제1 _____의 단어의 읽는 법으로 가장 적당한 것을 1·2·3·4에서 하나 고르세요. p.133

1 1 쭉 동경하고 있던 유명 선수와 악수할 수 있었다.

2 2 오늘은 기운이 없는 건지 새의 움직임이 둔하다.

3 2 여기에 쓰레기를 버리지 말아 주세요.

4 4 매년 어린이 수가 줄어 들고 있다.

5 4 몸에 대한 것을 상담하기 위해 보건 센터에 갔다.

6 3 특급 전철이 출발하기까지 앞으로 10분 남았다.

7 3 내일 중요한 약속이 있습니다.

8 1 그는 영업 일을 하고 있다.

문제2 _____의 단어를 한자로 쓸 때 가장 적당한 것을 1·2·3·4에서 하나 고르세요. p.134

9 2 야구 시합에 나가는 남동생을 응원하러 갔다.

10 3 지금 인터넷 수업을 듣고 있습니다.

11 1 어제 바람이 강했기 때문에 나뭇잎이 많이 떨어져 버렸습니다.

12 1 그녀는 항상 수수한 옷을 입고 있어서 눈에 띄지 않는다.

13 4 엄마에게 심한 말을 해 버렸지만, 지금은 반성하고 있다.

14 3 어제 선배의 회사를 방문했습니다.

문제3 (   )에 넣기에 가장 적당한 것을 1·2·3·4에서 하나 고르세요. p.135

15 1 이곳은 새로운 경제 도시로서 (주목)받고 있다.

16 3 환경을 위해 다 쓴 물건을 (재활용)하자.

17 1 어릴 때부터 체육이 (서툴러)서 지금도 스포츠는 별로 하지 않는다.

18 2 신호가 좀처럼 바뀌지 않아서, 버스 운전기사가 (초조해)하고 있다.

19 4 저녁을 (조금 전에) 막 먹은 참인데, 벌써 배가 고파져 버렸다.

20 3 그의 테니스 실력은 프로 선수와 어깨를 (나란히 할) 정도이다.

21 2 도서관에서 새로운 책이 들어왔다는 (통지)가 왔다.

22 4 귀를 (막아)도 공사를 하고 있는 소리가 들린다.

23 1 짐이 무거워서 곤란해 하고 있었더니, 가게 사람이 집까지 (배달)해 주었다.

24 2 곧 (담당)자가 올 테니, 조금만 기다려 주세요.

25 **3** 지난달부터 손님이 적어져서, 끝내 가게가 (망해) 버렸다.

문제4 _____과 의미가 가장 가까운 것을 1·2·3·4에서 하나 고르세요. p.137

26 **4** 그녀의 설명은 언제나 <u>정중하다</u>. ≒ 친절하다

27 **2** 작년보다 1킬로 <u>늘었다</u>. ≒ 무거워졌다

28 **1** 계속 (빨래를) 빨고 있는데, 좀처럼 <u>얼룩</u>이 빠지지 않는다. ≒ 더러운 곳

29 **3** 그 사람은 언제나 예쁜 <u>반지</u>를 끼고 있다. ≒ 링

30 **1** 목소리가 들려서 <u>돌아봤더니</u> 아무도 없었다. ≒ 뒤를 봤다

문제5 다음 단어의 사용법으로 가장 적당한 것을 1·2·3·4에서 하나 고르세요. p.138

31 다 팔리다, 매진되다
1 이제 아무도 오지 않았기 때문에 가게가 <u>다 팔렸다</u>. ➡ 早じまいした 빨리 닫았다, 빨리 끝났다
2 내일은 <u>다 팔리러</u> 갈 작정이다. ➡ 完売しに 모두 팔러, 완판하러
3 <u>다 팔렸다</u>고 생각했는데 아무것도 남아있지 않았다. ➡ 売れ残っている 팔리지 않고 남아 있다
4 인기 빵은 이미 <u>다 팔려</u> 버렸다.

32 뽑다, 따다
1 겉옷을 <u>뽑으면</u>, 거기에 걸어 주세요. ➡ 脱いだら 벗으면
2 와인의 뚜껑을 <u>따</u> 주세요.
3 책상을 깨끗하게 <u>뽑았다</u>. ➡ 拭いた 닦았다, 훔쳤다
4 바나나 껍질을 <u>뽑아서</u> 먹었다. ➡ 剥いて 벗겨서, 까서

33 친하다
1 이건 고등학교 때의 <u>친한</u> 추억이 담겨 있는 앨범이다. ➡ 懐かしい 그리운
2 이 책은 <u>친하기</u> 때문에, 굉장히 공부가 된다. ➡ 詳しい 상세하기
3 저 두사람은 10년이나 사귀고 있기 때문에 매우 <u>친하다</u>.
4 계속 연락을 하고 있지 않지만, 사진을 보고 <u>친해졌다</u>. ➡ 会いたく 만나고(보고) 싶어

34 신호
1 좋아하는 탤런트가 <u>신호</u>를 써 주어서 매우 기쁘다. ➡ サイン 사인
2 그는 선생님의 <u>신호</u>를 보지 않고 달리기 시작했다.
3 이 근처의 <u>신호</u>를 봐도, 여기가 어디인지 모르겠다. ➡ 地図 지도
4 교차로의 <u>신호</u> 색이 바뀌고 나서, 좌우를 확인하고 앞으로 나아갔다. ➡ 信号 신호(등)

35 딱, 뜻밖에 마주치는 모양
1 약속을 했던 선생님과 <u>딱</u> 이야기했다. ➡ ゆっくり 천천히
2 방에 들어갔더니 모두 <u>딱</u> 사라져 있었다. ➡ すっかり 모두, 죄다
3 내일 레스토랑에서 <u>딱</u> 이야기를 하기로 했다. ➡ たっぷり 충분히, 여유 있게
4 길에서 옛 친구와 <u>딱</u> 만났다.

문제1 다음 문장의 (   )에 넣기에 가장 적당한 것을 1·2·3·4에서 하나 고르세요. p.140

1 4 사원(은 물론) 사장님도 이것에 대해 찬성하고 있다.

2 4 A 과장님, 부장님으로부터 바로 메일을 (보내)도록이라고 연락이 있었습니다.

   B 알았어. 고마워.

3 3 5년만에 우승할 수 있어서 눈물이 나올 (정도로) 기쁘다.

4 4 손님 저기요. 여기에 있는 시계를 (보여) 주실 수 있나요?

   점원 네. 지금 케이스에서 꺼내겠습니다.

5 1 A 저, 다나카 선생님은 언제 (오십니)까?

   B 5시 정도가 될 거라고 생각합니다.

6 2 바쁘면 먹는 시간도 짧아져서, 영양도 부족하기 (쉬워)진다.

7 3 여러 가지로 (생각한) 끝에, 회사를 그만두기로 했다.

8 3 나중에 먹으려고 생각해서, 냉장고에 넣어 (두었)는데, 없어졌다.

9 2 엄마 어두워지(기 전에) 빨리 돌아오렴.

   아들 응, 알았어.

10 1 집에 있는 물고기가 (너무 커져서) 키울 수 없게 되어 버렸다.

11 4 과장   아직 일이 (끝날 것 같지 않으)니까 점심밥 사 와.

   야마다 네, 알겠습니다.

12 1 하늘이 흐려지기 시작해서 서둘러서 학교로 갔는데, 역시 학교에 (도착)하자마자 거센 비가 내리기 시작했다.

13 3 시험 날이 다가옴(에 따라서) 불안해지기 시작했다.

문제2 다음 문장의 __★__ 에 들어갈 가장 적당한 것을 1·2·3·4에서 하나 고르세요. p.142

14 2 한번 실패한 실험이지만 3 밝은 4 장소에서 2 시도해 봤 1 더니 이번에는 성공했다.

15 3 1970년에 4 상영되었던 2 영화 3 이지만 1 지금도 인기가 있다.

16 1 다음 주 시험인데 3 공부하지 않고 2 놀기 1 만하고 4 있는 것이 걱정이다.

17 2 A 일요일 파티에 올 수 있나요?

   B 그날은 4 아르바이트가 3 있기 2 때문에 1 갈 수 있을지 어떨지 모르겠어요.

18 2 (회사에서)

   과장   다나카 군은 아직 안 온 거야? 지각을 하다니 곤란하네.

   야마다 그처럼 성실한 사람이 4 이유도 2 없이 1 지각을 할 3 리가 없습니다. 걱정되니까 전화해 보겠습니다.

문제3 다음 글을 읽고, 글 전체의 내용을 생각하여, ⌗19⌗ 부터 ⌗23⌗ 안에 들어갈 가장 적당한 것을 1·2·3·4에서 하나 고르세요.
p.144

아래 글은 유학생인 양 씨가 쓴 작문입니다.

혼자서 외식을 하는 것

제가 일본에 와서 놀랐던 것은 혼자서 식사를 하거나, 커피를 마시거나 하는 사람이 많은 것입니다. 혼자 사는 사람이 집에서 혼자 식사를 하는 것은 ⌗19 어쩔 수 없습니다⌗만, 밖에서 혼자서 먹는 것은 외롭고 매우 불쌍하다고 생각했습니다.

저는 외국에서 생활하고 있기 때문에 ⌗20 외로워지지 않도록⌗, 친구와 함께 식사를 하도록 하고 있습니다만, 일본인은 아무렇지 않은 것일까요? 일본인 친구에게 어째서 혼자서 외식을 하는 것인지 물어봤더니, 상대를 신경 쓰지 않고 편하게 먹을 수 있기 때문이라고 말했습니다.

⌗21 게다가⌗ 놀랐던 것은 일본에서는 1인용 자리가 있는 라멘집, 고깃집이 있는 것입니다. 저는 그러한 일본인의 식사 방법에 흥미를 가지고, 일본 생활에 익숙해지려고 용기를 내서 혼자서 라멘집 카운터에서 식사를 했습니다. 그랬더니, 라멘의 맛을 잘 알 수 있고, 평소보다 맛있게 느껴졌습니다. 그 후로 저는 혼자서 가게에 들어가서 느긋하게 커피를 마시거나, 식사를 하거나 하며 자유롭게 혼자의 시간을 ⌗22 보낼 수 있게 되었습니다⌗. 무엇이든 한번 해 보지 않으면 ⌗23 그 사람⌗의 기분은 알 수 없는 것이라고 생각했습니다.

● ▰▰▰ **2교시 독해** ▰▰▰ ────────────────── **4회**

문제4 다음 (1)에서 (4)의 글을 읽고, 질문에 답하세요. 답은 1·2·3·4에서 가장 적당한 것을 하나 고르세요.

(1)
p.146

㈜B급 구르메라는 말이 있습니다. 구르메(미식)라고 하면 분위기가 좋은 가게에서 사치스러운 식사를 한다는 이미지가 있습니다. 그러나 저렴하고 서민적인 음식도 그에 뒤지지 않을 정도로 맛있는 것은 많이 있습니다. 조금 수준의 낮음을 느끼게 하는 'B급'이라는 말에 구르메를 붙인 것은 매우 훌륭한 발상입니다. 가까운 곳에 귀중한 것이 있다는 것을 상기시켜 줍니다. 무리를 하는 것이 아니라 자신의 범위에서 즐기자는 것은 인간다운 지혜라고 생각합니다.

(주) B급 구르메: 저렴하고 부담 없이 먹을 수 있는 요리. 어느 지방에서밖에 먹지 못하는 메뉴도 있다

⌗24⌗ B급 구르메란 어떠한 것인가?
　1　분위기가 좋은 가게에서 먹는 사치스러운 식사
　2　저렴하고 서민적이지만 맛있는 식사
　3　조금 수준은 낮지만 즐거운 식사
　4　친숙한 재료로 만든 무리하지 않는 식사

(2)
p.147

우리들은 과거는 바꿀 수 없다고 생각하고 있지만 과거는 바꿀 수 있습니다. 왜냐하면 과거라는 것은 존재하고 있는 것이 아니라 우리들 마음속에 있는 것이기 때문입니다. '나는 그때 상처받았다'라는 마음을 '나는 그 덕분에 행복해질

수 있었다'라는 마음으로 바꿔 버리면 되는 것입니다. 보이지 않는 과거에 연연하여 보이지 않는 미래를 걱정하기보다 지금의 마음을 바꿔서 미래를 바꿔 나가는 것입니다. 그것이 지금의 우리들이 할 수 있는 것이며 과거가 아닌 미래를 살아간다는 것입니다.

25 이 글에서는 어떻게 하면 과거를 바꿀 수 있다고 말하고 있는가?
  1 과거는 존재하지 않는다고 인정하는 것
  2 마음속에 있는 것을 변화시키는 것
  3 과거보다도 미래를 걱정하는 것
  4 지금 자신이 할 수 있는 일을 생각하는 것

(3) 사토 씨의 책상 위에 다카하시 씨가 보낸 메모가 놓여 있다.   p.148

사토 씨
안녕하세요.
저는 오늘은 가족 결혼식이 있어 회사를 쉽니다. 죄송하지만 만약 누군가로부터 저에게 전화가 오면 제 휴대 전화로 전화하도록 말해 주세요. 그리고 여기에 놓여 있는 서류를 오늘 중에 영업부에 제출해야 합니다만, 제출해 주실 수 있나요? 부장님 사인이 필요한데 부장님을 만날 수 없었습니다. 죄송하지만 부장님께 사인을 받아 주세요. 서류 내용은 부장님께 전달했으니 알고 있습니다.

다카하시

26 이 메모를 보면 사토 씨는 가장 먼저 무엇을 하지 않으면 안 됩니까?
  1 다카하시 씨의 휴대 전화에 전화를 한다.
  2 영업부에 서류를 제출한다.
  3 부장님께 사인을 받는다.
  4 부장님께 서류 내용을 전달한다.

(4) 아래의 메일은 스기무라 씨가 다나카 씨에게 보낸 것이다.   p.149

주식회사 다카쓰
영업부 다나카 님

항상 대단히 신세를 지고 있습니다.
일전에는 바쁘신 중에 일부러 와 주셔서 감사했습니다.
본론을 말씀드리자면, 설명해 주신 상품에 흥미가 있으니
100개를 구입할 경우의 견적을 보내주시길 부탁드립니다.
번거롭게 해서 죄송합니다만 잘 부탁드립니다.

주식회사 미야마에
스기무라

27 스기무라 씨가 다나카 씨에게 전하고 싶은 것은 무엇인가?
  1 상품의 설명을 하고 싶으니 와 주길 바란다.
  2 상품에 흥미가 있으니 설명해 주길 바란다.

3 상품을 100개 사고 싶으니 보내주길 바란다.

4 상품의 구입을 생각하고 있으니 금액을 알려주길 바란다.

문제5 다음 (1)과 (2)의 글을 읽고 질문에 답하세요. 답은 1·2·3·4에서 가장 적당한 것을 하나 고르세요.

(1) p.150

저는 초등학생 때의 선생님을 좋아했습니다. 특히 ①이과(과학) 수업에서 선생님의 이야기는 매우 재미있어서 마치 이야기를 듣고 있는 것 같았습니다. 교과서에 쓰여 있지 않은 것도 많이 알려 주고, 내가 살고 있는 지구에는 이렇게 나 신기한 것이 많구나 하고 놀랄 일뿐이었습니다.

여름 방학에는 밤에 모두 모여 선생님과 함께 별을 봤습니다. 저는 망원경이라는 것을 처음 봤습니다. 먼 곳에 있는 별까지 잘 보인다고 해서 매우 두근거렸습니다. 저는 누구보다도 빨리 보려고 제일 먼저 들여다보았지만 새까맣고 아무것도 보이지 않았습니다. 선생님은 거짓말쟁이가 아닌가 하고 생각했지만 실은 렌즈 뚜껑이 닫힌 채였던 것입니다. 그때 ②선생님은 웃으면서 말했습니다. '인간도 똑같이 마음의 뚜껑을 열지 않으면 아무것도 보이지 않는단다'라고. 그리고 좋은 렌즈를 끼우면 더 멀리까지 보인다. 인간도 좋은 마음으로 있으면 많은 것이 보인다고 말씀하셨습니다.

그때는 잘 몰랐지만 지금은 이해합니다. 선생님의 말씀을 떠올리면 괴로울 때에도 힘이 나 열심히 할 수 있습니다.

28 이 글을 쓴 사람은 ①이과 수업을 어떻게 생각하고 있었는가?

1 선생님이 해 주는 이야기가 매우 재미있어 아주 좋아했다.

2 교과서에 쓰여 있는 것을 재미있게 이야기해 줘서 이해하기 쉬웠다.

3 이과 교과서를 보면서 지구에는 신기한 것이 많다는 것을 알았다.

4 선생님의 이야기를 듣고 있으면 놀라운 것뿐이라서 즐거웠다.

29 ②선생님은 웃으면서 말했습니다라고 하는데, 선생님은 어째서 웃었는가?

1 모처럼 망원경을 준비했는데 별이 보이지 않았기 때문에

2 렌즈의 뚜껑을 열지 않고 별을 보려고 했기 때문에

3 아무것도 하지 않았는데 선생님은 거짓말쟁이라는 말을 들었기 때문에

4 뚜껑도 닫힌 채였고, 좋은 렌즈도 아니었기 때문에

30 이 글을 쓴 사람이 가장 말하고 싶은 것은 무엇인가?

1 선생님이 말했던 의미는 잘 모르겠지만, 지금도 자주 생각난다.

2 별이 보이지 않아 유감스러웠지만 잊을 수 없는 추억이 되어 있다.

3 선생님과 이야기하고 있으면 힘든 일이 있어도 열심히 할 마음이 된다.

4 선생님의 이야기는 재미있을 뿐만 아니라 괴로울 때 힘이 날 이야기였다.

(2) p.152

젊은이는 도시에 가 버리고 마을에는 노인들뿐—. 시골에서는 이런 과소화가 멈추지 않는다. 그것은 마을에서 일할 사람이 없다는 것과 동시에 다양한 문제를 일으키고 있다. 우선 근처에 가게가 없다. 노인은 혼자서 멀리까지 이동하는 것이 어렵기 때문에 식료품을 사러 가는 것은 힘들다. 자원봉사자도 늘고 있긴 하지만 충분치 않다.

그리고 더 심각한 것은 의사가 없는 마을이 많다는 것이다. 노인에게 있어서 병원은 중요하다. 언제 무슨 일이 일어날지 모르는데 근처에 병원이 없다는 것은 생명과 연관된다. 같은 보험료를 지불하고 있으므로 병원에 갈 기회도 평

등하게 받지 않으면 안 된다. 그것은 국가로서의 문제이기도 하다. 그렇다면 제도를 바꾸어 의사를 그러한 마을에 보내서 그곳에서 일하는 것을 의무화하면 어떨까? 강제적으로 마을에 가게 된 의사가 그 마을 사람들을 위해 일해 줄까? 이 문제를 해결하기 위해서는 사람들을 위해서라는 마음을 가진 의사가 와 주는 것이 가장 좋을 것이다. 제도를 바꾸는 것만으로는 해결되지 않는 일이다.

31 이 글에서는 과소화에는 어떤 문제가 있다고 말하고 있는가?

1 노인을 도와줄 자원봉사자가 없다.

2 도시에 가고 싶어도 갈 수 없는 노인이 많다.

3 근처에 있는 가게에는 식료품이 부족하다.

4 의사가 없는 마을에서는 노인의 건강을 지킬 수 없다.

32 이 글에 따르면 국가로서의 문제란 무엇인가?

1 마을에 병원을 만들어야만 하는데 국가가 적극적으로 움직이지 않는 것

2 보험료는 평등하게 지불하게 하면서 병원의 수는 평등하게 하지 않는 것

3 의사를 강제적으로 마을에 가게 하려고 하고 있는 것

4 마을에서는 언제 무엇이 일어날지 모르는 상태인 것

33 이 글에서는 어째서 문제가 해결되지 않는다고 말하고 있는가?

1 도시에 가고 싶어 하는 젊은이를 시골에서 생활하게 하는 것은 무리이기 때문에

2 진정으로 타인을 생각해 주는 좋은 의사가 지금은 없기 때문에

3 국가가 제도를 만들면 의사가 어쩔 수 없이 일을 하는 경우가 있기 때문에

4 보험료의 제도를 바꾸는 일은 간단한 것이 아니기 때문에

문제6 다음 글을 읽고 질문에 답하세요. 답은 1·2·3·4에서 가장 적당한 것을 하나 고르세요.   p.154

눈이 많이 내리는 지역에서는 ①눈은 생활에 해가 된다. 강한 바람이 불면, 지면의 눈이 날아 오르는 ㈜눈보라(눈 날림)라는 현상도 일어나 사회생활을 곤란하게 한다. 앞이 보이지 않기 때문에 자동차 운전이 어렵고, 태양 빛이 들어 오지 않기 때문에 하루 종일 어두운 날들이 계속된다. 좋은 점은 하나도 없는 것이 눈이란 존재였다.

그런 지역에서 눈보라를 체험한다는 놀라운 관광 투어가 기획되었다. 아무도 이 눈이 관광이 되리라고는 생각지도 못했다. 그런 것이 가능할 리가 없어, 관광객이 올 리가 없다고 ②처음에는 불평이 많았던 것 같다. 하긴, 진지하게 고민하고 있는 것을 상품화하려고 하는 거니까 싫은 마음이 드는 것도 어쩔 수 없는 것일지도 모른다. 그런데 실제로 해보니 이것이 생각지도 못할 만큼 ③인기 투어가 된 것이다. 눈이 별로 오지 않는 지역의 사람들에게 있어서는 신선하고 재미있는 체험을 할 수 있다며 큰 관광 산업으로 성장해 갔다. 지역을 달리는 전철에는 오래되고 그리운 난로도 설치되어 이것도 눈과 함께 인기를 얻고 있다.

이 지역에서는 고민이기만 했던 눈도 시각을 바꿈으로써 이렇게나 특별한 존재가 되는 것이다. 자연환경을 바꿀 수는 없고, 눈에서 도망칠 수도 없다. 무슨 일이 있어도 이 땅에서 살아갈 방법을 찾을 수밖에 없다. 그런 것을 느끼게 해 주는 투어이다.

눈이 내리는 계절에는 아무것도 할 수 없었던 지역에 일본뿐만 아니라 해외에서도 관광객이 오게 되어 매우 북적이고 있다.

(주) 눈보라(눈 날림): 지면에 쌓인 눈이 바람으로 인해 날아 오르는 것

34 ①눈은 생활에 해가 된다고 하는데 이 글에서 말하고 있는 것은 어떠한 것인가?

   1 태양 빛이 닿지 않아 어둡고 교통도 불편해지는 것

   2 눈 때문에 관광객이 오지 않아 지역이 발전하지 않는 것

   3 눈과 함께 강풍이 불기 때문에 외출을 할 수 없게 되는 것

   4 지면의 눈이 날아 올라 청소가 힘들어지는 것

35 ②처음에는 불평이 많았다고 하는데 어떠한 불평이 많았던 것인가?

   1 눈은 생활을 곤란하게 할 뿐, 좋은 점은 하나도 없다.

   2 관광 산업으로 성장시키려는 마음과 노력이 부족하다.

   3 관광 투어의 기획도 하지 않는데 관광객이 올 리가 없다.

   4 고생을 상품화하는 것은 싫고 사람이 모일 리도 없다.

36 ③인기 투어가 되었다고 하는데 그것은 어째서인가?

   1 실제로 해 보니 매우 재미있는 체험을 할 수 있었기 때문에

   2 시각을 바꿔 보니 살아갈 방법이 발견되었기 때문에

   3 다른 장소에서 살고 있는 사람에게는 새로운 체험이어서 기쁘기 때문에

   4 전철에 난로가 설치되어서 따뜻하고 편리하기 때문에

37 이 글을 쓴 사람은 이 투어를 통해서 무엇을 배웠는가?

   1 눈은 생활의 방해라고 생각했지만 실은 신선하고 재미있는 것이다.

   2 재미있는 기획만 생각하면 어디서든지 관광 산업을 성공시킬 수 있다.

   3 불평을 하는 것이 아니라 새로운 일을 하는 사람을 응원해야 한다.

   4 고생으로부터 도망치지 않아도 고생을 극복할 방법은 발견되는 법이다.

문제7　오른쪽 페이지는 어느 과자 교실의 참가자 모집 알림이다. 이것을 읽고 아래의 질문에 답하세요. 답은 1·2· 3·4에서 가장 적당한 것을 하나 고르세요. p.156

38 후지타 씨는 우선 3개월간 과자 만들기 기본을 제대로 배우려고 한다. 준비물을 스스로 준비할 경우 후지타 씨가 지불할 회비는 합계 얼마인가?

   1 5,000엔

   2 6,000엔

   3 15,000엔

   4 18,000엔

39 이 안내에 의하면 참가자가 당일에 반드시 가지고 오지 않으면 안 되는 것은 무엇인가?

   1 회비

   2 회비 · 홍차

   3 앞치마 · 타월

   4 앞치마 · 타월 · 용기

◆ 과자 교실 참가자 모집 안내 ◆

진짜 맛있는 과자를 만들고 싶은 분
장래에 직접 과자 교실을 운영하고 싶은 분
프랑스에서 과자 만드는 법을 배워 온 강사가 정말 맛있는 과자 만드는 법을 알려드립니다.

- ■ 내용　　과자 만들기의 기본을 친절하게 가르칩니다.
　　　　　만든 과자는 맛있는 홍차와 함께 다 같이 먹습니다.
　　　　　(홍차 값은 회비에 포함되어 있습니다)

- ■ 일시　　매주 토요일 오후 1시부터

- ■ 장소　　ABC키친

- ■ 준비물　앞치마, 타월, (과자를 가지고 가고 싶은 경우는) 용기

- ■ 월회비　• 6,000엔(재료비 2,000엔, 강습비 4,000엔)
　　　　　• 앞치마 · 타월 · 용기를 지참할 수 없는 분은 추가로 1,000엔을 받습니다.
　　　　　• 1개월 이상 장기 예약을 하신 분에게는 강습비를 3,000엔으로 할인해 드립니다.
　　　　　• 과자 교실의 운영 방법을 배우고 싶은 분은 추가로 2,000엔을 지불해 주시면, 과자 만들기 종료 후에 특별 강좌를 개최합니다.

- ■ 정원　　1회 5명까지

- ■ 신청 방법　메일로 ①주소 ②이름 ③전화번호 ④참가 희망일 ⑤참가 기간을 써서 보내 주세요. 회비는 당일에 현금으로 지불합니다.

- ■ 기타　　당일은 더러워져도 괜찮은 복장으로 와 주세요.

3교시 청해

 ◀)4회 음성 듣기　　　　**4회**

문제1　문제1에서는 우선 질문을 들으세요. 그리고 이야기를 듣고 문제지의 1에서 4 중에서 가장 적당한 것을 하나 고르세요.

1번 ◀) 4-01

電話で、男の人と女の人が話しています。女の人はどのファイルを渡しますか。

男　もしもし、吉田だけど。

女　あ、吉田さん。どうしたんですか。

전화로 남자와 여자가 이야기하고 있습니다. 여자는 어느 파일을 전달합니까?

남　여보세요, 요시다인데요.

여　아, 요시다 씨. 무슨 일이세요?

男 今、外なんだけど、部長に渡さなきゃいけないファイルを、机の上に置きっぱなしなのに気づいてさ。

女 ファイルですか。ええと……、これ3冊、全部お渡ししておけばいいんですか。

男 3冊ある？あれ？何を置いてたっけ。

女 えっと、上から順番に、グレーのファイルと、黒いファイルと、白いファイルが重ねてありますよ。

男 あ、白いのは別のプロジェクトの資料だからそこに置いといて。

女 わかりました。じゃあ、この2冊、渡しておきますね。

男 あ、待って。グレーのはいいや。まだ直さなきゃいけないところがあるから、戻ったら自分で渡すよ。

女 そうですか。わかりました。

男 うん、じゃ、頼むね。

女の人はどのファイルを渡しますか。

남 지금 밖인데, 부장님께 전달해야 할 파일을 책상 위에 놔둔 채인 게 생각나서 말이야.

여 파일이요? 음……, 이거 세 권 전부 전해 드리면 되는 건가요?

남 세 권 있어? 어? 뭘 놔뒀더라?

여 음, 위에서부터 차례로, 회색 파일과 검은 파일과 흰 파일이 겹쳐져 있습니다.

남 아, 흰 것은 다른 프로젝트 자료니까 거기에 올려 둬.

여 알겠습니다. 그럼, 이 두 권, 전달해 둘게요.

남 아, 기다려. 회색은 됐어. 아직 고쳐야 할 부분이 있으니까, 돌아가서 내가 전달할게.

여 그렇습니까? 알겠습니다.

남 응, 그럼 부탁할게.

여자는 어느 파일을 전달합니까?

**先生が授業のレポートについて話しています。学生は
どのようにレポートを提出しますか。**

女 じゃあ、この学期の最後のレポートについて説明
しますね。レポートは、プリントで配ったテーマ
について1,200字くらいでまとめてください。

男 先生、いつもかんたんなレポートはメールで出し
ていますけど、これも同じですか。

女 はい。学期末のレポートでも、いつもと同じで
す。

男 この間、田舎に帰っていたので郵便で送ったんで
すけど、それでもいいでしょうか。

女 ときどき教務課に郵便で送る人がいますけど、そ
れは先生のところには来ませんから、気をつけて
ください。

男 すみません。他の先生は印刷したものをメール
ボックスに送れっていうので。

女 卒業論文の場合は、製本までする人もいますけ
ど、このレポートは皆さんの理解力や構成力を知
るためのものですから、形式は関係ありません。

男 はい、わかりました。

学生はどのようにレポートを提出しますか。

1 メールで送る
2 郵便できょうむかに送る
3 いんさつしてメールボックスに送る
4 製本して授業の時に出す

선생님이 수업 리포트에 대해 이야기하고 있습니다.
학생은 어떻게 리포트를 제출합니까?

여 그럼, 이번 학기 마지막 리포트에 대해 설명하겠
습니다. 리포트는 프린트해서 나눠 준 테마에 대
해서 1,200자 정도로 정리해 주세요.

남 선생님, 언제나 간단한 리포트는 메일로 내고 있
는데, 이것도 같나요?

여 네. 학기말 리포트라도 언제나와 같습니다.

남 얼마전 시골에 가 있어서 우편으로 보냈는데 그
것도 괜찮나요?

여 가끔 교무과로 우편으로 보내는 사람이 있는데
요, 그것은 선생님에게는 오지 않으니까 주의해
주세요.

남 죄송합니다. 다른 선생님은 인쇄한 것을 우편함
에 보내라고 해서요.

여 졸업 논문의 경우는 제본까지 하는 사람도 있지
만, 이 리포트는 여러분의 이해력이나 구성력을
알기 위한 것이므로, 형식은 관계없습니다.

남 네, 알겠습니다.

학생은 어떻게 리포트를 제출합니까?

1 메일로 보낸다
2 우편으로 교무과에 보낸다
3 인쇄해서 우편함에 보낸다
4 제본해서 수업 때 제출한다

スポーツセンターの受付で、男の人と女の人が話しています。男の人は全部でいくら支払いますか。

男　すみません。卓球をしたいんですけど。今、空いてますか。

女　ええ、大丈夫ですよ。卓球台1台、2時間のご利用で600円です。

男　うーん…… 6人いるから、2台借りようかな。いいですか。

女　はい。時間は2時間でよろしいですか。

男　はい。

女　道具はどうされますか。ラケットが1本100円、ボールは10個100円でお貸ししていますが。

男　ラケットはあるのでいいです。ボールだけ借りようかな。10個、お願いします。

女　はい。

男の人は全部でいくら支払いますか。

1　600円

2　700円

3　1,200円

4　1,300円

스포츠 센터 접수처에서 남자와 여자가 이야기하고 있습니다. 남자는 전부 얼마를 지불합니까?

남　실례합니다. 탁구를 치고 싶은데요. 지금 비어 있나요?

여　네, 괜찮습니다. 탁구대 한 대, 두 시간 이용으로 600엔입니다.

남　음…… 여섯 명 있으니까 두 대 빌릴까? 괜찮나요?

여　네. 시간은 두 시간으로 괜찮으신가요?

남　네.

여　도구는 어떻게 하시겠어요? 라켓이 하나에 100엔, 공은 10개에 100엔으로 대여하고 있는데요.

남　라켓은 있으니까 괜찮아요. 공만 빌릴까? 10개 부탁합니다.

여　네.

남자는 전부 얼마를 지불합니까?

1　600엔

2　700엔

3　1,200엔

4　1,300엔

会社で、男の人と女の人が話しています。男の人はこのあと何をしますか。

男　佐藤さん。今日、このあと夜、お花見ですよね？課長から佐藤さんを手伝うように言われたんですけど、何かすることはありますか。場所取りとか。

女　ああ、場所は佐々木くんと山田さんが取りに行ってるから大丈夫です。あ、場所をあとで2人に聞かないと……。

회사에서 남자와 여자가 이야기하고 있습니다. 남자는 이다음에 무엇을 합니까?

남　사토 씨, 오늘 이따 저녁에 꽃놀이지요? 과장님께서 사토 씨를 도와주라고 하셨는데, 뭔가 할 일이 있을까요? 자리 잡기라든지.

여　아, 자리는 사사키 군과 야마다 씨가 잡으러 갔으니까 괜찮아요. 아, 자리를 나중에 두 사람한테 물어 봐야겠네…….

男 そうですか。じゃあ、何か足りないものはありますか。

女 そうですね……。あ、そうだ。あの、車って運転できます？

男 はい、できますけど。

女 飲み物はそこのスーパーで買うからいいんですけど、料理を注文したところがちょっと遠くて……。私、車は運転できないので、頼んでもいいですか。

男 はい。わかりました。

男の人はこのあと何をしますか。
1 花見をするばしょをとる
2 ほかの人にばしょを知らせる
3 飲み物を買いに行く
4 りょうりをうけとりに行く

남 그렇습니까? 그렇다면 뭔가 부족한 것은 없나요?

여 글쎄요……. 아, 맞다. 저기, 차 운전할 수 있어요?

남 네, 할 수 있습니다만.

여 마실 것은 거기 슈퍼에서 살 거라서 괜찮은데, 음식을 주문한 곳이 좀 멀어서……. 저는 차 운전을 못하니까 부탁해도 될까요?

남 네, 알겠습니다.

남자는 이다음에 무엇을 합니까?
1 꽃놀이를 할 자리를 잡는다
2 다른 사람에게 자리를 알린다
3 마실 것을 사러 간다
4 음식을 받으러 간다

5번 ◀》 4-05

お店で、女の人と男の人がお土産を選んでいます。女の人は何を買いますか。

女 ねえ、友だちにお土産を買おうと思うんだけど、何にしたらいいかな？

男 うーん、このキーホルダーとかは？

女 あ、かわいい。あら、このハンカチもいいわね。ああ、でもなー、みんなこういうの結構持ってるからなー。

男 そう？あとは……お菓子とか？

女 そうねえ。わぁ、このチーズケーキおいしそう！こっちのクッキーもいいなぁ。あ、でもこれ、どっちも賞味期限が短いわね。

男 すぐに食べればいいじゃん。

女 でも、いつ会えるかわからないし……。やっぱりさっきあなたが言ってたのにするわ。

가게에서 여자와 남자가 기념품을 고르고 있습니다. 여자는 무엇을 삽니까?

여 있잖아, 친구한테 줄 기념품을 사려고 하는데, 뭘로 하면 좋을까?

남 음, 이 열쇠고리 같은 건?

여 와, 귀엽다. 어머, 이 손수건도 괜찮네. 아, 근데 다들 이런 거 대개 갖고 있단 말이지.

남 그래? 그럼…… 과자 같은 건?

여 글쎄. 와, 이 치즈 케이크 맛있겠네! 이쪽 쿠키도 좋네. 아, 근데 이거 둘 다 소비 기한이 짧네.

남 바로 먹으면 되잖아.

여 하지만 언제 만날 수 있을지 모르고……. 역시 아까 네가 말한 걸로 할래.

女の人は何を買いますか。

1 キーホルダー

2 ハンカチ

3 チーズケーキ

4 クッキー

여자는 무엇을 삽니까?

1 열쇠고리

2 손수건

3 치즈 케이크

4 쿠키

6번 🔊 4-06

女の先生と学生がサッカー大会の準備について話しています。話を聞いた学生はまず何をしますか。

女 これからサッカー大会の準備をしてもらいます。まず、参加者を集めなければなりませんが、そのためにサッカー大会についての説明をします。

男 先生、学生をみんな集めて先生が説明されるということでしょうか。

女 今回はみんながクラスに行って、説明してもらいます。そのほうが学生たちが、サッカー大会に興味を持つからね。

男 えー、それは無理ですよ。僕たち大会のこと、よく知らないし。

女 だからこの資料を読んでください。大会の内容は全部ここに書いてあります。

男 難しそうですね。わからないことがたくさんありますよ。きっと。

女 だからよく読んで、わからないことがあれば私に質問してください。

男 一度説明する練習しなくちゃ。

女 じゃあ、あとでみんなで練習してみよう。

여자 선생님과 학생이 축구 대회 준비에 대해 이야기하고 있습니다. 이야기를 들은 학생은 우선 무엇을 합니까?

여 이제부터 축구 대회 준비를 해 주세요. 우선, 참가자를 모아야 하는데, 그러기 위해서 축구 대회에 대한 설명을 할게요.

남 선생님, 학생을 모두 모아서 선생님이 설명하신다는 건가요?

여 이번에는 여러분이 학급에 가서 설명을 해 주세요. 그 편이 학생들이 축구 대회에 흥미를 가지니까요.

남 아, 그건 무리예요. 저희는 대회에 대해 잘 모르고.

여 그러니까 이 자료를 읽어 주세요. 대회 내용은 전부 여기에 쓰여 있습니다.

남 어려울 것 같아요. 모르는 것이 많을 거예요. 분명히.

여 그러니까 잘 읽고, 모르는 것이 있으면 저에게 질문해 주세요.

남 한번 설명하는 연습을 해야 겠네요.

여 그럼, 나중에 다 같이 연습해 보자.

話を聞いた学生はまず何をしますか。

1 大会のさんかしゃを集める
2 大会のせつめいをする
3 大会のしりょうを読む
4 せつめいのれんしゅうをする

이야기를 들은 학생은 우선 무엇을 합니까?

1 대회 참가자를 모은다
2 대회 설명을 한다
3 대회 자료를 읽는다
4 설명 연습을 한다

문제2 문제2에서는 우선 질문을 들으세요. 그다음 문제지를 보세요. 읽을 시간이 있습니다. 그리고 이야기를 듣고 문제지의 1에서 4 중에서 가장 적당한 것을 하나 고르세요.

1번 🔊 4-07

会社で、女の人と男の人が話しています。男の人はどうしてタバコをやめましたか。

女 山田さん。最近、タバコ吸ってませんよね？やめたんですか。

男 ええ。もう1か月くらいになりますかねぇ。

女 へぇ。すごいですね。あんなに毎日たくさん吸ってたのに。値段が高くなったからですか。

男 いや、そういうのはあまり気にしてなかったんですけど、僕ももう年だし、そろそろ健康に気をつけようと思って。

女 やっぱり体に悪いですもんね。

男 ええ。ちょうど友人も奥さんに言われたとかで、タバコをやめるって言うんで、じゃあ、一緒に頑張ろうかってことになったんです。

女 ダイエットもそうですけど、仲間がいると続けられますよね。

男の人はどうしてタバコをやめましたか。

1 体に悪いから
2 ねだんが高いから
3 友人もやめたから
4 つまに止められたから

회사에서 여자와 남자가 이야기하고 있습니다. 남자는 어째서 담배를 끊었습니까?

여 야마다 씨. 최근에 담배 피우지 않으시네요? 끊었어요?

남 네. 벌써 1개월 정도 됐네요.

여 와. 대단하네요. 그렇게 매일 많이 피웠었는데. 가격이 비싸졌기 때문인가요?

남 아뇨, 그런 건 별로 신경 쓰지 않았습니다만, 저도 이제 나이가 나이인지라, 슬슬 건강에 신경 쓰려고 생각해서요.

여 역시 몸에 나쁘죠.

남 네. 마침 친구도 부인에게 말을 들었다며 담배를 끊는다고 하길래, 그럼 같이 노력해 볼까 하게 된 거예요.

여 다이어트도 그렇지만, 동지가 있으면 계속할 수 있지요.

남자는 어째서 담배를 끊었습니까?

1 몸에 나쁘기 때문에
2 가격이 비싸기 때문에
3 친구도 끊었기 때문에
4 아내가 말렸기 때문에

2번 🔊 4-08

男の人と女の人が話しています。男の人はどうして眠くなると言っていますか。

男 ふわぁー。

女 あら。さっきからずっとあくびばかりして、昨日ちゃんと寝なかったの？

男 いや、昨日は疲れてたから、早く寝たよ。

女 じゃ、なんでそんなに眠そうなの？風邪でもひいたの？

男 いや。あ、ご飯の後にあれを飲まなかったからかも。

女 あれって？

男 コーヒーだよ。飲まないと、眠くなるんだ。

女 そうなんだ。私は飲んでも眠くなるけど。

男の人はどうして眠くなると言っていますか。

1 あまりねていないから

2 つかれているから

3 かぜぐすりを飲んだから

4 コーヒーを飲んでいないから

남자와 여자가 이야기하고 있습니다. 남자는 어째서 졸음이 온다고 말하고 있습니까?

남 하아아암.

여 어라? 아까부터 계속 하품만 하고, 어제 제대로 못 잤어?

남 아니, 어제는 피곤해서 빨리 잤어.

여 그럼, 왜 그렇게 졸려 보여? 감기라도 걸린 거야?

남 아니. 아, 밥 먹고 나서 그걸 마시지 않아서 그런 걸지도 몰라.

여 그거라니?

남 커피말이야. 안 마시면 졸려.

여 그래? 나는 마셔도 졸린데.

남자는 어째서 졸음이 온다고 말하고 있습니까?

1 잠을 별로 안 자서

2 피곤해서

3 감기약을 먹어서

4 커피를 마시지 않아서

3번 🔊 4-09

男の人と女の人が話しています。男の人はどのスポーツを始めることにしましたか。

男 はぁ……。なんか最近太ってきた気がするなぁ。

女 食べすぎじゃない？何か運動でもすれば？

男 運動って言ってもねぇ。ジョギングは前にやったけど、全然続かなかったしなぁ。

女 じゃあ、学生のころにやってたスポーツは？

男 中学生と高校生のころはサッカーやってたけど、サッカーは一人じゃできないしなぁ。

남자와 여자가 이야기하고 있습니다. 남자는 어떤 스포츠를 시작하기로 했습니까?

남 하……. 왠지 요즘 살이 찐 것 같은 기분이 들어.

여 너무 많이 먹는 거 아냐? 뭔가 운동이라도 하면 어때?

남 운동이라고 해도 말이야. 조깅은 예전에 했었는데, 전혀 이어지지 않았으니까.

여 그럼, 학생 시절에 했던 스포츠는?

남 중학생과 고등학생 때는 축구 했었는데, 축구는 혼자서는 할 수 없으니까.

女 まぁね。一人でできるのって言うと、水泳とか？あ、それか私とテニスしない？最近、テニスクラブに入ったんだけど、楽しいわよー。

男 いやー、ラケットを使うスポーツって昔からダメなんだよな。卓球とかバドミントンとか。

女 ふぅん。そう。

男 ちょうど近くにスポーツセンターもあるし、泳ぎに行ってみるか。

男の人はどのスポーツを始めることにしましたか。

1 ジョギング

2 すいえい

3 テニス

4 たっきゅう

여 그렇지. 혼자서 할 수 있는 거라고 하면, 수영이라든지? 아, 아니면 나랑 테니스 안 할래? 최근에 테니스 클럽에 들어갔는데 재미있어.

남 아니, 라켓을 사용하는 스포츠는 옛날부터 잘 못해. 탁구라든지 배드민턴이라든지.

여 흐음. 그래?

남 마침 근처에 스포츠 센터도 있고, 수영하러 가 볼까?

남자는 어떤 스포츠를 시작하기로 했습니까?

1 조깅

2 수영

3 테니스

4 탁구

4번 🔊 4-10

お店で、女の人と店員が話しています。女の人はどうしてカップを取り換えてほしいと言っていますか。

女 すみません。昨日こちらで買ったカップなんですけど、これ、何ですかね。汚れですかね？

男 あー、あっ、これは……ちょっと割れてますね。

女 そうなんですか。交換してもらえます？

男 ええ、お取り換えします。申し訳ありません。同じものでよろしいですか。

女 はい。

男 あっ、申し訳ありません。同じ色のが……ないですね。違う色のものでもよろしいですか。

女 ええ、構いません。

男 すみません。

가게에서, 여자와 점원이 이야기하고 있습니다. 여자는 어째서 컵을 바꿔 달라고 말하고 있습니까?

여 저기요. 어제 여기서 산 컵인데요, 이거 뭔가요? 얼룩인가요?

남 아, 앗. 이건…… 좀 깨져 있군요.

여 그렇습니까? 교환해 줄 수 있나요?

남 네, 바꿔 드리겠습니다. 대단히 죄송합니다. 같은 것으로 괜찮으신가요?

여 네.

남 앗, 정말 죄송합니다. 같은 색의 것이…… 없네요. 다른 색 물건이라도 괜찮으신가요?

여 네, 상관없습니다.

남 죄송합니다.

女の人はどうしてカップを取り換えてほしいと言っていますか。

1 よごれていたから

2 われていたから

3 色が気に入らなかったから

4 ちがうサイズのものがいいから

여자는 어째서 컵을 바꿔 달라고 말하고 있습니까?

1 더러워져 있어서

2 깨져 있어서

3 색이 마음에 들지 않아서

4 다른 사이즈가 좋아서

5번 🔊 4-11

先生と男の留学生が話しています。留学生は日本に来て何が一番よかったと言っていますか。

女 スミスさん、もうすぐ帰国ですね。1年なんてあっという間ですね。

男 そうですね。先生には本当にお世話になりました。友だちに、日本語がとてもうまくなったってほめられました。先生のおかげです。

女 スミスさんが頑張ったからですよ。ホームステイに行ったりして、積極的に日本人と話そうとしてましたよね。

男 はい。日本人の友だちも増えましたし、ステイ先の家族とも仲良くなりました。歌舞伎を見に連れて行ってもらったり、一緒に京都旅行にも行ったんですよ。

女 それはよかったですね。

男 でもやっぱり一番は言葉ですね。いろんなことを話せるようになって、そのおかげで留学が楽しくなったと思うんです。だから、先生のおかげです。

女 そうですか。そう言ってもらえると私もうれしいです。

선생님과 남자 유학생이 이야기하고 있습니다. 유학생은 일본에 와서 무엇이 가장 좋았다고 말하고 있습니까?

여 스미스 씨, 이제 곧 귀국이네요. 1년이 순식간이네요.

남 그렇네요. 선생님께는 정말로 신세 많이 졌습니다. 친구에게 일본어가 정말 늘었다고 칭찬받았습니다. 선생님 덕분입니다.

여 스미스 씨가 열심히 해서 그래요. 홈스테이를 가기도 하고, 적극적으로 일본인과 이야기하려고 했잖아요.

남 네. 일본인 친구도 늘었고, 홈스테이를 한 집의 가족과도 친해졌습니다. 가부키를 보러 데려가 주기도 했고 함께 교토 여행도 갔었어요.

여 그거참 잘 됐네요.

남 그래도 역시 제일 중요한 것은 언어지요. 다양한 것을 얘기할 수 있게 되었고, 그 덕분에 유학이 즐거워졌다고 생각해요. 그러니 선생님 덕분입니다.

여 그런가요? 그렇게 말해 주니 저도 기쁘네요.

留学生は日本に来て何が一番よかったと言っていますか。

1 日本のぶんかを体験できたこと

2 日本語がじょうずになったこと

3 日本人の友だちができたこと

4 日本中を旅行できたこと

유학생은 일본에 와서 무엇이 가장 좋았다고 말하고 있습니까?

1 일본의 문화를 체험할 수 있었던 것

2 일본어를 잘하게 된 것

3 일본인 친구가 생긴 것

4 일본 전역을 여행할 수 있었던 것

6번 ◀» 4-12

留守番電話を聞いています。男の人はどうして約束の時間に来られませんか。

男 もしもし、鈴木さん？田中だけど。悪いんだけど、約束の時間に遅れそうなんだ。仕事は終わったんだけど、家に忘れ物しちゃってさ。一回家に帰らなきゃいけないんだ。その代わり、家からは車で行くから、電車で行くよりは早く着くと思う。30分くらい遅れるけど、7時半には着くように行くよ。寒いだろうから、どこか喫茶店にでも入ってて。近くまで行ったらまた電話する。

男の人はどうして約束の時間に来られませんか。

1 仕事が終わらないから

2 電車がおくれているから

3 一度家に帰るから

4 やくそくをわすれていたから

부재중 전화를 듣고 있습니다. 남자는 어째서 약속 시간에 올 수 없습니까?

남 여보세요, 스즈키 씨? 다나카인데. 미안하지만, 약속 시간에 늦을 것 같아. 일은 끝났는데, 집에 두고 온 물건이 있어서 말이야. 한번 집에 돌아가야 해. 그 대신, 집에서는 차로 가니까 전철로 가는 것 보다는 빨리 도착할 것 같아. 30분 정도 늦는데, 7시 반에는 도착하도록 갈게. 추울 테니까 어디 카페에라도 들어가 있어. 근처까지 가면 다시 전화할게.

남자는 어째서 약속 시간에 올 수 없습니까?

1 일이 끝나지 않기 때문에

2 전철이 늦고 있기 때문에

3 한번 집에 돌아가기 때문에

4 약속을 잊고 있었기 때문에

문제3 문제3에서는 문제지에 아무것도 인쇄되어 있지 않습니다. 이 문제는 전체적으로 어떤 내용인지를 묻는 문제입니다. 이야기 전에 질문은 없습니다. 우선 이야기를 들으세요. 그리고 질문과 선택지를 듣고 1에서 4 중에서 가장 적당한 것을 하나 고르세요.

1번 🔊 4-13

デパートのアナウンスを聞いています。

女 毎度ご来店いただき、誠にありがとうございます。ただいま、1階食品売り場横の特設会場では、安心で新鮮な野菜を使った、健康ジュースの販売を行っております。今が旬のトマトや、珍しい色のニンジン、栄養たっぷりのブロッコリーやホウレンソウなど、いろいろな野菜がおいしくとれるジュースをたくさんご用意しております。ご家族の健康のために、ぜひ、いかがでしょうか。こちらの会場は5時までとなっておりますので、みなさまお早めにお求めくださいませ。なお、詳しい場所はお近くの店員までおたずねください。

何についてのアナウンスですか。

1 食品売り場の場所
2 野菜ジュースの販売
3 新鮮な野菜のセール
4 閉店時間の案内

백화점 안내 방송을 듣고 있습니다.

여 항상 내점해 주셔서 진심으로 감사드립니다. 지금 1층 식품 매장 옆 특설 행사장에서는 안심되고 신선한 야채를 사용한 건강 주스 판매를 실시하고 있습니다. 지금이 제철인 토마토나 보기 드문 색의 당근, 영양이 풍부한 브로콜리나 시금치 등 다양한 야채를 맛있게 섭취할 수 있는 주스가 많이 준비되어 있습니다. 가족의 건강을 위해 어떠신가요? 이곳 행사장은 5시까지이니 여러분 서둘러 구입해 주세요. 아울러 자세한 장소는 근처의 점원에게 문의해 주세요.

무엇에 대한 안내 방송입니까?
1 식품 매장의 장소
2 야채 주스의 판매
3 신선한 야채 세일
4 폐점 시간 안내

2번 🔊 4-14

図書館の受付で、男の学生と係の人が話しています。

男 すみません。あるかどうか調べてもらいたい本があるんですけど。

女 はい。いいですよ。本の名前は？

男 えっと、『世界の米と酒』です。そこの機械で調べてみたんですけど、見つからなくて。

女 『世界の米と酒』ですね。……あ、これですか？大和出版、著者が小島太郎。

男 あ、それです。ありますか。

도서관 접수처에서 남학생과 담당자가 이야기하고 있습니다.

남 저기요. 있는지 어떤지 찾아봐 주었으면 하는 책이 있는데요.

여 네. 좋습니다. 책 이름은요?

남 음, 「세계의 쌀과 술」입니다. 거기 기계로 알아봤는데 못 찾아서요.

여 「세계의 쌀과 술」이라고요. ……아, 이건가요? 야마토 출판, 저자는 고지마 타로.

남 아, 그거예요. 있나요?

女 あー、こちらにはないですね。隣町の中央図書館にあるので、送ってもらいましょうか。

男 どのくらいで受け取れますか。

女 3日くらいで来ますよ。届いたらお知らせします。貸出期間は、他の本と同じ2週間です。

男 そうですか。今日中に借りたいので、中央図書館に行ってみます。ありがとうございました。

男の学生はどうして受付に来ましたか。

1 本を探すため

2 本の著者を調べるため

3 本を受け取るため

4 貸出期間を聞くため

여 아, 여기에는 없네요. 옆 동네 중앙 도서관에 있는데, 보내 달라고 할까요?

남 어느 정도면 받을 수 있을까요?

여 3일 정도면 옵니다. 도착하면 알려 드리겠습니다. 대출 기간은 다른 책과 마찬가지로 2주일입니다.

남 그런가요? 오늘 중으로 빌리고 싶으니까 중앙 도서관에 가 보겠습니다. 감사합니다.

남학생은 어째서 접수처에 왔습니까?

1 책을 찾기 위해

2 책의 저자를 조사하기 위해

3 책을 받기 위해

4 대출 기간을 묻기 위해

3번 🔊 4-15

女の人が話しています。

女 えー、こちらは「サンシャインタワー」です。高さ180メートル、日本で最初のテレビ塔です。これはテレビの電波を飛ばすために作られたもので、あの一番上のところから電波を飛ばすんですね。最近はもっと高いテレビ塔が新しくつくられているため、古いものはテレビ塔としてはだんだん使われなくなっていますが、時々イベントを行ったりして観光名所として活用されています。

女の人は何について話していますか。

1 テレビ塔の利用目的

2 テレビ塔の作り方

3 テレビ塔が減っている理由

4 テレビ塔でのイベント内容

여자가 이야기하고 있습니다.

여 네, 이쪽은 '선샤인 타워'입니다. 높이 180m, 일본 최초의 TV 탑입니다. 이것은 TV 전파를 날리기 위해 만들어진 것으로, 저 가장 윗부분에서 전파를 날립니다. 요즘은 더 높은 TV 탑이 새로 만들어졌기 때문에, 오래된 것은 TV 탑으로는 점점 사용되지 않고 있지만, 때때로 이벤트를 실시하거나 하여 관광 명소로서 활용되고 있습니다.

여자는 무엇에 대해 이야기하고 있습니까?

1 TV 탑의 이용 목적

2 TV 탑의 제작 방법

3 TV 탑이 줄고 있는 이유

4 TV 탑에서의 이벤트 내용

문제4 문제4에서는 그림을 보면서 질문을 들으세요. 화살표(➡)의 사람은 뭐라고 말합니까? 1에서 3 중에서 가장 적당한 것을 하나 고르세요.

1번 🔊 4-16

女 友だちが面白そうなマンガを持っているので、借りたいです。何と言いますか。

男 1 そのマンガ、貸してあげない？

　　2 そのマンガ、借りてくれない？

　　3 そのマンガ、貸してくれない？

여 친구가 재미있어 보이는 만화를 가지고 있어서, 빌리고 싶습니다. 뭐라고 말합니까?

남 1 그 만화, (다른 사람에게) 빌려주지 않을래?

　 2 그 만화, 빌리지 않을래?

　 3 그 만화, (나에게) 빌려주지 않을래?

2번 🔊 4-17

女 病院へ行く道を聞きたいです。何と言いますか。

女 1 どこの病院に行きましょうか。

　　2 病院までどのくらいかかりますか。

　　3 病院へはどう行けばいいですか。

여 병원에 가는 길을 묻고 싶습니다. 뭐라고 말합니까?

여 1 어느 병원으로 갈까요?

　 2 병원까지 어느 정도 걸립니까?

　 3 병원에는 어떻게 가면 됩니까?

3번 🔊 4-18

女 洗濯したのに、服がきれいになりません。何と言いますか。

男 1 洗ったけど汚れが落ちないんだ。

　　2 洗っても全然汚れが防げないよ。

　　3 洗ったのに、汚れが減らないね。

여 세탁했는데, 옷이 깨끗해지지 않습니다. 뭐라고 말합니까?

남 1 빨았는데 얼룩이 빠지지 않아.

　　2 빨아도 전혀 얼룩을 막을 수 없어.

　　3 빨았는데 얼룩이 줄어들지 않네.

4번 🔊 4-19

女 友だちの家に遊びに来ました。何と言いますか。

男 1 お世話になりました。

　　2 おじゃまします。

　　3 ただいま。

여 친구 집에 놀러 왔습니다. 뭐라고 말합니까?

남 1 신세 졌습니다.

　　2 실례하겠습니다.

　　3 다녀왔습니다.

문제5 문제5에서는 문제지에 아무것도 인쇄되어 있지 않습니다. 우선 문장을 들으세요. 그리고 그 답을 듣고 1에서 3 중에서 가장 적당한 것을 하나 고르세요.

1번 🔊 4-20

男 もうレポートできたんだって？いつも早いね。

女 1 まあ、だいたいね。

　　2 まだ全然なんだ。

　　3 早く書き始めないとね。

남 벌써 리포트 다 썼다며? 항상 빠르구나.

여 1 뭐, 거의.

　　2 아직 전혀 안 썼어.

　　3 빨리 쓰기 시작해야겠어.

2번 🔊 4-21

女 なんだかひどい天気になりそうね。

男 1 今日は晴れそうだね。

　　2 明日もいい天気になるね。

　　3 今日は一日雨だって。

여 왠지 궂은 날씨가 될 것 같아.

남 1 오늘은 맑을 것 같네.

　　2 내일도 날씨가 좋을 거야.

　　3 오늘은 하루 종일 비가 온대.

3번 🔊 4-22

男 もしもし、奥さまはいらっしゃいますか。

女 1 あの、どちら様でしょうか。

　　2 はい、結婚しています。

　　3 いえ、私じゃありません。

남 여보세요. 사모님 계십니까?

여 1 저기, 누구시죠?

　　2 네, 결혼했습니다.

　　3 아니요, 제가 아닙니다.

4번 🔊 4-23

女 この辺が痛いんですが……。

男 1 どれ、見せてごらん。

　　2 調子が悪くてね。

　　3 都合はどうですか。

여 이 부분이 아픕니다만……。

남 1 어디, 보여줘 봐.

　　2 컨디션이 안 좋아서.

　　3 사정은 어떻습니까?

5번 🔊 4-24

男 今日、会議あるんだって？聞いてないよ。

女 1 どうでしたか。会議は？

　　2 まだ日にちは聞いてません。

　　3 昨日、急に決まって……。

남 오늘, 회의 있다며? 못 들었어.

여 1 어땠습니까? 회의는?

　　2 아직 날짜는 못 들었습니다.

　　3 어제, 갑자기 정해져서…….

6번 🔊 4-25

女 あ、もうこんな時間。そろそろ失礼しますね。

男 1 はい、どうぞお入りください。

　　2 えっ、もう帰るんですか。

　　3 いえいえ、とんでもないです。

여 아, 벌써 시간이 이렇게 됐네. 슬슬 실례하겠습니다.

남 1 네, 어서 들어오세요.

　　2 앗, 벌써 돌아가십니까?

　　3 아니요, 당치도 않습니다.

7번 🔊 4-26

男 いらっしゃいませ。何かお探しですか。

女 1 このスカート……ちょっと小さいですね。

　　2 サイズはMです。

　　3 グレーのセーターはありますか。

남 어서 오세요. 뭔가 찾으시는 게 있으십니까?

여 1 이 스커트…… 좀 작네요.

　　2 사이즈는 M입니다.

　　3 회색 스웨터는 있습니까?

8번 🔊 4-27

女 ご注文は、お決まりですか。

男 1 いえ、結構です。

　　2 あ、もう少しあとで……。

　　3 はい、もう来ました。

여 주문은 정하셨습니까?

남 1 아니요, 괜찮습니다.

　　2 아, 잠시만 이따가…….

　　3 네, 이미 왔습니다.

9번 🔊 4-28

男 ねぇ。今、時間ある？

女 1 今日、時計持ってなくて……。

　　2 今なら大丈夫だよ。

　　3 これは、時間かかるんじゃない？

남 저기. 지금 시간 있어?

여 1 오늘, 시계 안 가지고 와서…….

　　2 지금이라면 괜찮아.

　　3 이건 시간 걸리지 않아?

● 1교시 **언어지식**(문자 어휘)

問題1 1 4 2 3 3 1 4 3 5 2 6 1 7 4 8 4

問題2 9 3 10 4 11 4 12 1 13 2 14 1

問題3 15 2 16 4 17 2 18 3 19 1 20 2 21 2 22 4 23 1 24 2 25 1

問題4 26 2 27 4 28 2 29 4 30 2

問題5 31 4 32 2 33 1 34 1 35 4

● 2교시 **언어지식**(문법)·**독해**

問題1 1 4 2 3 3 2 4 4 5 4 6 3 7 1 8 2 9 2 10 4

  11 3 12 3 13 2

問題2 14 4 15 3 16 4 17 1 18 1

問題3 19 2 20 1 21 4 22 1 23 4

問題4 24 3 25 2 26 3 27 2

問題5 28 3 29 1 30 2 31 3 32 2 33 4

問題6 34 1 35 3 36 3 37 2

問題7 38 3 39 2

● 3교시 **청해**

問題1 1 4 2 1 3 4 4 2 5 4 6 4

問題2 1 4 2 3 3 2 4 3 5 4 6 2

問題3 1 3 2 1 3 2

問題4 1 1 2 1 3 3 4 1

問題5 1 3 2 2 3 1 4 1 5 2 6 3 7 2 8 3 9 2

문제1 _____의 단어의 읽는 법으로 가장 적당한 것을 1·2·3·4에서 하나 고르세요. p.173

[1] 4 신문에 자동차 광고가 실려 있었다.

[2] 3 처음 만난 사람에게 명함을 받았다.

[3] 1 정원에 꽃을 심었다.

[4] 3 술을 과음한 것을 반성했다.

[5] 2 하야시 씨는 동료와 함께 술을 마시는 것을 좋아한다.

[6] 1 앞으로 조금이면 이길 수 있었는데, 아까웠어.

[7] 4 길을 걷고 있다가, 넘어져 버렸다.

[8] 4 이 우체국은 야간에도 접수받고 있다.

문제2 _____의 단어를 한자로 쓸 때 가장 적당한 것을 1·2·3·4에서 하나 고르세요. p.174

[9] 3 시험 결과가 발표되었다.

[10] 4 그는 결혼에 대해 진지하게 생각했다.

[11] 4 일본어를 공부해서 통역 · 통역가가 되고 싶다.

[12] 1 병원에서 혈액 검사를 했다.

[13] 2 컵이 텅 비어서, 다시 물을 넣었다.

[14] 1 요즘은 시간에 쫓겨서 바쁘다.

문제3 (   )에 넣기에 가장 적당한 것을 1·2·3·4에서 하나 고르세요. p.175

[15] 2 아까 먹은 약이 점점 (듣기) 시작했다.

[16] 4 이길 수는 없었지만, 팀 모두는 좋은 시합을 할 수 있어서 (만족)이었다.

[17] 2 다나카 씨는 빨간 스웨터가 매우 잘 (어울린)다.

[18] 3 비 때문에 예정을 (변경)하게 되었다.

[19] 1 리 씨에게는 일본어 선생님이 된다는 명확한 (목표)가 있었다.

[20] 2 저 두 사람이 (설마) 결혼하다니, 믿을 수 없다.

[21] 2 방에 들어가기 전에 (노크)해 주세요.

[22] 4 사용하지 않게 된 가방을 (창고)에 넣었다.

[23] 1 앞으로 1시간 (이내)에 버스는 목적지에 도착할 예정입니다.

[24] 2 물이 차가워서 손가락 (감각)이 없어져 버렸다.

25 **1** 그는 커피에 설탕을 (듬뿍) 넣어서 마신다.

문제4 _____과 의미가 가장 가까운 것을 1·2·3·4에서 하나 고르세요. p.177

26 **2** 시험에 <u>합격하면</u> 여행을 떠날 생각이다.≒ 붙으면

27 **4** 저 사람은 세계 역사에 대해 <u>정통하다</u>.≒ 잘 알고 있다

28 **2** 다나카 씨는 일의 <u>스피드</u>를 올렸다.≒ 속도

29 **4** 존 씨가 화를 내는 것은 <u>당연하다</u>고 생각한다.≒ 당연하다

30 **2** 그녀는 <u>싱글벙글</u> 하고 있었다.≒ 기쁜 것 같았다

문제5 다음 단어의 사용법으로 가장 적당한 것을 1·2·3·4에서 하나 고르세요. p.178

31 지키다
   1 친구가 이사를 <u>지켜</u> 주었다. ➡ 手伝って 도와
   2 우산이 없어서 난처해하고 있을 때, 다나카 씨가 <u>지켜</u> 주었다. ➡ 貸して 빌려
   3 아무리 피곤해도 공부를 <u>지키</u>도록 하고 있다. ➡ する 하(다)
   4 저 사람은 반드시 약속을 <u>지키는</u> 사람이다.

32 근사함, 멋짐
   1 야마다 씨는 <u>근사</u>한 성적으로 졸업했다. ➡ りっぱな 훌륭한
   2 친구의 결혼식은 매우 <u>근사</u>했다.
   3 이 신발은 내 발에 <u>근사</u>했다. ➡ ぴったり 딱(딱 맞는 모양)
   4 리 씨가 가장 <u>근사</u>한 과목은 수학이었다. ➡ 得意な 잘하는

33 자신
   1 그는 시합에 이길 <u>자신</u>이 있었다.
   2 저 사람은 <u>자신</u>만 하기 때문에 미움받고 있다. ➡ 自慢 자랑
   3 업무에서 실수를 해서 회사의 <u>자신</u>을 잃고 말았다. ➡ 信用 신용
   4 캡틴은 팀의 모두로부터 두터운 <u>자신</u>을 받고 있었다. ➡ 信頼 신뢰

34 조심하다, 주의하다
   1 몇 번이나 같은 실수를 하지 않도록 <u>조심했다</u>.
   2 전철 안에서 숙제를 집에 두고 온 것을 <u>조심했다</u>. ➡ 気づいた 알아차렸다, 생각났다
   3 선생님은 큰 목소리로 '수업 중에는 조용히 하도록' 하고 <u>조심했다</u>. ➡ 注意した 주의를 주었다
   4 그는 새로 산 모자가 <u>조심하고</u> 있었다. ➡ 気に入って 마음에 들어

35 당장에라도
   1 저 사람은 <u>당장에라도</u> 유명한 인물이 될 것이다. ➡ いつか 언젠가
   2 추워졌다고 생각했더니, <u>당장에라도</u> 비가 눈으로 바뀌어 있었다. ➡ いつの間にか 어느새인가
   3 <u>당장에라도</u> 다음 주 일요일, 시험 날이 다가온다. ➡ 間もなく 곧, 머지않아
   4 집 밖은 어두워서 <u>당장에라도</u> 비가 내릴 것 같았다.

문제1 다음 문장의 (   )에 넣기에 가장 적당한 것을 1·2·3·4에서 하나 고르세요. p.180

[1] **4** 열이 내림(에 따라) 그녀의 얼굴이 밝아져 갔다.

[2] **3** 가장 인기인 카메라는 품절이었기 때문에, 다음으로 인기가 있는 것(으로) 참았다.

[3] **2** 엄마가 세탁 (정도) 스스로 할 수 있게 되라고 말했다.

[4] **4** 야마카와 다나카 군 지금 도쿄에 없어?

　　 기무라　 맞아, 맞아. 미국에 출장(이라고) 했었어.

[5] **4** 그는 자동차 면허를 가지고 있(다고 해도) 아직 실제로 운전한 적은 없다고 한다.

[6] **3** A 무슨 일이야? 몸 상태가 안 좋은 것 같네.

　　 B 아까 의자에서 (일어서)자마자 머리가 어질어질해서 쓰러질 뻔했어.

[7] **1** 부장　자네, 이 짐을 열어서 내용물을 확인해 (주지) 않겠나?

　　 사원　네, 알겠습니다.

[8] **2** 학생　　선생님의 사모님은 어떤 일을 (하시고) 있나요?

　　 선생님　아, 잡지 편집입니다.

[9] **2** 그에게는 친구가 없는 (모양인지) 항상 혼자 점심을 먹고 있다.

[10] **4** 야마다 씨는 어릴 때는 스포츠 선수가 (될 생각이었다)고 했었다.

[11] **3** 야마카와 어라? 기무라 군, 주말에는 스키 타러 가는 거 아니었어?

　　 기무라　　그게 말야, 스키 (탈 때가 아니게 되었)어.

[12] **3** 선생님 아, 야마구치 군. 무슨 일 있어?

　　 학생　　죄송합니다, 선생님. 좀 (여쭤보고 싶은) 것이 있어서요.

　　 선생님 아, 그래. 사양 말고 물어봐.

[13] **2** 그는 아무에게도 말하지 않았다고 하지만, 그 이외에 나는 말하지 않았기 때문에, 그가 모두에게 이야기했다 (고 밖에 생각할 수 없다).

문제2 다음 문장의 ___★___ 에 들어갈 가장 적당한 것을 1·2·3·4에서 하나 고르세요. p.182

[14] **4** A 저 사람은 다나카 군? 감기 걸려서 고생한다고 들었는데.

　　 B 감기 걸린 것 1 <u>치고</u> 3 <u>는</u> 4 꽤나 2 <u>건강해</u> 보이네.

[15] **3** A 그 일 오늘이 마감이라며? 괜찮아?

　　 B 이렇게 많이 있어. 나 혼자서 1 <u>할 수 있을</u> 4 <u>리가</u> 3 <u>없</u> 2 <u>잖아</u>.

[16] **4** 이 자원봉사 활동은 3 <u>경험이 있는지</u> 1 <u>없는지</u> 4 <u>에</u> 2 <u>관계없이</u> 널리 모집을 하고 있습니다.

[17] **1** 그도 팀의 일원이니까, 이 건을 그에게 2 <u>이야기하지 않은</u> 4 <u>채</u> 1 <u>로 있는</u> 3 <u>것은</u> 어떤가.

[18] **1** 아빠는 자주 곤란할 때 4 <u>가 아니면</u> 1 인간은 3 <u>진심이 되지 않는</u> 2 법이다라고 말했다.

문제3 다음 글을 읽고, 글 전체의 내용을 생각하여, 19 부터 23 안에 들어갈 가장 적당한 것을 1·2·3·4에서 하나 고르세요.

p.184

나이를 알고 싶어하는 일본인

쉬진

사람에게 나이를 묻는 것은 실례가 되는 일입니다. 저는 그렇게 일본인 선생님께 배웠습니다.

그런데, 저는 일본에 오고 나서 일본인 친구가 몇 명이나 생겼는데, 모두 제 나이를 알고 싶어했습니다. 그리고 제가 '스무 살'이라고 답하면, 일본인은 대개 '아, 어리군요'라고 말해 주었습니다. 19 반대로 제가 상대방 나이를 물으면 곤란한 듯한 얼굴을 하고 '아 그게…'라고 머릿속에서 자신의 나이를 세서 '스물 둘'이라고 대답하는 것이었습니다.

그래서 선생님께 이 일을 물어보았습니다. 그러자 선생님은 '젊은 사람들이 너에게 그런 것을 묻는 것은, 너에게 20 흥미가 있기 때문이겠지'라고 알려 주셨습니다.

어느 날 아르바이트 하는 곳에서 휴식하고 있을 때 함께 아르바이트를 하고 있는 여자 동료에게 '올해 몇 살이에요?'라고 묻자, 그녀는 '몇 살일까요?' 하고 웃더니, 대답하지 않았습니다. 그리고 그 후 친한 친구와 둘만 있게 되자, '그녀를 좋아하지?'라고 질문받고 깜짝 놀라고 말했습니다. '21 어째서?'라고 묻자, '그야, 그녀에게 관심이 있는 거잖아?'라고 말하는 것입니다.

최근에는 22 이런 일이 있었습니다. 50대의 남성과 알게 되었는데, 잠시 중국 이야기로 무르익은 후에 그 사람도 역시 '지금 몇 살이에요?'라고 물어 온 것입니다. 제가 '스무 살'이라고 답하자 그 사람은 '오, 제 딸과 같네요'라고 말했습니다. 그 뒤 계속 딸의 이야기를 했습니다. 저는 그 사람과 헤어진 후에 생각했습니다. 분명 그는 내가 좋아서 딸의 남자 친구로 23 삼고 싶은 것이겠지 라고.

2교시 독해

5회

문제4 다음 (1)에서 (4)의 글을 읽고, 질문에 답하세요. 답은 1·2·3·4에서 가장 적당한 것을 하나 고르세요.

(1) 아래 메일은 야마시타 씨에게 도착한 것이다.

p.186

받는 사람 : yamashita@kaijobussan.co.jp
제목 : 신제품에 대해서
날짜 : 20XX년 3월 17일 10시 15분

해상물산 주식회사
판매부 야마시타 님

언제나 신세를 지고 있습니다.
다름이 아니라 3월 10일에 주문한 신제품이 아직 도착하지 않고 있습니다.
3월 15일에 받을 수 있을 거라고 말씀하셨는데, 확인해 주실 수 있으신지요?
조속히 도착 예정일을 알려주시길 부탁드립니다.

유한회사 도쿄 공업
개발부 다카하시 요코

24 이 메일을 읽은 사람은 우선 무엇을 하지 않으면 안 됩니까?

    1 바로 신제품을 주문한다.

    2 바로 신제품을 보낸다.

    3 신제품이 도착하는 날을 알려 준다.

    4 신제품을 주문한 날을 알려 준다.

(2)

p.187

  인터넷을 이용하는 데에는 몇 개의 규칙이 있다고 한다. 예를 들면 개인을 특정해서 나쁜 말은 쓰지 않는다, 주위에 폐를 끼치는 일은 하지 않는다, 다른 사람의 사진이나 일러스트를 멋대로 써서는 안 된다, 같은 것이다. 다른 사람을 곤란하게 해서는 안 되는 것은 물론이지만, 자신의 몸도 지키지 않으면 안 된다. 자신의 ID나 비밀번호는 확실히 관리해야 한다. 그런 것을 지키면 평소의 생활에서도 인터넷 사회에서도 안전하게 생활할 수 있을 것이다.

25 인터넷을 이용할 때의 규칙에 대해서 올바른 것은 어느 것인가?

    1 특정 개인에 대해 써서는 안 된다.

    2 자신의 정보는 스스로 지키지 않으면 안 된다.

    3 다른 사람이 찍은 사진은 허가를 얻어도 올려서는 안 된다.

    4 다른 사람이 그린 그림을 멋대로 봐서는 안 된다.

(3)

p.188

  취업 활동을 하고 있는 학생 중에, 어떤 일을 하고 싶은가, 어떻게 살아가고 싶은가 하는 장래의 이미지를 떠올리지 못하고 있는 사람이 있다. 상담을 해 보면 '저는 어떤 일을 하면 좋을까요?'라고 질문해 온다. 그와 같은 질문은 우선 자기 자신에게 하지 않으면 안 되는 것이다. 선배에게 상담을 하거나 일에 대해 질문을 하거나 하기 전에 자신에게 물어본다. 무엇이 하고 싶은 것인지, 어떤 것을 좋아하는지 등 자신에 대해서 연구한 다음 자신에게 맞는 일을 찾는 것이 제일이다.

26 이 글에서는 일을 찾을 때 우선 중요한 것은 어떤 것이라고 말하고 있는가?

    1 선배에게 상담을 하는 것

    2 여러 사람에게 일에 대해 질문하는 것

    3 자신은 무엇을 하고 싶은지를 생각하는 것

    4 자신에게 맞는 일에 대해 연구하는 것

(4)

p.189

> ### 영화 초대권을 20분께 선물합니다!
>
> 언제나 영화를 보고 계신 여러분 중에서 추첨을 통해 20분께 영화 초대권을 드립니다.
>
> 보신 영화의 감상을 써서 응모해 주세요.
>
> 우사기 시네마에서 상영된 영화라면 어떤 영화라도 상관없습니다.
>
> 엽서에는 연락처(우편 번호, 주소, 성명, 전화번호)도 적어 주세요.
>
> 당첨자에게는 영화 초대권을 발송해 드리겠습니다.
>
> 자세한 것은 영화관 홈페이지(http://usagicinema.co.jp)를 참조해 주세요.
>
> 우사기 시네마

27 응모하는 사람은 무엇을 하지 않으면 안 됩니까?

    1 우사기 시네마에서 지정된 영화를 본 후 엽서에 감상을 적어서 응모한다.

    2 우사기 영화관에서 영화를 본 후 엽서에 감상과 연락처를 적어서 응모한다.

    3 엽서에 우편 번호, 주소, 성명, 메일 주소를 적어서 응모한다.

    4 영화관 홈페이지에서 응모한다.

문제5 다음 (1)과 (2)의 글을 읽고 질문에 답하세요. 답은 1·2·3·4에서 가장 적당한 것을 하나 고르세요.

(1)

p.190

    제가 초등학생 시절에는 ①책을 싫어했습니다. 히라가나와 가타카나가 가득 찬 페이지를 보고 있기만 해도 졸리기 시작했습니다. 그것보다 TV나 스마트폰에서 볼 수 있는 애니메이션 쪽이 훨씬 재미있고 즐거웠기 때문입니다. 그런데 어느 날 어머니가 '학습 만화'라는 책을 읽어 보라며 책상 위에 두고 갔습니다.

    그것은 비행기가 어떻게 해서 하늘을 날 수 있는 건지 알기 쉽게 가르쳐 주는 이야기였습니다. 아직 비행기를 타 본 적이 없었던 나는 비행기가 타고 싶어졌습니다. 그다음에 읽은 「강아지 지로의 대모험」이라는 책에서는 1,000킬로미터나 떨어진 집으로 돌아가기 위해 위험한 일이나 힘든 일을 극복하고 마침내 1년 뒤에 집에 돌아온 강아지의 이야기로, 강아지가 인간보다 용기가 있고 신비한 능력을 가지고 있는 것을 처음으로 알게 되었습니다. 만화를 무척 좋아했던 나는 그때부터 역사나 과학을 알기 쉽게 설명하는 '학습 만화'를 매일 읽었습니다.

    그러다가 「강아지 지로」의 이야기 속편이 있는 것을 알았습니다. 그러나 그것은 만화가 아니라 도서관에 있는 책이었습니다. 지로의 팬이 되어 있었던 저는 그 책을 빌려 읽기 시작했습니다. 그림은 전혀 없지만 머릿속에서는 여러 장면들이 떠올라 애니메이션을 보고 있는 듯한 기분이었습니다. '책은 재미있다'고 그때 처음으로 독서의 즐거움을 깨달았습니다. 저는 지금 ②어린이들에게 학습 만화를 추천하고 있습니다.

28 ①책을 싫어했습니다라고 하는데 어째서 책을 싫어했는가?

    1 히라가나와 가타카나를 읽을 수 없었기 때문에

    2 언제나 졸려서 책을 읽을 시간이 없었기 때문에

    3 TV나 스마트폰의 애니메이션 쪽이 재미있었기 때문에

    4 어머니가 억지로 읽으라고 했기 때문에

29 이 사람이 처음으로 읽은 학습 만화는 어떤 이야기였는가?

　1 비행기가 하늘을 나는 방법을 설명하는 이야기

　2 강아지 지로가 고생하면서 집으로 돌아오는 이야기

　3 역사에 나오는 유명한 사람의 이야기

　4 과학 지식을 쉽게 설명하는 이야기

30 ②어린이들에게 학습 만화를 추천하고 있는 것은 어째서인가?

　1 「강아지 지로」에 대해 알아 주었으면 해서

　2 만화를 계기로 책을 읽는 즐거움을 알아 주었으면 해서

　3 책보다 만화 쪽이 더 재미 있다는 것을 알아 주었으면 해서

　4 학습 만화의 속편은 도서관 책에 있는 것을 알아 주었으면 해서

(2)　　　　　　　　　　　　　　　　　　　　　　　　　　　　　　p.192

　사람은 어떻게 수면을 취하고 있는가라는 조사를 어떤 회사가 15세~49세를 대상으로 하여 실시했다. 그중에서 어떻게 일어나는가라는 질문에 대한 대답은 '휴대폰 알람을 사용한다'가 66.1%, 이어서 '알람 시계를 사용한다'가 38.9%였다. 조사 대상자에는 학생 등 가족과 함께 살고 있는 사람이 많았기 때문에 '가족이 깨워 준다'가 1위일 거라고 생각했지만 ①그렇지 않은 것 같다.

　실제로 시계 매장에 가면 ②다양한 알람 시계를 팔고 있다. 소리를 내면서 방 안을 돌아다니는 것이나 퍼즐을 완성시키지 못하면 알람이 멈추지 않는 것까지 있다. 휴대폰 알람도 마찬가지로, 유명 탤런트나 애니메이션 캐릭터의 목소리로 깨워주는 등 여러 가지가 있다.

　알람은 진화하고 있지만 역시 가장 효과가 있는 것은 가족에게 깨워 달라고 하는 방법이 아닐까? 가족이라면 일어날 때까지 깨워 주기 때문에 신뢰할 수 있고 안심할 수 있다고 생각하는데, 지금은 다를 것이다.

31 ①그렇지 않다고 하는데 '그렇다'는 것은 어떠한 것인가?

　1 휴대폰 알람을 이용해서 일어난다.

　2 알람 시계를 이용해서 일어난다.

　3 같이 살고 있는 가족이 깨운다.

　4 친구가 깨워 준다.

32 ②다양한 알람 시계라고 하는데 이 글에서 말하고 있는 것은 어떠한 시계인가?

　1 소리를 내면서 방 안을 난다.

　2 퍼즐을 완성시키면 알람이 멈춘다.

　3 애니메이션 캐릭터가 전화해 준다.

　4 유명 탤런트가 노래로 깨워 준다.

33 이 글에서 필자가 가장 말하고 싶은 것은 무엇인가?

　1 다양한 알람 중에서 자신에게 맞는 것을 고르는 것이 좋다.

　2 최근에는 알람이 진화하고 있기 때문에 좋은 알람을 쓰는 편이 좋다.

　3 가족을 신용하고 있지 않는 사람이 많기 때문에 알람을 쓰는 사람이 늘었다.

　4 가족을 믿고 깨워 달라고 하는 편이 일어나기 쉽다.

최근에 태양광 발전에 대해 생각하는 사람이 늘고 있다. 태양광 발전이란 태양의 빛을 이용하여 전기를 발생시키는 것이다. 이거라면 공기를 오염시키지 않고 매우 ①친환경적이다. 또한 인간에게 해가 없기 때문에 건강을 해치지 않는다.

좋은 점뿐이라고 생각되지만 단점도 여러 가지 있다. 우선 비용이 굉장히 비싸다는 것이다. 정부가 지원을 하게 되었지만 그래도 아직 비싸기 때문에 일반 가정에는 좀처럼 보급되어 가지 않는다. 그리고 구름이 많은 날이나 비가 내리는 날에는 그다지 발전하지(전기를 발생시키지) 않으며, 태양광의 세기가 지역에 따라 다르다는 것도 해결하지 못하고 있다.

②이러한 문제점이 있지만 환경 문제에 힘을 쓰고 있는 독일에서는 태양을 쫓아 집을 회전시켜 발전시키거나, 태양광 발전을 설치한 집합 주택을 건설하거나 하는 등의 궁리를 하고 있는 듯 하다. 태양과 함께 생활함으로써 마음도 몸도 따뜻해질 것 같다. 독일뿐만 아니라 중국에서도 유사한 맨션의 건설이 진행 중이라고 한다.

꿈 같은 이야기로 들리지만 일본에서도 ③그런 날이 오는 것은 멀지 않을 것이다. 다른 전력에 기대지 않고 독립된 집에 사는 것이 가능해진다는 것도 매력적이다. 그리고 자신뿐만이 아니라, 남은 전기를 전력 회사에 팔면 사회를 위한 일도 되고, 풍요로운 생활을 보낼 수 있지 않을까.

34 ①친환경적이다라고 하는데 그 이유는 무엇이라고 하고 있는가?
1 공기를 오염시키는 것을 배출하지 않기 때문에
2 공기를 깨끗하게 해 주기 때문에
3 몸에 나쁘지 않을 것을 사용하기 때문에
4 태양광이 인간의 몸에 좋기 때문에

35 ②이러한 문제점이라고 하는데 그것은 어떠한 것인가?
1 태양광 발전은 건강을 해치는 것
2 정부가 지원을 하는 데 시간이 걸리는 것
3 날씨가 좋지 않은 날은 전기를 그다지 사용할 수 없는 것
4 태양광이 강한지 강하지 않은지에 따라 비용이 달라지는 것

36 ③그런 날이라고 하는데 그것은 어떤 의미인가?
1 현재보다도 태양광 발전을 하는 집이 더 저렴해지는 날
2 집이 돌아가 방의 온도를 조절해 주는 날
3 태양광 발전이 달린 집에 살 수 있는 날
4 태양과 언제나 함께 생활할 수 있는 날

37 필자가 이 글에서 가장 말하고 싶은 것은 무엇인가?
1 다른 전력에 기대지 않고 자신만의 마음이 풍족한 생활을 하고 싶다.
2 만든 전기를 자신만 사용하는 것이 아니라 전력을 팔아 사회를 위해 도움이 되고 싶다.
3 전기를 많이 만들어 전력 회사에 팔아 돈을 좀 더 손에 넣고 싶다.
4 독일이나 중국처럼 태양광 발전을 사용한 집에서 꿈과 같은 생활을 하고 싶다.

문제7 오른쪽 페이지는 도서관의 이용 안내이다. 이것을 읽고 아래의 질문에 답하세요. 답은 1·2·3·4에서 가장 적당한 것을 하나 고르세요. p.196

38 유학생인 김 씨는 조스이시에 있는 학교에 다니고 있다. 처음 빌릴 때 필요한 것은 무엇인가?

　1　이용 카드 신청서

　2　이용 카드 신청서와 건강 보험증

　3　이용 카드 신청서와 학생증

　4　이용 카드 신청서와 운전면허증

39 야마다 씨는 2월 4일에 좋아하는 만화책을 5권 빌렸다. 언제까지 책을 반납하면 되는가?

　1　2월 11일

　2　2월 12일

　3　2월 13일

　4　2월 14일

◇ 조스이 시립 도서관 이용 안내 ◇

개관 시간　　　오전 9시 30분 ~ 오후 5시 (단, 수 · 금요일은 오후 7시까지)

휴관일　　　　월요일 · 공휴일 · 연말연시(12월 28일 ~ 1월 4일) · 특별 정리 기간

【처음 오시는 분께】

조스이 시립 도서관은 조스이시에 살고 있는 사람, 조스이시에 있는 회사 · 학교로 통근 · 통학하고 있는 사람이라면 누구나 이용할 수 있습니다.

처음 빌릴 때는 이용 카드 신청서를 작성해 주세요.

● 조스이시에 살고 있는 분은 주소를 확인할 수 있는 것(건강 보험증 · 운전면허증 · 학생증)을 가지고 카운터로 와 주시기 바랍니다.

● 조스이시로 통근 · 통학하고 계신 분은 사원증이나 학생증을 가지고 와 주시기 바랍니다.

【빌릴 때】 빌리고 싶은 책과 이용 카드를 카운터로 가지고 와 주시기 바랍니다.

종류	최대 대출 수	대출 기간
문학(소설 등)	5권	2주간
잡지	3권	1주간
만화책	10권	

※ 대출 연장은 할 수 없습니다.

※ 반납일이 휴일인 경우는 반납일 다음 날까지 반납해 주세요.

【반납 할 때】 도서관 카운터에 직접 반납해 주세요.

이용 캘린더

2월						
일	월	화	수	목	금	토
			1	2	3	4
5	6	7	8	9	10	11
12	13	14	15	16	17	18
19	20	21	22	23	24	25
26	27	28				

▨는 휴일입니다. ▢는 특별 정리 기간이므로 휴일입니다.

3교시 청해

 ◀》5회 음성 듣기

5회

문제1 문제1에서는 우선 질문을 들으세요. 그리고 이야기를 듣고 문제지의 1에서 4 중에서 가장 적당한 것을 하나 고르세요.

1번 ◀》 5-01

女の人と男の人が話しています。女の人は旅行に何を持って行きますか。

女 　私、飛行機に乗って旅行するの初めてなんだけど、何を持って行ったらいいのかしら？

男 　飛行機のチケットは絶対に持って行かないとね。

女 　そうよね。

男 　あ、飛行機に乗る時間は短いから、スリッパはいらないよ。

女 　あら、そう。あ、そうだ。明日は、朝早く起きないといけないのよね。目覚まし時計は必要？

男 　ホテルのモーニングコールを利用すればいいから、持って行かなくてもいいんじゃない？

女 　そう、わかったわ。

男 　あ、カメラは僕が持って行くよ。

女 　え、でも私もいろいろ撮りたいし、持って行くわ。

여자와 남자가 이야기하고 있습니다. 여자는 여행에 무엇을 가지고 갑니까?

여 나 비행기 타고 여행 가는 건 처음인데, 뭘 가지고 가면 좋을까?

남 비행기 티켓은 꼭 가지고 가야 해.

여 그렇지.

남 아, 비행기에 타는 시간은 짧으니까, 슬리퍼는 필요 없어.

여 아, 그래? 아, 맞다. 내일은 아침 일찍 일어나야 하잖아. 자명종은 필요할까?

남 호텔 모닝콜을 이용하면 되니까, 안 가지고 가도 되지 않아?

여 그래, 알았어.

남 아, 카메라는 내가 갖고 갈게.

여 앗, 근데 나도 여러 가지 찍고 싶고, 가지고 갈래.

男 傘はどうする？天気予報で雨は降らないって言ってたし、荷物になると思うんだけど。

女 もし降ったらどうするの？一応カバンに入れておくね。

女の人は旅行に何を持って行きますか。

1 ア イ エ

2 ア ウ エ

3 ア ウ オ

4 ア エ オ

남 우산은 어떻게 할래? 일기 예보에서 비는 오지 않는다고 했고, 짐이 될 것 같은데.

여 만약 내리면 어떻게 해? 일단 가방에 넣어 둘게.

여자는 여행에 무엇을 가지고 갑니까?

1 아 이 에

2 아 우 에

3 아 우 오

4 아 에 오

2번 ◀》 5-02

学校で、先生が話しています。学生は明日、何時に学校へ来なければなりませんか。

女 みなさん、明日の旅行、楽しみですね。集合時間はわかっていますよね？

男 バスが7時30分に出発しますから、10分前くらいにくれば大丈夫ですね。

女 7時15分には、みなさんが来ているかどうか確認しますから、もっと早く来なくちゃ。

男 早く来るためには夜は早く寝て朝早く起きるんですね。自信がないなあ。

女 出発の30分前には必ず集まってください。先生はもっと早く来て、みんなが来るのを見てますから。

男 ええっ、先生、遅刻したら、ぜったいだめですか。

女 ぜったいダメ！でもどうしても遅れるときとか、旅行に行けなくなった場合は7時10分までに連絡してくださいね。

학교에서 선생님이 이야기하고 있습니다. 학생은 내일 몇시에 학교에 오지 않으면 안 됩니까?

여 여러분, 내일 여행 기대되네요. 집합 시간은 알고 있죠?

남 버스가 7시 30분에 출발하니까 10분 전 정도에 오면 되겠죠?

여 7시 15분에는 여러분이 와 있는지 어떤지 확인할 테니까, 더 빨리 와야 해요.

남 빨리 오려면 밤에는 빨리 자고 아침에 빨리 일어나야겠네요. 자신이 없는데.

여 출발 30분 전에는 반드시 모여 주세요. 선생님은 더 빨리 와서 여러분이 오는 것을 보고 있을 거니까요.

남 앗, 선생님 지각하면 절대 안 되나요?

여 절대 안 돼요! 하지만 아무리 해도 늦을 때라든가, 여행을 갈 수 없게 된 경우는 7시 10분까지 연락해 주세요.

学生は明日、何時に学校へ来なければなりませんか。

1 7時

2 7時10分

3 7時15分

4 7時30分

학생은 내일 몇 시에 학교에 오지 않으면 안 됩니까?

1 7시

2 7시 10분

3 7시 15분

4 7시 30분

3번 🔊 5-03

会社で、男の人と女の人が話しています。女の人はこのあとまず何をしなければなりませんか。

男 加藤さん、3時にお客様がいらっしゃる予定なんだけど、僕、このあと急に会議が入っちゃって……。悪いけどいらっしゃったら応接室に案内してくれるかな？

女 はい、応接室でお待ちいただけばいいんですね。

男 うん。3時までには戻るようにするから。あと、これ、お客様にお渡しする資料なんだけど……。

女 あ、はい。お渡ししておきますね。

男 あ、いや、コピーだけしといてもらえる？あとで直接渡すから。

女 はい。わかりました。

男 じゃ、よろしくね。

女の人はこのあとまず何をしなければなりませんか。

1 きゃくをあんないする

2 おうせつしつできゃくを待つ

3 きゃくにしりょうをわたす

4 しりょうをコピーする

회사에서 남자와 여자가 이야기하고 있습니다. 여자는 이다음 우선 무엇을 하지 않으면 안 됩니까?

남 가토 씨, 3시에 손님이 오실 예정인데, 나 이 뒤로 갑자기 회의가 잡혀 버려서……. 미안하지만 오시면 응접실로 안내해 주지 않겠어?

여 네, 응접실에서 (손님이) 기다려 주시면 되는 거죠?

남 응. 3시까지는 돌아오도록 할 테니까. 그리고 이거 손님께 전해 드릴 자료인데…….

여 아, 네. 전해 드릴게요.

남 아, 아니야, 복사만 해 둬 줄래? 나중에 직접 전달할 테니까.

여 네. 알겠습니다.

남 그럼, 잘 부탁해.

여자는 이다음 우선 무엇을 하지 않으면 안 됩니까?

1 손님을 안내한다

2 응접실에서 손님을 기다린다

3 손님에게 자료를 전달한다

4 자료를 복사한다

女の人と男の人が電話で話しています。女の人はこのあと何をしますか。

女 あ、もしもし。ごめんね、急に横浜を案内してなんて頼んで。

男 いいって。僕も楽しみだし。ホテルはもう予約したの？

女 うん、もう取ったよ。

男 そう。で、どこか行きたいとこはあるの？あ、あと、こっちに着く時間は？

女 あー、新幹線の時間はまだ調べてない。あとで調べて、また電話する。

男 うん。

女 うーん、行きたいところかぁ……。とりあえず、中華街かな。

男 オッケー。じゃあ、他にも何か面白そうなところ、探しとく。

女 よろしく。お土産買ったから、楽しみにしてて。

男 うん。

女の人はこのあと何をしますか。

1 ホテルをよやくする
2 しんかんせんの時間をしらべる
3 行きたいところをさがす
4 おみやげを買う

여자와 남자가 전화로 이야기하고 있습니다. 여자는 이다음 무엇을 합니까?

여 아, 여보세요. 미안, 갑자기 요코하마를 안내해 달라고 부탁해서.

남 괜찮다니까. 나도 기대가 되고. 호텔은 벌써 예약했어?

여 응. 이미 잡았어.

남 그래. 그래서 어딘가 가고 싶은 곳은 있어? 아, 그리고 이쪽에 도착하는 시간은?

여 아, 신칸센 시간은 아직 알아보지 않았어. 나중에 알아보고 다시 전화할게.

남 응.

여 음, 가고 싶은 곳이라……. 일단 차이나타운이려나.

남 OK. 그럼, 그 밖에도 뭔가 재미있을 것 같은 곳, 찾아 둘게.

여 부탁해. 선물 샀으니까, 기대하고 있어.

남 응.

여자는 이다음 무엇을 합니까?

1 호텔을 예약한다
2 신칸센 시간을 알아본다
3 가고 싶은 곳을 찾는다
4 선물을 산다

夫婦が話をしています。女の人は何を捨てますか。

男 君の部屋、ずいぶん物が多いねえ。この箱なんて捨ててもいいんじゃない？

女 ダメよ。きれいな箱だし、あとでアクセサリーを入れようと思ってるから。

부부가 이야기를 하고 있습니다. 여자는 무엇을 버립니까?

남 당신 방, 꽤 물건이 많네. 이 박스 같은 건 버려도 되지 않아?

여 안돼. 예쁜 상자이고, 나중에 액세서리를 넣으려고 한단 말야.

男 この服なんて、君が着てるの見たことないよ。

女 あ、ずっとしまってあって気づかなかった。ちょっと汚れてるから捨てるわ。

男 このカバンも使ってないから、もういいだろう？

女 そうね。それも捨てる。

男 あれ？さっきの服って、もしかして僕がプレゼントしたものじゃない？

女 あ、そうだ。ごめん。やっぱりとっておくわ。

女の人は何を捨てますか。

1 箱

2 アクセサリー

3 服

4 カバン

남 이 옷도 당신이 입은 걸 본 적이 없어.

여 아, 계속 넣어 놓아서 몰랐어. 좀 더러워졌으니까 버릴래.

남 이 가방도 사용하지 않으니까, 이제 (버려도) 되겠지?

여 그래. 그것도 버릴게.

남 어? 아까 그 옷, 혹시 내가 선물했던 거 아냐?

여 아, 맞다. 미안. 역시 남겨 둘게.

여자는 무엇을 버립니까?

1 상자

2 액세서리

3 옷

4 가방

6번 🔊 5-06

大学で、女の学生と先生が話しています。女の学生はこのあとまず何をしますか。

女 先生。この間、うちの学科が学生用に買ったビデオカメラがありましたよね。あれ、1か月ほどお借りしたいんですが。

男 ビデオカメラ？何に使うの？

女 来月から調査に入るので、その様子をビデオに撮りたいんです。

男 あ、そう。わかった。カメラはそこのロッカーに入れてあるんだけど、今ちょっとかぎがないんだ。取りに行ってくるから、先に貸し出しの書類を書いておいてくれる？

女 はい。その書類はどこに……？

男 ああ、えっと、1階の事務の窓口でもらえるから。

女 わかりました。

대학에서 여학생과 선생님이 이야기하고 있습니다. 여학생은 이다음 우선 무엇을 합니까?

여 선생님. 얼마 전에 저희 학과가 학생용으로 샀던 캠코더가 있었죠? 그걸 한 달 정도 빌리고 싶은데요.

남 캠코더? 뭐에 쓸 건데?

여 다음 달부터 조사에 들어가는데 그 모습을 영상으로 찍고 싶어요.

남 아, 그래. 알았어. 카메라는 거기 로커에 넣어 놨는데 지금 열쇠가 없어. 가지러 갔다 올 테니까 먼저 대출(대여) 서류를 적어 놔 줄래?

여 네. 그 서류는 어디에……?

남 아아. 그러니까, 1층 사무 창구에서 받을 수 있어.

여 알겠습니다.

女の学生はこのあとまず何をしますか。

1 カメラを買う

2 かぎをとりに行く

3 しょるいを書く

4 まどぐちへ行く

여학생은 이다음 우선 무엇을 합니까?

1 카메라를 산다

2 열쇠를 받으러 간다

3 서류를 쓴다

4 창구에 간다

문제2 문제2에서는 우선 질문을 들으세요. 그다음 문제지를 보세요. 읽을 시간이 있습니다. 그리고 이야기를 듣고 문제지의 1에서 4 중에서 가장 적당한 것을 하나 고르세요.

1번 🔊 5-07

女の人と男の人が話しています。女の人はどうしてプールに行きたくないと言っていますか。

女 今度の休み、どこに行く？晴れて暑くなるみたいだけど。

男 そうだね。プールはどう？この前、天気が悪くて行けなかったから。

女 プールね……。水着になるのがちょっとね。

男 そんなに太ってないし、いいじゃないか。気持ちいいよー。

女 そうじゃなくて、晴れると日差しが強いじゃない。

男 そうか。ちょっとぐらい日に焼けてもいいと思うんだけどなぁ。

女の人はどうしてプールに行きたくないと言っていますか。

1 天気が悪いから

2 ふとっているから

3 あついから

4 日にやけるから

여자와 남자가 이야기하고 있습니다. 여자는 어째서 수영장에 가고 싶지 않다고 말하고 있습니까?

여 이번 휴가, 어디로 갈래? 날씨가 개서 더워지는 것 같던데.

남 그렇네. 수영장은 어때? 요전에는 날씨가 나빠서 못 갔으니까.

여 수영장……. 수영복 차림이 되는 게 좀.

남 그렇게 뚱뚱하지 않고, 괜찮지 않아? 기분 좋다고.

여 그게 아니라, 날씨가 개면 햇빛이 강하잖아.

남 그런가. 조금쯤 햇볕에 타도 괜찮다고 보는데.

여자는 어째서 수영장에 가고 싶지 않다고 말하고 있습니까?

1 날씨가 나쁘기 때문에

2 뚱뚱하기 때문에

3 덥기 때문에

4 햇볕에 타기 때문에

2번 🔊 5-08

会社で、男の人と女の人が話しています。男の人はどんなスポーツをしますか。

男 山田さんはどんなスポーツをするの？

女 冬はスノーボードで、夏はテニスをやってるの。高橋君は？

男 僕は道具にお金がかかるスポーツはしないんだ。

女 そうなの？じゃ、サッカーとか？

男 うん。みんなで一緒にできるスポーツをよくするね。

女 じゃ、バスケットボールなんかもするの？

男 うーん。見るのは好きだけど、やるのはあんまり……。外で走り回るほうが気持ちいいしね。

男の人はどんなスポーツをしますか。

1 スノーボード

2 テニス

3 サッカー

4 バスケットボール

회사에서 남자와 여자가 이야기하고 있습니다. 남자는 어떤 스포츠를 합니까?

남 야마다 씨는 어떤 스포츠를 해?

여 겨울은 스노보드, 여름은 테니스 하고 있어. 다카하시 군은?

남 나는 도구에 돈이 드는 스포츠는 안 해.

여 그래? 그럼 축구라든지?

남 응. 모두 함께 할 수 있는 스포츠를 자주 해.

여 그럼, 농구 같은 것도 해?

남 음. 보는 건 좋아하는데, 하는 건 별로……. 밖에서 뛰어다니는 편이 기분 좋기도 하고.

남자는 어떤 스포츠를 합니까?

1 스노보드

2 테니스

3 축구

4 농구

3번 🔊 5-09

会社で、女の人と男の人が話しています。男の人がお弁当を作る目的は何ですか。

女 大山さん、毎日お弁当ですね。自分で作るんですか。

男 うん、そうだよ。

女 わー、素敵ですね。料理ができる男の人は人気がありますよ。そのために作ってるんですか。

男 いやいや、そうじゃなくて、コンビニのお弁当が高くてねー。

회사에서 여자와 남자가 이야기하고 있습니다. 남자가 도시락을 만드는 목적은 무엇입니까?

여 오야마 씨, 매일 도시락이네요. 직접 만드는 거예요?

남 응, 맞아.

여 와, 멋지네요. 요리를 할 수 있는 남자는 인기가 있지요. 그거 때문에 만드는 거예요?

남 아니 아니, 그게 아니라, 편의점 도시락이 비싸서.

女 たしかに。種類も多くておいしいですけどね。いろんな栄養がバランスよくとれるように作られているのもあるし。

男 そうだね。でも、節約になるから、結局自分で作っちゃうよ。田中さんも明日からお弁当作ってきたら？

女 そうですね。健康のためにもよさそうですしね。

男の人がお弁当を作る目的は何ですか。

1 人気をえるため

2 せつやくするため

3 いろいろなえいようをとるため

4 けんこうのため

여 그건 그래요. 종류도 많고 맛있지만요. 여러 가지 영양을 균형 있게 섭취할 수 있도록 만들어져 있는 것도 있고.

남 그렇지. 하지만 절약이 되니까 결국 직접 만들게 돼. 다나카 씨도 내일부터 도시락 싸 오면 어때?

여 그렇네요. 건강을 위해서도 좋을 것 같고요.

남자가 도시락을 만드는 목적은 무엇입니까?

1 인기를 얻기 위해

2 절약하기 위해

3 여러 가지 영양을 섭취하기 위해

4 건강을 위해

4번 ◀» 5-10

大学で、女の学生が係の人に文化教室について聞いています。女の学生はどの教室に申し込みますか。

女 あの、お茶の教室に参加したいんですが、申し込みできますか。

男 ああ、お茶の教室は人が多くて、もう締め切ってしまったんですが。

女 そうですか。じゃ、まだ申し込める教室はありますか。

男 ええと、着物と生け花の教室なら大丈夫ですよ。

女 着物と生け花か……うーん。着物は前に習ったからなあ。あ、そうだ。たしか料理教室もありましたよね？

男 それも人気があって、すぐ締め切ってしまったんですよ。

女 そうなんですか。じゃ、まだやったことないのにしよう。この教室にします。

대학에서 여학생이 담당자에게 문화 교실에 대해 묻고 있습니다. 여학생은 어느 교실을 신청합니까?

여 저기, 다도 교실에 참가하고 싶은데요, 신청할 수 있나요?

남 아아, 다도 교실은 사람이 많아서, 벌써 마감돼 버렸습니다만.

여 그렇습니까? 그럼, 아직 신청할 수 있는 교실은 있나요?

남 으음, 기모노와 꽃꽂이 교실이라면 괜찮습니다.

여 기모노와 꽃꽂이요……. 음. 기모노는 전에 배웠으니까. 아, 맞다. 분명 요리 교실도 있었죠?

남 그것도 인기가 많아서, 바로 마감돼 버렸습니다.

여 그런가요. 그럼, 아직 안 해 본 걸로 하자. 이 교실로 할게요.

女の学生はどの教室に申し込みますか。

1 お茶のきょうしつ

2 着物のきょうしつ

3 生け花のきょうしつ

4 りょうりのきょうしつ

여학생은 어느 교실에 신청합니까?

1 다도 교실

2 기모노 교실

3 꽃꽂이 교실

4 요리 교실

5번 ◆) 5-11

女の人と男の人が話しています。女の人はどうしてラジオを聞いていますか。

女 あ、もう6時半だ。いけない、ラジオ、ラジオ……。

男 えっ、ラジオ？

女 そう、毎週聞いてるのがあってね、金曜日の6時半からなの。

男 何の番組？

女 うーん、昔流行った懐かしい歌の番組でね、聞きたい歌をメールで送ると流してくれるの。あ、ほら、これ。前にメール送ったときにプレゼントでもらった、番組特製ボールペン。

男 へぇ、『懐かし歌謡ショー』っていうんだ。今回もメール、送ったの？

女 ううん。そうじゃないけど。

男 ふうん。山田さん、昔の歌、そんなに好きだったっけ。

女 私はそこまでじゃないんだけど、友だちが大好きなの。この番組、その子がやってるんだよ。だから毎週聞かないと、と思って。

男 へぇ、そうなんだ。

女の人はどうしてラジオを聞いていますか。

1 プレゼントがほしいから

2 聞きたい歌がながれるから

여자와 남자가 이야기하고 있습니다. 여자는 어째서 라디오를 듣고 있습니까?

여 아, 벌써 6시 반이다. 안 돼, 라디오 라디오……。

남 뭐, 라디오?

여 응, 매주 듣고 있는 게 있어서. 금요일 6시 반부터야.

남 무슨 프로그램?

여 그게, 옛날 유행했던 그리운 노래 프로그램이야. 듣고 싶은 노래를 메일로 보내면 틀어 줘. 아, 맞아, 이것 봐. 예전에 메일 보냈을 때에 선물로 받았어. 프로그램 특별 제작 볼펜.

남 오오, '그리운 가요 쇼'라고 하는구나. 이번에도 메일 보냈어?

여 아니. 그런 건 아닌데.

남 흐음. 야마다 씨 옛날 노래 그렇게 좋아했었나?

여 나는 그 정도는 아닌데, 친구가 엄청 좋아해. 이 프로그램, 그 친구가 하고 있어. 그래서 매주 들어야지 싶어서.

남 오, 그렇구나.

여자는 어째서 라디오를 듣고 있습니까?

1 선물이 갖고 싶어서

2 듣고 싶은 노래가 나와서

3 むかしの歌がすきだから

4 友だちがやっているばんぐみだから

3 옛날 노래를 좋아해서

4 친구가 하고 있는 프로그램이어서

6번 ◀)) 5-12

先生と男の留学生が話しています。この留学生が日本に留学したのはなぜですか。

女 ロビンさんはどうして日本に留学しようと思ったんですか。

男 僕の両親は日本が好きで、最初は僕が日本語を勉強したら両親といろいろ旅行ができるかなと思って勉強し始めたんです。

女 ええ。

男 それで、3年前に家族で京都旅行をしたんですが、そのとき食べた料理が素晴らしくて、とても感動しました。

女 そうですか。

男 はい。それから日本料理が好きになって、日本料理を勉強しようと思って日本に来たんです。

女 そうなんですか。ロビンさん、日本のアニメに詳しいから、そういう理由で来たのかと思ってました。

男 まあ、日本のアニメは好きですし、そういう友だちもいっぱいいますけど……。でも、アニメじゃなかなか就職できませんし。料理なら国に帰ってお店を始めることもできるかなって考えてます。

女 そうですか。

この留学生が日本に留学したのはなぜですか。

1 日本中を旅行したいから

2 日本りょうりを学びたいから

3 日本のアニメがすきだから

4 日本でしゅうしょくしたいから

선생님과 남자 유학생이 이야기하고 있습니다. 이 유학생이 일본에 유학한 것은 어째서입니까?

여 로빈 씨는 왜 일본으로 유학하려고 생각했습니까?

남 저희 부모님은 일본을 좋아해서, 처음에는 제가 일본어를 공부하면 부모님과 여기저기 여행을 할 수 있을 거라고 생각해서 공부하기 시작했어요.

여 네.

남 그래서 3년 전 가족끼리 교토 여행을 했는데요, 그때 먹었던 요리가 훌륭해서 정말 감동했습니다.

여 그렇습니까?

남 네. 그때부터 일본 요리를 좋아하게 돼서, 일본 요리를 공부하려고 일본에 왔습니다.

여 그렇군요. 로빈 씨, 일본 애니메이션을 잘 알아서 그런 이유로 온 건가 하고 생각했어요.

남 뭐, 일본 애니메이션은 좋아하고, 그런 친구들도 많이 있습니다만……. 하지만 애니메이션으로는 좀처럼 취직을 할 수 없고. 요리라면 본국에 돌아가서 가게를 시작할 수도 있지 않을까 생각하고 있습니다.

여 그런가요.

이 유학생이 일본에 유학한 것은 어째서입니까?

1 일본 전역을 여행하고 싶어서

2 일본 요리를 배우고 싶어서

3 일본의 애니메이션을 좋아해서

4 일본에서 취직하고 싶어서

문제3 문제3에서는 문제지에 아무것도 인쇄되어 있지 않습니다. 이 문제는 전체적으로 어떤 내용인지를 묻는 문제입니다. 이야기 전에 질문은 없습니다. 우선 이야기를 들으세요. 그리고 질문과 선택지를 듣고 1에서 4 중에서 가장 적당한 것을 하나 고르세요.

1번 🔊 5-13

留守番電話のメッセージを聞いています。

男 もしもし、古田です。明日の10時からの会議の件なんですが、課長が12時までにお客さんのところに行かないといけないっていうことで、始める時間を1時間早くすることになりました。資料は今日中にメールでお送りしますが、小川さんにはコピーをお願いすることになっていたので、連絡しておいたほうがいいかと思いまして、お電話しました。では、明日、よろしくお願いします。

古田さんが伝えたいことは何ですか。

1 課長に客が来ること
2 資料をメールで送ってほしいということ
3 会議の時間が変更になったこと
4 資料のコピーをしてほしいということ

부재중 전화 메시지를 듣고 있습니다.

남 여보세요, 후루타입니다. 내일 10시부터 있는 회의 건 말입니다만, 과장님이 12시까지 고객이 계신 곳에 가야 한다고 하셔서, 시작하는 시간을 한 시간 앞당기게 되었습니다. 자료는 오늘 중으로 메일로 보내겠습니다만, 오가와 씨에게는 복사를 부탁하기로 되어 있어서 연락해 두는 게 좋을 것 같아 전화했습니다. 그럼 내일 잘 부탁드리겠습니다.

후루타 씨가 전하고 싶은 것은 무엇입니까?

1 과장님에게 손님이 오는 것
2 자료를 메일로 보내 주었으면 하는 것
3 회의 시간이 변경된 것
4 자료 복사를 해 주었으면 하는 것

2번 🔊 5-14

女の人と男の人が話しています。

女 吉田君、歌の先生と知り合いだよね？
男 うん、そうだけど。
女 私、歌のレッスンを受けたいんだけど、その先生、紹介してくれないかな。
男 歌だったら、カラオケに行って練習してもいいんじゃない？
女 ううん、ちゃんと専門の人に教えてもらいたいのよ。
男 近所の歌の教室は？あそこ、教え方が上手だって聞いたよ。

여자와 남자가 이야기하고 있습니다.

여 요시다 군, 노래 선생님과 아는 사이지?
남 응, 그런데.
여 나, 노래 레슨을 받고 싶은데, 그 선생님 소개해 주지 않을래?
남 노래라면 노래방에 가서 연습해도 되지 않아?
여 아니, 제대로 전문가에게 배우고 싶어.
남 근처 노래 교실은? 거기 잘 가르친다고 들었어.

女 ああ。でも、都合のいい時間に個人的に練習したいから……。

男 そう、わかった。じゃ、先生に聞いてみるよ。

女 本当？ありがとう。

女の人は男の人にどのようなことをお願いしていますか。

1 歌の先生を紹介してもらうこと
2 カラオケで一緒に練習すること
3 歌を教えてもらうこと
4 歌の教室を紹介してもらうこと

여 아-. 근데, 편한 시간에 개인적으로 연습하고 싶어서…….

남 그래, 알겠어. 그럼 선생님에게 물어볼게.

여 정말? 고마워.

여자는 남자에게 어떠한 것을 부탁하고 있습니까?

1 노래 선생님을 소개해 주는 것
2 노래방에서 함께 연습하는 것
3 노래를 가르쳐 주는 것
4 노래 교실을 소개해 주는 것

3번 ◀)) 5-15

大学で、女の学生が話しています。

女 私は「人と色」というテーマでインタビューを行いました。人数は1年生が34人、2年生が20人、3年生が13人、4年生が5人で、男性が35人、女性が37人でした。好きな色として、普段着る服の色は何色が多いか聞いたところ、男性は青や緑、女性はピンクや黄色などに分かれました。男女ともに多かったのは、黒やグレー、茶色でした。これは、どの学年でもだいたい同じでした。このことから、好きな色は学年ではなく性別に関係があると言えます。

女の学生は何について話していますか。

1 大学生の男女の割合
2 男女別の好きな色
3 年齢別の好きな色
4 服の色と学年の関係

대학에서 여학생이 이야기하고 있습니다.

여 저는 '사람과 색'이라는 주제로 인터뷰를 했습니다. 인원수는 1학년이 34명, 2학년이 20명, 3학년이 13명, 4학년이 5명이며, 남성이 35명, 여성이 37명이었습니다. 좋아하는 색으로, 평소에 입는 옷의 색은 무슨 색이 많은지 물었더니 남성은 파란색이나 녹색, 여성은 핑크색이나 노란색 등으로 나뉘었습니다. 남녀 모두 많았던 것은 검은색이나 회색, 갈색이었습니다. 이건, 어느 학년이라도 대체로 같았습니다. 이로써 좋아하는 색은 학년이 아닌 성별과 관계가 있다고 말할 수 있겠습니다.

여학생은 무엇에 대해 이야기하고 있습니까?

1 대학생의 남녀 비율
2 남녀별 좋아하는 색
3 연령별 좋아하는 색
4 옷의 색깔과 학년의 관계

문제4　문제4에서는 그림을 보면서 질문을 들으세요. 화살표(➡)의 사람은 뭐라고 말합니까? 1에서 3 중에서 가장 적당한 것을 하나 고르세요.

1번 🔊 5-16

女　エレベーターでドアを開けるボタンを押しています。他の人に何と言いますか。

女　1　お先にどうぞ。

　　2　出てください。

　　3　どうもすみません。

여　엘리베이터에서 문을 여는 버튼을 누르고 있습니다. 다른 사람에게 뭐라고 말합니까?

여　1　먼저 내리세요.

　　2　나가 주세요.

　　3　대단히 죄송합니다.

2번 🔊 5-17

女　ホテルのシャワーがこわれています。何と言いますか。

男　1　シャワーが出ないんですが。

　　2　シャワーが出られないんですが。

　　3　シャワーを出してもいいですか。

여　호텔 샤워기가 고장 났습니다. 뭐라고 말합니까?

남　1　샤워기 물이 안 나오는데요.

　　2　샤워기가 나올 수 없습니다만.

　　3　샤워기를 내놓아도 됩니까?

3번 ◀》 5-18

女 美術館で写真を撮りたいです。何と言いますか。

女 1 写真を撮ってもらえませんか。
　　2 写真を撮ってあげましょうか。
　　3 写真を撮ってもいいですか。

여 미술관에서 사진을 찍고 싶습니다. 뭐라고 말합니까?

여 1 사진을 찍어 주시지 않겠어요?
　　2 사진을 찍어 줄까요?
　　3 사진을 찍어도 괜찮나요?

4번 ◀》 5-19

女 教科書を忘れてしまいました。友達の教科書を見たいです。何と言いますか。

男 1 教科書、一緒に見てもいい？
　　2 教科書、見せてあげるね。
　　3 教科書、見せてもいい？

여 교과서를 잊고 와 버렸습니다. 친구의 교과서를 보고 싶습니다. 뭐라고 말합니까?

남 1 교과서, 같이 봐도 될까?
　　2 교과서, 보여 줄게.
　　3 교과서, 보여 줘도 돼?

문제5 문제5에서는 문제지에 아무것도 인쇄되어 있지 않습니다. 우선 문장을 들으세요. 그리고 그 답을 듣고 1에서 3 중에서 가장 적당한 것을 하나 고르세요.

1번 ◀》 5-20

男 パンフレット、ご覧になりましたか。

女 1 ええ、さしあげました。
　　2 はい、もう渡しました。
　　3 ええ、さっき拝見しました。

남 팸플릿, 보셨습니까?

여 1 네, 드렸습니다.
　　2 네, 이미 전달했습니다.
　　3 네, 아까 봤습니다.

2번 🔊 5-21

女 あそこにある本、取ってほしいんだけど。

男 1 うん、どうぞ。あげるよ。

2 いいよ。でも、僕も手が届くかな……。

3 取らせてくれないかな。

여 저기에 있는 책 좀 꺼내 주었으면 하는데.

남 1 응, 여기. 줄게.

2 그래. 근데 나도 손이 닿으려나…….

3 잡게 해 주지 않을래?

3번 🔊 5-22

男 日本の生活に慣れましたか。

女 1 ええ、おかげさまで。

2 はい、結構です。

3 いえ、残念でした。

남 일본 생활에 익숙해졌나요?

여 1 네, 덕분에요.

2 네, 괜찮습니다.

3 아니요, 아쉬웠습니다.

4번 🔊 5-23

女 田中さん、今日は来てないね。

男 1 お母さんが倒れたそうだよ。

2 うん、来てたよ。

3 昨日は早く帰ったって。

여 다나카 씨, 오늘은 안 왔네.

남 1 어머니가 쓰러지셨대.

2 응, 왔었어.

3 어제는 빨리 돌아갔대.

5번 🔊 5-24

男 スペイン語、前より上達したね。

女 1 うん、残念だったね。

2 いや、そんなことないよ。

3 そう、どうだった？

남 스페인어, 전보다 늘었네.

여 1 응, 아쉬웠지.

2 아니, 그렇지 않아.

3 그래, 어땠어?

6번 🔊 5-25

女 午後から雨が降るそうだよ。

男 1 結構ひどい雨だね。

2 こんなに降るとは思わなかったよ。

3 傘、持ってくればよかった。

여 오후부터 비가 내린대.

남 1 꽤 비가 거세네.

2 이렇게 내릴 거라고는 생각 못했어.

3 우산, 가지고 왔으면 좋았을 걸.

7번 🔊 5-26

男 本、返してくれないかな。

女 1 昨日貸したけど。

2 ごめん。明日でいい？

3 あそこに置いてあったよ。

남 책, 돌려주지 않을래?

여 1 어제 빌려줬는데.

2 미안, 내일도 괜찮을까?

3 저기에 놓여 있었어.

8번 🔊 5-27

女 この資料、日本語に翻訳しといてくれない？

男 1 すみません。まだできてないんですが。

2 はい。今週中にはくれると思います。

3 わかりました。やっておきます。

여 이 자료, 일본어로 번역해 놔 주지 않을래?

남 1 죄송합니다. 아직 안 되었습니다만.

2 네. 이번 주 중에는 줄 거라고 생각해요.

3 알겠습니다. 해 놓겠습니다.

9번 🔊 5-28

男 田中さん、いらっしゃいますか。

女 1 今、行ってきました。

2 今、席を外しております。

3 ええ、こちらにあります。

남 다나카 씨, 계십니까?

여 1 지금, 다녀왔습니다.

2 지금, 자리를 비웠습니다.

3 네, 이쪽에 있습니다.

MEMO

MEMO

MEMO